D1667029

Espaces fragiles
Construction scientifique,
dynamiques territoriales
et action publique

Maison des Sciences de l'Homme
4, rue Ledru – 63057 Clermont-Ferrand Cedex 1
Tel. 04 73 34 68 09
hhttp://pubp.univ-bpclermont.fr
Diffusion en librairie : CiD – en ligne : www.lcdpu.fr

Collection Territoires

Graphisme et maquette de couverture : F. Van Celst
Illustration de la couverture : Halle au blé de Bort-les-Orgues (photo, dessin, montage : F. Van Celst)

Sous la direction de Hélène Roth

Espaces fragiles
Construction scientifique, dynamiques territoriales et action publique

Cet ouvrage réunit des contributions proposées dans le cadre de l'appel à textes « Construction et déconstruction des espaces fragiles », lancé par le CERAMAC fin 2015.

La publication a été réalisée sous la responsabilité scientifique d'Hélène Roth, maître de conférences à l'Université Clermont Auvergne, avec l'aide de Frédérique Van Celst, technicienne à l'UMR Territoires.

Nous remercions très sincèrement celles et ceux qui ont accordé un peu de leur temps pour contribuer à l'expertise scientifique des textes :
- Sophie Baudet-Michel, Université Paris-Diderot, UMR Géographie-cités
- Franck Chignier-Riboulon, Université Clermont Auvergne, UMR Territoires
- Pierre Couturier, Université Clermont Auvergne, UMR Territoires
- Claudine Durbiano, Université Aix-Marseille, UMR TELEMME
- Jean-Charles Edouard, Université Clermont Auvergne, UMR Territoires
- Mauricette Fournier, Université Clermont Auvergne, UMR Territoires
- Jean-Baptiste Grison, Université Clermont Auvergne, UMR Territoires
- Pierre-Mathieu Le Bel, VetAgroSup, UMR Territoires
- Hélène Mainet, Université Clermont Auvergne, UMR Territoires
- Véronique Peyrache-Gadeau, Université Savoie-Mont-Blanc, UMR EDYTEM
- Christophe Quéva, Université Paris Panthéon Sorbonne, UMR Géographie-cités
- Daniel Ricard, Université Clermont Auvergne, UMR Territoires
- Laurent Rieutort, Université Clermont Auvergne, UMR Territoires
- Guillaume Vergnaud, Université Clermont Auvergne, UMR Territoires.

Introduction

Hélène Roth*

L'idée de cet ouvrage a émergé dans un contexte académique de transition, alors que le CERAMAC se préparait à rejoindre les équipes Métafort au sein d'une nouvelle et grande UMR Territoires, créée en 2017. Dans la perspective de cette fusion s'est fait ressentir le besoin d'un travail réflexif sur la notion d'« espace fragile »[1], figure de proue du Centre d'Études et de Recherches Appliquées au MAssif Central, à la moyenne montagne et aux espaces fragiles, créé en 1989.

Le terme « espaces fragiles » s'est répandu dans la recherche en géographie rurale dans le courant de la décennie 1980, pour contourner l'aspect négatif et stigmatisant des qualificatifs « périphériques », « en crise », « en difficulté » ou « défavorisés ». Il devient la marque de fabrique du laboratoire de recherche clermontois CERAMAC, et de ses chercheurs spécialisés dans l'étude de territoires ruraux en crise. Parallèlement, le terme « fragile » apparaît dans les études urbaines en 1990 pour désigner des quartiers de villes françaises (Leroy, 1990 ; Gillet, Augustin, 1996), mais il est concurrencé et vite devancé par l'expression quartier « sensible », proche, quoique plus inquiétante et à la connotation plus sociale. La notion d'« espace fragile » est revigorée, depuis le début des années 2000, par le renouvellement de l'approche systémique et la « découverte » du triptyque fragilité–résilience–robustesse, qui permet de mieux asseoir scientifiquement l'analyse de processus à l'œuvre dans des espaces en profonde mutation, en renouvelant l'intérêt des géographes pour les capacités d'adaptation des sociétés locales.

L'émergence, la consolidation et l'évolution de la notion d'« espace fragile » s'inscrivent dans un contexte plus large. Le contexte historique et politique est celui du déclin démographique de nombreuses régions rurales en France (Béteille, 1981), de la décentralisation et du développement local. Le contexte épistémologique de son émergence est celui de l'affirmation du rôle des acteurs dans les dynamiques observées par les sciences sociales. À une époque où les liens des géographes avec les acteurs et les élus locaux se renforcent, le choix du terme fragile pour désigner des espaces en difficultés est politiquement correct : il nomme les faiblesses de territoires sans froisser les édiles locaux ou régionaux. Pourtant, la définition proposée par Jean-Paul Diry en 1994 s'inscrit dans une lecture critique des processus à l'œuvre dans le

---

1 – Plusieurs membres du CERAMAC se sont investis dans des essais de définition et de cadrage conceptuel (Diry, Rieutort, Couturier).

*Université Clermont Auvergne, AgroParisTech, Inra, Irstea, VetAgro Sup, Territoires, F-63000 Clermont-Ferrand, France.

monde capitaliste : « on appellera donc territoires fragiles les « territoires en marge du système économique dominant » ; « l'économie libérale engendr[e] des inégalités sociales mais paradoxalement les géographes ont failli à leur mission en n'insistant pas assez sur les inégalités spatiales qui résultent d'une véritable sélection des territoires ». On se situe là dans une posture dénonciatrice des inégalités socio-spatiales fabriquées par le système, posture dont les accents ne sont pas sans rappeler les courants de la géographie radicale anglo-saxonne, mais qui n'ont finalement guère fait florès dans la géographie clermontoise, plus adepte du modèle de développement local et du rôle décisif des acteurs dans la dynamique des territoires. Et pour cause : la « renaissance » que connaissent nombre de territoires ruraux, à la faveur de l'arrivée de nouveaux habitants dans les années 1990 et 2000, légitime le choix du terme fragile plutôt que en difficulté ou défavorisé, parce que, plus positif, il n'enferme pas les espaces étudiés dans l'inéluctabilité de processus régressifs.

Dès l'origine, la recherche sur les espaces fragiles porte ainsi en elle une tension, celle d'une époque hésitant entre la poursuite du modèle de développement local et la dénonciation de processus spatialement injustes. Doit-on aborder les espaces fragiles comme des révélateurs d'injustices spatiales produites par le système englobant ou bien plutôt comme des lieux au bord de la rupture, caractérisés par leurs faiblesses internes et structurelles–démographiques, sociales, économiques ? Sont-ils des symptômes d'inégalités territoriales ou des terreaux d'initiatives de développement endogène propices à une adaptation de ces espaces aux mutations du monde contemporain ?

C'est cette tension qui est constitutive de la notion, bien plus qu'une définition claire et stabilisée, un certain flou régnant toujours sur la distinction entre espace fragile, périphérie, marge, espace en difficulté, etc.[2]. Cet ouvrage propose d'explorer cette tension en confrontant différentes approches de la fragilité, en interrogeant théories, discours, méthodes et représentations appliqués aux espaces dits fragiles.

Dans la première partie, plusieurs contributions permettent de mettre en regard les constructions sémantique, scientifique et politique de la catégorie « espaces fragiles » avec celles d'autres notions ou concepts proches, désignant, de façons variées, des espaces qui se marginalisent. Les mots et les catégories mobilisés ne sont pas neutres : la façon dont les scientifiques et, surtout, les politiques publiques se les approprient révèle parfois des enjeux d'envergure. La deuxième partie replace les notions d'« espace fragile » et de fragilité dans la diversité des approches systémiques, et interroge en particulier les complémentarités des notions de marge d'une part, et de résilience d'autre part. Enfin, la troisième partie de l'ouvrage révèle la grande diversité des trajectoires d'espaces fragiles, partant la réversibilité de dynamiques d'affaiblissement.

Des mots aux politiques : la fabrique des « espaces fragiles »

Les concepts et notions utilisés pour désigner les « espaces fragiles » sont nombreux, reflétant des nuances dans les situations, des contextes historiques et géographiques divers, ainsi que des différences d'approches scientifiques, voire de

---

2 – Dans cet ouvrage, Laurent Rieutort recense et décrypte le sens de ces termes voisins.

courants de pensée. Il s'agit là d'interroger l'émergence et l'évolution épistémologiques de différentes catégories d'« espaces fragiles », ainsi que la porosité entre la construction scientifique (sémantique, théorique, méthodologique) de catégories spatiales et les politiques publiques mises en œuvre dans ou pour ces espaces.

Philippe Genestier et Claudine Jacquenod-Desforges livrent une stimulante analyse du discours de la politique de la ville en France de 1995 à 2010, à partir d'un vaste *corpus* de documents médiatiques et institutionnels. L'analyse lexicale permet de mettre en évidence, d'une part, la thématisation récurrente du spatial (quartier, banlieue, cités…) pour évoquer des problèmes sociaux et, d'autre part, les postures et les objectifs d'action que révèlent les termes caractérisant ces espaces. Les auteurs s'attachent ensuite à montrer le rôle déterminant des catégories de pensée dans l'action publique : parce qu'enfermés dans des dénominations spatiales, les problèmes sociaux des banlieues sont traités par des actions sur l'espace physique, en particulier par des actions de démolition-rénovation qui « concrétisent une volonté de rupture vis-à-vis de la crise de légitimité ressentie par les pouvoirs publics ». Ainsi, les deux auteurs mettent-ils en garde quant à l'impact politique que peut avoir un choix terminologique.

Dans leur contribution, Laurent Rieutort, Eric Langlois et Laurent Bonnard détaillent les nuances qui différencient un chapelet de termes couramment utilisés en géographie pour désigner « les espaces qui ne se portent pas bien », avant de proposer un essai de caractérisation des espaces ruraux fragiles, à partir d'une série d'indicateurs statistiques permettant de dresser une fine cartographie des communes fragiles en France. Les auteurs évoquent ensuite les différentes politiques et stratégies retenues par l'action publique pour remédier aux fragilités de ces espaces et ils dressent une typologie des postures adoptées par les acteurs locaux pour faire face aux enjeux de la fragilité. Ils reviennent enfin sur les principales approches scientifiques mobilisées dans l'analyse des espaces fragiles, sur leurs complémentarités mais aussi leurs limites face à de nouvelles dynamiques, suffisamment puissantes pour légitimer un changement de regard, voire de discours sur ces espaces.

Guillaume Lacquement examine la définition et l'évolution de la catégorie « espaces ruraux défavorisés » en Allemagne depuis la fin des années 1990, qui fonde, justifie et produit des dispositifs d'action publique à destination de ces espaces. Il montre, en particulier, le changement d'approche de l'aménagement du territoire, d'un développement territorial intégré pris en charge par la planification institutionnelle à une intervention publique allant plus dans le sens d'un encadrement des « formes nouvelles de gouvernance des territoires ruraux » et d'un soutien aux innovations locales. Parce qu'elles sont sensibles aux structures héritées et aux effets de contexte, les pratiques du développement local contribuent au maintien d'inégalités est-ouest, partant à l'inertie des structures du territoire allemand.

Deux textes décortiquent la construction scientifique et l'évolution de concepts différents mais connexes de la dynamique de fragilisation. L'analyse d'un *corpus* géographique francophone et anglophone permet ainsi à André Suchet de mettre en évidence le glissement de sens du terme « arrière-pays » : issu de la géographie portuaire et désignant initialement l'aire d'attraction et de desserte d'un port – donc une périphérie productive –, l'arrière-pays devient un espace secondaire, une périphérie pauvre et fragile, lorsque la géographie rurale et du tourisme s'en empare. À partir d'une étude bibliométrique, Hélène Roth propose de mettre au jour les enjeux (notamment académiques et politiques) du succès et de la formidable diffusion internationale de la notion de décroissance urbaine à partir du foyer allemand : toute construction scientifique et conceptuelle ne saurait être comprise sans la connaissance du contexte dans lequel elle s'inscrit.

Les textes de cette première partie laissent aussi déjà affleurer l'importance de l'analyse systémique dans la construction et la compréhension de la fragilité, ainsi que la diversité des contextes géographiques et des trajectoires locales – dans les cas allemand (Lacquement) et français (Rieutort *et al.* ; Gros-Balthazar) en particulier.

Des marges à la résilience : le référentiel systémique des études sur les espaces fragiles

La notion d'espace fragile est une innovation terminologique *a priori* surprenante, puisque, au sens strict, un « espace » ne peut être fragile : il ne peut se rompre ou se casser. L'adjectif s'applique donc plutôt au système territorial, voire – dans le champ des études urbaines notamment – à la société qui occupe ledit espace.

À la différence de « périphérie », la notion d'« espace fragile » est plus descriptive qu'explicative et interprétative. Contrairement à celle de périphérie (par définition dominée par le centre, avec lequel elle entretient des relations asymétriques), la notion d'espace « fragile » (et non d'espace « fragilisé ») est en effet a-relationnelle. Comme l'adjectif *strukturschwach*[3] utilisé en allemand pour désigner les espaces ruraux défavorisés (voir la contribution de Guillaume Lacquement dans cet ouvrage), elle renvoie non pas au produit de relations asymétriques avec un centre (asymétrie qui expliquerait la situation défavorable) mais à une qualité intrinsèque des espaces considérés. C'est moins la dépendance au centre qu'une structure ou un déficit interne qui fragilise un territoire (Moracchini, 1992).

Dans deux contributions de cet ouvrage, c'est autant la taille (qualité intrinsèque) que l'écart à des modèles dominants qui rend fragiles certains types d'espaces, ce qui renvoie à la notion ambivalente de marge (Couturier, 2007). Ainsi, pour Jean-Baptiste Grison, les très petites communes (moins de 50 habitants) sont-elles fragiles moins par leur nombre d'habitants, que du fait de leur faible nombre d'acteurs : le moindre départ peut enrayer toute dynamique. Elles sont aussi fragilisées par le modèle dominant d'un maillage administratif fonctionnel, représentation motrice dans les réformes territoriales récentes qui menacent, de fait, cette catégorie de communes. Dans sa contribution sur les petites villes du Massif central, Jean-Charles Edouard, après avoir identifié leurs faiblesses objectives à partir d'une série d'indicateurs démographiques, économiques et sociaux, et confirmé leur décrochage, identifie aussi les représentations dominantes de l'urbain comme facteur de fragilisation de la base de la hiérarchie urbaine. En ignorant cette strate des petites villes, les politiques urbaines nationales participent ainsi à leur fragilisation. Dans ces deux contributions, les perceptions et les représentations – de ce qu'est ou devrait être ici une commune, ou une ville – participent clairement de la fabrication des espaces fragiles.

---

3 – Littéralement, *strukturschwach* signifie « structurellement faible ».

C'est peut-être par son caractère plus explicitement dynamique que la notion d'espace fragile se distingue de celle de marge, les deux termes étant au demeurant très proches et souvent employés comme synonymes (Diry, 1994 ; Couturier, 2007). Un système fragile est un système « au bord de la rupture », celle-ci pouvant être provoquée par un processus ou un évènement externe (mutations macro-économiques, réformes politiques, etc.), voire interne. Le texte de Dhaher Najem permet ainsi de saisir le risque de rupture, partant la grande fragilité des systèmes oasiens face à un processus d'intense urbanisation dans le sud de la Tunisie, dans un contexte où l'action publique est trop affaiblie pour réguler la pression urbaine.

La notion de fragilité semble gagner en pertinence scientifique au tournant des années 2000, alors que les sciences sociales se penchent sur les systèmes dynamiques complexes et que le concept de résilience vient enrichir l'analyse systémique en géographie (Aschan-Leygonie, 2000), jusque-là surtout centrée sur le concept *a priori* plus statique de centre-périphérie. Dans cette veine, Dominique Vollet propose une relecture constructive des différents cadres théoriques d'analyse de la fragilité, à la croisée de la géographie et de l'économie. S'appuyant sur le concept de système socio-écologique développé par Anderies *et al.* (2013), il montre, en particulier, l'apport de l'approche institutionnelle dans la compréhension de la robustesse et des fragilités des territoires. A travers l'étude des Hautes-Chaumes du Forez, il montre notamment que la fragilité apparente de l'élevage en montagne « peut se transformer en atout dans un contexte d'incertitudes croissantes relatives au climat ».

Les espaces fragiles, entre inertie des structures et diversité des trajectoires

Les analyses à un niveau très fin, celui des maillages communaux ou des bassins, font apparaître une marqueterie (Landel *et al.*) ou une mosaïque (Grison) de situations et de processus, la coexistence et le voisinage de petits territoires dynamiques et d'autres en déclin (Rieutort *et al.* ; Balthazar). Cette diversité des dynamiques locales valide la thèse de la réversibilité des dynamiques territoriales. Parallèlement, elle nuance – et parfois contredit – l'idée de l'inertie des structures spatiales qui se dégage de lectures à plus petite échelle, aussi bien en France (diagonale du vide) qu'en Allemagne (discontinuité est-ouest) ou en Slovaquie (montagnes et zones frontalières) pour ne citer que les pays évoqués dans ce volume. Cette inertie renvoie aux processus cumulatifs de tendances régressives, aux cercles vicieux du déclin ou de la marginalisation, aux effets d'héritages, maintes fois invoqués dans cet ouvrage pour éclairer la fragilité de certains espaces.

En analysant les évolutions des espaces les plus industrialisés en 1975, Marjolaine Gros-Balthazar met en évidence la diversité de leurs trajectoires : certains bassins industriels peinent à sortir d'une spirale de déclin, alors que d'autres ont témoigné d'une adaptation de leur économie locale aux mutations contemporaines. Dans cette résilience de certains espaces, des facteurs endogènes ont pu jouer un rôle, mais la proximité géographique des métropoles et les mobilités résidentielles semblent constituer les facteurs les plus puissants.

La différenciation des dynamiques locales est également au centre de la contribution de Pierre-Antoine Landel *et al.* portant sur les arrière-pays méditerranéens. Initialement abordés comme espaces périphériques et marginaux, l'analyse multivariée des évolutions socio-économiques communales montre des niveaux variés de dépendance, *vs* d'autonomie vis-à-vis des avant-pays, en fonction de la logique de développement suivie – résidentielle, récréative et touristique, ou productive.

Michel Lompech propose de revisiter des études de géographes et sociologues slovaques en mobilisant les apports conceptuels des sciences sociales francophones sur les marges et les périphéries, en particulier les travaux d'Alain Reynaud et ceux de Pierre Couturier. Dans un contexte national où les politiques régionales sont très modestes, les interventions européennes destinées à soutenir le développement des espaces ruraux ne font que renforcer les effets de structures et les disparités en favorisant, de fait, les régions dotées de grands acteurs agricoles. Mais dans le même temps, des territoires de marges pendant le socialisme se sont retrouvés en position favorable pendant la transformation post-socialiste, résistant au déclin grâce à la mobilisation d'acteurs locaux. La fragilité peut se transformer en atout, au gré des évolutions géopolitiques et économiques.

Dans la lignée d'une géographie fidèle aux nuances des terrains et revigorée par la notion de *path dependency* des approches institutionnelles en économie, ce volume documente ainsi largement la tension entre, d'une part, le constat de la puissance des héritages, souvent handicapante et explicative de la fragilité et, d'autre part, l'observation à grande échelle de la diversité des trajectoires d'espaces fragilisés. Cette diversité des trajectoires observées, ici dans différents types d'espaces fragiles – ruraux, industriels, urbains, arrière-pays… –, impose l'idée de la réversibilité des dynamiques régressives.

Références bibliographiques

Anderies J.M, Folke C., Walker B., Ostrom E., 2013 – Aligning Key Concepts for Global Change Policy: Robustness, Resilience and Sustainability, *Ecology and Society,* 18 (2), 1-8.

Aschan-Leygonie C., 2000 – Vers une analyse de la résilience des systèmes spatiaux, *Espace géographique*, tome 29, n°1, p. 64-77.

Brodiez-Dolino A., 2016 – Le concept de vulnérabilité, *La Vie des idées*, 11 février 2016. ISSN : 2105-3030. URL : http://www.laviedesidees.fr/Le-concept-de-vulnerabilite.html

Couturier P., 2007– Espaces ruraux marginaux ou fragiles : les catégories analytiques à l'épreuve des pratiques socio-spatiales dans le Haut-Forez, *Norois*, 202, p. 21-33.

Diry J.-P., 1994 – Les espaces ruraux fragiles. Essai de définition, *Bulletin de l'association OZP*, n° 5.

Gillet J.-C., Augustin J.-P., 1996 – *Quartiers fragiles, développement urbain et animation*, PU Bordeaux.

Hadjou L., Duquenne M-N., 2013 – A theoretical and methodological approach of « fragile » areas: The case of greek regions crossed by the egnatia road, *Regional Science Inquiry*, vol. 2, p. 45-58.

Leroy M.-C., 1990 – *Quartiers fragiles en Europe, Quartiers Fragiles et Développement Urbain*, Paris, L'Harmattan, POUR 125,191 p.

Moracchini C., 1992 – Système éducatif et espaces fragiles : les collèges dans les montagnes d'Auvergne, Clermont-Ferrand, PUBP, CERAMAC 4, 256 p.

Thomas H., 2008 – *Vulnérabilité, fragilité, précarité, résilience, etc., Recueil Alexandries*, Collections Esquisses, URL : http://www.reseau-terra.eu/article697.html

Zanon B., 2014 – Local Development in Fragile Areas: Re-territorialization in Alpine Community, *International Planning Studies*, 335-358.

Des mots aux politiques :
la fabrique des
« espaces fragiles »

Première partie

Espaces fragiles – Construction scientifique, dynamiques territoriales et action publique
Presses Universitaires Blaise Pascal, Territoires 1, 2017, p. 17-32

Agir sur et par l'espace : la banlieue mise en récit (1995-2010)

Acting on and through space: the narratives of suburban housing estates (1995-2010)

Philippe Genestier*, Claudine Jacquenod-Desforges*

Résumé : Les mots que les acteurs publics utilisent pour décrire les espaces problématiques prédéfinissent la nature des actions requises pour résoudre les problèmes tels qu'ils ont été formulés. Dans le cas de la rénovation urbaine, le discours relatif à l'action publique peut être décomposé comme suit : il énonce un thème spécifique sous des dénominations telles que « les quartiers », « les cités », « les banlieues » et il développe ce thème en conférant des propriétés à ces lieux par des qualificatifs comme « sensibles », « défavorisé(e)s », « difficiles »… Ces façons plus ou moins dramatisantes d'énoncer des thèmes et de nommer des problèmes sont porteuses en elles-mêmes d'un impératif d'action et, suivant la posture – compassionnelle ou sécuritaire – qu'elles expriment, préfigurent le type d'action qui sera mis en œuvre. Cet article s'organise en deux temps : une analyse de la façon dont le discours institutionnel parle aujourd'hui des problèmes sociaux en les spatialisant, puis une réflexion sur les causes et les effets attendus du récit d'action publique dans lequel s'insère ce discours.

Abstract: The words French public officials use when describing problem areas predefine the nature of the actions required to solve the issues that have been raised. In the framework of urban renovation, public policy discourse not only introduces a specific theme by using terms such as "quartiers" (neighbourhoods), "cités" (housing estates) and "banlieues" (suburbs) but also further develops the theme by conferring properties to these areas with adjectives such as "sensible" (sensitive), "défavorisé" (deprived) and "difficile" (difficult). This more or less dramatizing manner of stating themes and naming problems implies an obligation to act, and the political attitude it expresses – either compassionate or repressive – will prefigure the type of action that will be implemented. This paper will first analyze how the institutional discourse deals with social problems by spatializing them and then consider the causes and expected effects of this discourse within the policy narrative model.

*Université de Lyon, ENTPE, CNRS, UMR 5600 EVS, RIVES, Rue Maurice Audin, F-69120 Vaulx-en-Velin, France.

Nous n'aborderons pas ici la notion d'« espace fragile » en tant que lieu facile détruire (à l'instar des bidonvilles) ou vulnérable[1], ce qui serait le sens premier de cette expression, mais en tant que dénomination relevant, dans le contexte français, du champ sémantique de la banlieue, en particulier celui des grands ensembles de logements sociaux. Cette dénomination nous amène à nous interroger puisque, au sens propre, l'adjectif « fragile » ne devrait s'appliquer qu'aux bâtiments composant ces espaces. Or, ceux-ci sont en béton, et d'une solidité telle que l'emploi de la dynamite est nécessaire pour les raser dans le cadre du Programme National de Rénovation Urbaine (ANRU)[2]. De fait, l'adjectif « fragile » ne peut que s'appliquer, métonymiquement, aux habitants, signifiant alors que ce sont eux qui ont besoin de soins particuliers.

L'expression « espace fragile », telle qu'elle est utilisée dans le champ de l'urbain, semble découler de « quartier fragile », formule proposée par Keller (2011) dans un rapport au Sénat et qui est une expression compassionnelle (inspirée de la notion de *care*) ayant pour effet d'atténuer le poids des préoccupations sécuritaires évoquées par les expressions médiatiques « quartier difficile » et, dans une moindre mesure, « quartier sensible ». Cette dernière expression, dérivée à la fois du « Développement Social des Quartiers » (DSQ) préconisé par Dubedout en 1983 et des « îlots sensibles » (catégorie de l'INSEE), sera reprise partiellement sous l'appellation « Zone Urbaine Sensible » (ZUS) (Collectif, 1997 ; Vulbeau, 2007) par le jargon institutionnel de ce qu'on nomme, depuis le début des années 1990, « la politique de la ville ». Après le recensement de 1999, le même procédé de création terminologique est à l'œuvre avec la « géographie prioritaire » de l'INSEE qui suscite l'expression « quartiers prioritaires ». D'une manière générale, on constate que les acteurs de la politique de la ville forgent des dénominations à visée opérationnelle que le monde politico-médiatique se réapproprie en les modifiant et en leur donnant un contenu souvent plus émotionnel[3]. La loi de « programmation pour la ville et la cohésion urbaine » du 21 février 2014, quant à elle, revient à l'appellation « quartiers défavorisés ». Très schématiquement, on peut considérer que la problématique compassionnelle prédomine dans les sensibilités de gauche, cependant que la problématique sécuritaire imprègne celles de droite. Pendant vingt ans, c'est la valorisation de la sociabilité dans les quartiers qui a été privilégiée par la gauche,

---

1 – Dans la plupart des villes, les populations les plus démunies sont aussi celles dont les lieux de vie sont les plus vulnérables car les plus exposés aux risques naturels ou industriels.
2 – Le PNRU, instauré en 2003 pour dix ans, prévoyait de démolir et reconstruire deux cent cinquante mille logements HLM pour un budget d'investissement de 45 milliards d'euros.
3 – Ces transformations récurrentes de dénominations par va-et-vient entre idiome institutionnel et discours médiatique traduisent une rivalité entre différents univers de référence : celui, objectiviste et analytique, porté principalement par l'INSEE et la Cour des Comptes (*cf.* les rapports successifs de cette dernière, notamment ceux parus en 1994, 2002 et 2012) et celui, subjectiviste et syncrétique, du monde politico-médiatique. C'est cette rivalité entre le *logos* et le *pathos*, au même titre que la concurrence entre catégories d'acteurs professionnels (sociologues, architectes, ingénieurs, gestionnaires sociaux...) qui semble motiver l'innovation terminologique.

avec des mesures favorisant l'implication des habitants dans la vie associative locale, alors que la vision de droite promouvait plutôt le maintien de l'ordre, associé à l'intégration économique grâce aux « zones franches urbaines ».

Au-delà de cet historique de l'expression « espace fragile », nous voulons poser la question suivante : pourquoi les acteurs publics (imités en cela par les acteurs médiatiques, voire scientifiques) parlent-ils de la fragilité sociale en termes spatiaux ?

La plupart des travaux qui étudient les discours spatialisant le social[4], et particulièrement ceux relatifs aux quartiers HLM, ont pour objectif de dénoncer les préjugés dont ces quartiers seraient porteurs et dont seraient victimes leurs habitants, « stigmatisés par leur adresse ». Notre démarche est différente : il s'agit de dévoiler les présupposés qui sous-tendent l'action publique. Nous voulons interroger les causes épistémiques, d'une part, les effets praxéologiques, d'autre part, de l'usage de catégories spatialisantes. Ces effets sont repérables dans les opérations de rénovation urbaine qui sont l'aboutissement d'une pensée nourrie par ces présupposés.

Selon nous, cette tendance à spatialiser le social peut avoir plusieurs causes :
• Il est difficile de parler du social autrement qu'en termes spatiaux, de manière métaphorique ou métonymique. Comme l'écrit Bacot (2007), la conflictualité sociale s'exprime traditionnellement par des métaphores spatiales qui en formatent notre perception (« haut » *versus* « bas », « centre » *versus* « périphérie », « inclusion » *versus* « exclusion »...). Il en va de même pour le discours de l'action publique, où les métaphores spatiales définissent les moyens et les objectifs des interventions : « désenclaver », « réduire les écarts », « favoriser l'insertion », « ne laisser personne au bord du chemin »...
• Décrire la « crise des banlieues » en termes de catégories sociales serait moralement difficile, doublement incorrect politiquement (car cela ne permettrait pas d'éluder la dimension ethnique, ni de conserver le paradigme victimaire[5]) et pragmatiquement hasardeux (car agir sur le spatial est assez facile et produit des réalisations visibles alors qu'agir sur les causes structurelles du malaise social est beaucoup plus incertain).
• Le contexte épistémologique dans lequel les problèmes sociaux urbains sont conçus et formulés aujourd'hui apparaît en rupture avec les lectures macroscopiques (structuro-fonctionnalisme) et microscopiques (individualisme méthodologique) dominantes jusqu'aux années 1980. Il se focalise sur l'échelle mésoscopique où les notions de lieu et de milieu impliquent une prise en compte du cadre matériel des interactions sociales. Il en découle que la dimension située et physique du réel n'est plus négligée, mais, au contraire, valorisée.
• L'action régalienne de l'État ayant perdu sa crédibilité au cours des dernières décennies, le personnel politique tente de retrouver une légitimité en

---

4 – La spatialisation du social a déjà été analysée longuement, notamment par la sociologie urbaine marxisante qui s'est développée de Manuel Castells, dans les années 1970, à Sylvie Tissot, de nos jours.

5 – Affirmer que l'environnement est dégradé et que cette dégradation est socialement pathogène revient à victimiser les habitants concernés, la victimisation étant un des axiomes de la pensée égalitaire-progressiste.

adoptant de nouveaux thèmes d'intervention susceptibles de redonner de la vigueur au discours de l'action publique. Les thèmes qui mettent en exergue des problèmes spatiaux à l'échelle locale, et grâce auxquels il est possible d'agir de manière tangible, sont censés remplir cette fonction.

Ainsi, nous pouvons émettre l'hypothèse que ces quatre facteurs conjugués favorisent la formulation des problèmes sociaux par le truchement de catégories spatiales. Pour tenter de valider cette hypothèse, nous adoptons successivement deux approches :

    • D'abord, une analyse de discours focalisée sur les termes (et leurs cotextes[6]) les plus souvent utilisés pour parler de ces cas particuliers d'« espace fragile » que sont les grands ensembles de logements sociaux construits dans les années 1955-1975. Il s'agit ainsi de répondre à ces deux questions : de quoi parle-t-on et comment en parle-t-on ?

    • Ensuite, une réflexion considérant les expressions spatiales utilisées dans les discours relatifs à ces grands ensembles comme des analyseurs du cadre cognitif dans lequel l'action publique contemporaine se déploie et tente de restaurer sa crédibilité.

Pour ce faire, nous exploitons un *corpus* traitant de la politique de la ville en France (voir ci-contre).

De quoi parle-t-on ? Les objets de l'action publique

Les noms les plus couramment utilisés pour parler des grands ensembles de logements sociaux réfèrent à des espaces : « cité », « quartier », « banlieue »… Ils sont souvent employés au pluriel avec un article défini, sans adjectif qualificatif ni autre expansion, pour désigner de façon elliptique des lieux où se situent des ensembles d'immeubles abritant des populations qui répondent à des critères socioéconomiques précis : taux de chômage, niveau de revenus par ménage, taux d'échecs scolaires, taux de ménages monoparentaux…

Dans un tel contexte, ces noms sont des synecdoques reposant sur un rapport d'inclusion entre les objets désignés par le sens propre (« les cités », au sens toponymique, en tant qu'ensembles bâtis / « les quartiers », au sens administratif, en tant que subdivisions de villes, ou bien au sens affectif, en tant que villages dans la ville / « les banlieues », au sens géographique, en tant que périphéries de villes) et ceux désignés par le sens figuré (seulement les cités / quartiers / banlieues HLM construits dans les Zones à Urbaniser en Priorité au cours des années 1955-1975).

Ces noms sont également des métonymies reposant sur un rapport de contiguïté entre les objets désignés par le sens propre (les cités / les quartiers / les banlieues), qui sont de nature urbanistique, et ceux désignés par le sens figuré (les habitants des cités / des quartiers / des banlieues), qui sont de nature humaine.

À l'origine, l'objectif de l'emploi de ce double procédé figuratif était d'éviter la stigmatisation des populations résidant dans de grands ensembles de logements sociaux : 1) désignation de lieux plutôt que de populations ; 2) recours à un vocabu-

---

6 – Le cotexte est, en linguistique, « l'ensemble du texte contigu au fait de langue étudié, en entendant par « texte » tout discours, oral ou écrit » (https://fr.wikipedia.org/wiki/Cotexte).

Notre *corpus*, qui comporte environ cinq mille pages, est constitué pour l'essentiel :

• De documents médiatiques généralistes : presse nationale (*Le Monde*, *Libération*, *Le Figaro*) et presse régionale (*Le Parisien*, *Le Progrès*, *Ouest-France*), dont les articles ont été sélectionnés par une requête sur *Factiva* concernant les opérations de rénovation urbaine sur la période 1995-2010.

• De documents médiatiques spécialisés en architecture et en urbanisme (*Urbanisme*, *Projet Urbain*), dépouillés manuellement sur la période 1995-2010 puis scannés en vue d'un traitement numérique.

• De documents institutionnels (avis de préfets sur des projets soumis à l'Agence Nationale de Rénovation Urbaine, obtenus par une enquête auprès des préfectures concernées par les projets de rénovation urbaine) [1].

Ce *corpus* est complété, pour la période 1995-2015, par un ensemble consulté le 9 septembre 2015 d'un millier de discours gouvernementaux, constitué d'interventions (déclarations, interviews…) de personnalités politiques françaises sur le thème des quartiers de grands ensembles. Ces discours sont issus de la collection de discours publics disponibles sur le site gouvernemental http://www.vie-publique.fr/discours/[2]

Nous avons analysé ces discours à l'aide du logiciel Lexico 3, qui nous a permis de repérer les formes récurrentes utilisées pour aborder le thème de la rénovation urbaine.

---

1 – Ces discours ont été collectés dans le cadre d'un contrat de recherche pour le programme « Espace et Territoire » de l'ANR intitulé « La démolition des grands ensembles : un effet paroxystique des attentes et attendus en matière d'espace ». Ce thème nous semble en effet propice à l'étude des axiomes contemporains relatifs à l'espace, dans la mesure où l'acte de démolir des grands ensembles (alors même que sévit actuellement une sévère crise du logement social en France) exige l'énonciation de justifications fortes, principielles, qui nous paraissent révélatrices de la *doxa* sous-tendant l'action aménagiste.

2 – La collection des discours publics rassemble, à cette époque, plus de 100 000 textes rendus accessibles aux citoyens, émanant des principaux acteurs de la vie politique, Président de la République, Gouvernement, responsables politiques et syndicaux.

---

laire générique désignant une classe de lieux (les cités, les quartiers, les banlieues) plutôt que des lieux particuliers. L'habitude a ainsi été prise de parler de lieux génériques plutôt que de populations particulières.

« Les QUARTIERS sont non seulement les oubliés de cette présidence, ils ont aussi été stigmatisés et méprisés. Le Plan Espoir Banlieues n'a été qu'un grand bluff. » (Programme électoral d'Éva Joly, candidate d'Europe Écologie Les Verts (EELV) à l'élection présidentielle de 2012, intitulé *L'écologie, la solution. Le projet présidentiel d'Éva Joly*, février 2012).

C'est dans le même esprit qu'a d'ailleurs été institué, en 1991, un ministère traitant de « la ville » plutôt que des « habitants résidant dans de grands ensembles de logements sociaux ».

En réalité, les expressions « les cités », « les quartiers », « les banlieues » sont devenues elles-mêmes rapidement stigmatisantes. Elles portent des stéréotypes négatifs véhiculés par les médias (Derville, 1997) : le cliché des tours et des barres en béton où règnent la « misère » (Bourdieu, 1993), la violence, les trafics de drogue, le communautarisme, voire l'islamisme. Ces stéréotypes sont tellement prégnants qu'ils structurent nos représentations. En ce sens, on peut considérer les expressions « les cités », « les quartiers », « les banlieues » comme des métonymies « conceptuelles » [7] produisant un sentiment d'évidence partagé dans la mesure où elles régissent nos appréhensions et nos évaluations.

Dire « les cités », « les quartiers », « les banlieues », c'est bien souvent faire allusion à une frange de la population résidant dans ces lieux, que l'on nomme aussi « les jeunes de banlieue », mais qui, en réalité, ne correspond pas à tous les « jeunes » résidant en banlieue, ni même dans les grands ensembles HLM, mais plutôt à un certain type de population qui poserait des problèmes de sécurité, de l'incivilité quotidienne à une éventuelle dérive terroriste, en passant par la délinquance. Dans de tels contextes, l'expression « les jeunes de banlieue » est également une synecdoque.

Ces emboîtements de synecdoques et de métonymies créant des raccourcis entre des lieux, d'une part, et entre des lieux et des populations, d'autre part, constituent la base d'un discours politiquement correct (pour ne pas déplaire à certaines associations anti-discrimination) et homogénéisateur (pour respecter le principe d'indivisibilité de la République[8]), voire rassembleur (« nos banlieues »), posture qui pourrait être explicitée par cette exclamation de François Hollande :

> « Je reviens d'un parcours qui m'a conduit en 48 heures de Vaulx-en-Velin à Aulnay ici, ce soir, en passant par Clichy-sous-Bois, Trappes, Aubervilliers, CE QU'ON APPELLE LA « BANLIEUE » ET QUI EST TOUT SIMPLEMENT LA FRANCE ! »
> (Déclaration de François Hollande, député PS et candidat à l'élection présidentielle 2012, sur ses priorités pour les quartiers défavorisés en matière de politique du logement, de l'éducation, pour l'égalité des chances, Aulnay-sous-Bois le 7 avril 2012).

Au-delà du pouvoir déstigmatisant qui aurait pu leur être prêté, les métonymies alliant le social au spatial suggèrent que les problèmes sociaux sont imputables à l'espace dans lequel ils se produisent. Comme nous le verrons plus loin, les acteurs de l'aménagement (élus et techniciens) procèdent d'un cadre cognitif et discursif qui les conduit à thématiser des problèmes qui seraient liés à la forme architecturale et/ou à la localisation géographique des grands ensembles de logements sociaux, avec l'idée sous-jacente qu'agir sur ces espaces affecterait substantiellement la vie sociale de leurs habitants.

> « Un consensus s'est installé en France sur la nécessité de DÉTRUIRE LES « CITÉS », symboles de la ségrégation socio-urbaine. » (« HLM : pourquoi démolir ? », *Libération*, 29 août 2005).

Cette confusion entre l'urbain et le social est particulièrement repérable dans des discours comme celui-ci, où l'expression « casser les ghettos » semble se démétaphoriser dans le contexte de la rénovation urbaine :

> « Afin de « CASSER LES GHETTOS », le ministre délégué à la ville, Jean-Louis Borloo, envisage de raser des grands ensembles dans les quartiers diffi-

---

7 – À l'instar du concept de métaphore conceptuelle élaboré par G. Lakoff et M. Johnson (1985).

8 – http://www.franceinter.fr/emission-ledito-politique-fillon-relance-lidee-des-statistiques-ethniques

ciles. » (« Le gouvernement prévoit la démolition de 40 000 logements par an », *Le Monde*, 19 juin 2003).

Cette confusion est également à l'œuvre dans des propos usant de la syllepse, comme dans l'expression « urbanité républicaine », dont Marie-Noëlle Lienemann avait fait le slogan de son action ministérielle. La syllepse peut être filée sur une phrase entière, ainsi que le montre cette déclaration de Christine Boutin :

> « Ministre de la ville, je veux instaurer la COMMUNICATION ENTRE TOUS LES QUARTIERS D'UNE MÊME CITÉ pour que chacun où qu'il demeure puisse aller vers l'autre et que les différences soient vécues comme des richesses et non comme d'infranchissables frontières. » (Christine Boutin, Ministre du Logement et de la Ville, courte intervention au Sénat sur le thème *Talents des cités*, le 20 octobre 2007).

En effet, l'expression « communication entre tous les quartiers d'une même cité » est ambiguë : elle peut être interprétée au sens propre, urbanistique, comme « aménagement de liaisons viaires entre toutes les parties d'une même agglomération », ou au sens figuré, social, comme « échanges interculturels entre toutes les personnes vivant au sein d'une même société urbaine, quelles que soient leurs origines ». Par cet énoncé, Christine Boutin semble promettre conjointement une amélioration des conditions de circulation et davantage de mixité sociale à l'intérieur des villes, comme si ces deux promesses découlaient l'une de l'autre.

La conséquence de cette thématisation récurrente du spatial pour parler des problèmes sociaux est que les actions requises pour traiter ces problèmes apparaissent comme devant de toute évidence porter sur les espaces, ceux des cités, des quartiers, des banlieues, des ZUS, des grands ensembles…

Il y a à cela des raisons pratiques : pour déterminer les causes et l'origine de la violence urbaine, on localise les lieux où cette violence est la plus forte, la plus manifeste, en vue de leur appliquer un traitement particulier (Baudin et Genestier, 2002, p. 36 ; Vallet, 2011). Mais il y a également d'autres raisons que nous détaillerons plus loin.

Comment parle-t-on des objets de l'action publique ? La définition des actions à mener

Après avoir constaté que la thématisation porte de façon récurrente sur les espaces, abordons la question de la rhématisation, c'est-à-dire de savoir comment on parle de ces espaces, quelles caractéristiques leur sont attribuées dans les discours.

Logiquement, si l'on parle des espaces mentionnés en termes spatiaux (« quartiers dégradés »), il devrait être question d'agir sur l'espace, avec des objectifs généralistes courants : normes de sécurité à respecter, accessibilité en transport en commun, améliorations architecturales et paysagères, promotion et valorisation de la ville…

Et si l'on en parle en termes sociaux (« quartiers en difficulté »), il devrait être question d'agir par l'espace sur des populations spécifiques. Par exemple, réhabiliter ou reconstruire les immeubles pour offrir aux habitants des conditions de vie censées être meilleures pour eux et rétablir ainsi la paix sociale ou, tout au moins, le calme dans les espaces urbains concernés.

Dans les faits, c'est-à-dire dans le contexte de la rénovation urbaine, les pouvoirs publics agissent sur le contenu des aires urbaines désignées par le sens propre du nom « quartiers », à savoir sur leur bâti, avec la conviction affichée d'agir par ce biais sur le contenu humain de ce bâti, à savoir les habitants désignés par le sens figuré (métonymique) du nom « quartiers ». L'aire urbaine est en effet conçue comme un facteur d'identification entre les personnes qui y résident. Le but proclamé de ces actions est de susciter un sentiment de reconnaissance chez les habitants (ceux-ci doivent se sentir reconnus dans une égale dignité avec l'ensemble de la population[9]), mais aussi un sentiment de gratitude vis-à-vis de la puissance publique et d'adhésion à la communauté nationale.

Les métonymies nous amènent à percevoir les habitants des quartiers de grands ensembles comme des populations spécifiques et homogènes, dont tous les membres partageraient les mêmes caractéristiques sociales et, par là même, les mêmes besoins, du seul fait de résider au sein du même environnement urbain. Réaménager l'ensemble d'un quartier est donc censé résoudre indifféremment les problèmes sociaux de tous ses habitants.

Les expansions (adjectifs, compléments de nom, subordonnées relatives…) qui accompagnent les noms désignant les lieux engagent des modèles d'évaluation et de justification. Ceux-ci sous-tendent des postures qui orientent les actions que le locuteur propose de mettre en œuvre.

Ainsi, l'emploi d'adjectifs ou de locutions adjectivales comme « fragile » ou « en difficulté » exprime une posture compassionnelle déplorant une souffrance, voire une injustice, et appelant une réduction de l'écart perçu relativement à la norme (celle des conditions de vie du Français moyen) par un apport en matière de moyens financiers. Cette posture correspond à une éthique de la sollicitude et du « vivre ensemble ».

> « Jean-Marc Ayrault disait : « La justice est également territoriale : elle doit s'exprimer sur LES TERRITOIRES FRAGILES, particulièrement LES QUARTIERS DÉFAVORISÉS qui sont le lieu de la ségrégation sociale. » C'est un enjeu qui mobilise tout le gouvernement et sur lequel nous nous sommes engagés fortement. » (Déclaration de François Lamy, ministre délégué à la ville, sur les enjeux liés à un rééquilibrage territorial des aides de l'État en faveur des quartiers en difficulté, à Roubaix le 11 octobre 2012).

À l'opposé, certaines expansions comme « de violence » (dans une expression comme « lieu de violence ») ou « de non-droit » (dans l'expression « zone de non-droit ») expriment une posture accusatoire vis-à-vis de certains habitants, appelant une réduction de l'écart perçu relativement à la norme (celle du comportement du Français moyen) par une privation de liberté pour les habitants ainsi accusés.

> « La démolition était devenue la seule solution, car la dégradation a commencé dans les années 1978-1980. Sur les 265 logements, il n'y en avait plus en 1979 que 116 occupés (408 personnes). Un endroit très dégradé, devenu « UN LIEU DE VIOLENCE ET DE DÉLINQUANCE INIMAGINABLES. », selon le maire (RPR de Meaux), Jean-François Copé » (« "Chenonceaux" résiste à 290 kg d'explosifs », *Le Figaro*, 11 mars 2002)

---

9 – *Cf.* Honneth, 2013.

« L'angélisme de gauche a corrompu un pouvoir et une droite qui se sont rangés au laxisme, qui ont lâché toute volonté de se battre contre LES ZONES DE NON-DROIT. » (Déclaration de Mme Marine Le Pen, candidate du Front national à l'élection présidentielle d'avril 2012, sur le programme du Front national en matière de sécurité et d'immigration, Nantes le 25 mars 2012).

Tab. 1 – Aperçu des différentes postures exprimées dans notre *corpus*

Les mots qualifiant l'espace	Les postures du locuteur	Les actions requises	Les objectifs
prioritaire	objectivisme, quantification de dysfonctionnements	ciblage de l'action publique	réduire les dysfonctionnements
sensible	inquiétude	vigilance, attention particulière	faire en sorte que l'écart à la norme ne produise pas d'effets irrémédiables
fragile, vulnérable, en difficulté	compassion, sollicitude	prévention, assistance	réduire l'écart à la norme par un apport en termes de moyens préventifs
défavorisé, déshérité	dénonciation d'une injustice sociale	réparation de l'injustice sociale	réduire l'écart à la norme par un apport financier
stigmatisé, méprisé, discriminé	dénonciation d'une injustice morale	réparation de l'injustice morale	réduire l'écart à la norme par une réhabilitation symbolique
fermé, ghettoïsé, relégué, enclavé	dénonciation d'une exclusion urbaine	réparation de l'exclusion urbaine	réduire l'écart à la norme par une opération de reconnexion urbaine
difficile, à problèmes	ambigu : du compassionnel (les habitants sont en difficulté) à l'accusatoire (les habitants sont difficiles à gouverner)	assistance ou répression	réduire l'écart à la norme par un apport ou une privation
de non-droit, de violence, de délinquance	dénonciation de comportements déviants	répression (pour certains habitants), réparation de la perte de sécurité (pour les autres habitants)	réduire l'écart à la norme par une privation de liberté pour certains habitants et par de la prévention situationnelle pour l'ensemble des autres habitants

Source : Claudine Jacquenod-Desforges.

Communiquer *sur* et *par* la démolition

Pour saisir non seulement la structure du discours sur la banlieue et le sens des vocables (en tant que catégories de pensée) qui le nourrissent, mais aussi le rôle de ces derniers dans l'action, il faut tenter de relier ce discours à la fois au cadre cognitif qui le sous-tend et aux enjeux qui le motivent. Pour ce faire, après l'analyse lexicale, développons une analyse narrative.

La décision d'intervenir de manière forte dans « les quartiers » et de démolir certains grands ensembles s'appuie sur l'idée que leur existence même est devenue un problème au sein de la société française. Aussi les acteurs publics s'appliquent-ils à cadrer l'action démolisseuse en l'insérant dans un récit[10] spécifiant, dans un premier temps, l'origine et la nature du « malaise des banlieues » qu'ils se font un devoir de prendre en charge. Le caractère dramatique du constat, misérabiliste, constitue une réquisition morale, que les institutions s'adressent publiquement à elles-mêmes dans le but de faire valoir leur sens des responsabilités auprès du public-citoyen. Cette mise en scène du devoir d'agir conduit ensuite à l'énonciation des objectifs de l'action correctrice. Au sein de ce récit, la démolition dans les quartiers, voire des quartiers eux-mêmes et de ce qui les spécifie, joue le rôle pivot de la condition nécessaire à l'effacement « des erreurs du passé et des drames présents », ouvrant ainsi la perspective d'un avenir meilleur par une intervention volontariste de nature légitimiste (remise aux normes)[11]. Un *Do Something Syndrome* (interpellation face à l'inacceptable) est ici à l'œuvre, auquel doit correspondre un *Wishful Thinking* (pensée magique, ici de type spatialiste).

Pour analyser le récit de l'action publique sur, pour et par ces « espaces fragiles » que sont les quartiers de grands ensembles HLM, il faut mettre au jour son axiomatique, ses schèmes d'inférence, ses postulats. Ce cadre cognitif comporte une composante de nature épistémologique : le discours sur le quartier émane d'une science sociale post-matérialiste, en rupture avec le déterminisme dialectique qui longtemps a dominé la sociologie et la géographie urbaine françaises. L'intérêt pour le quartier s'inscrit dans le courant plurivoque, mais congruent, de la phénoménologie, de l'interactionnisme symbolique, de l'ethnométhodologie ou de la psychologie de l'environnement qui se sont déployés à partir des années 1980-90. Ces approches ont en commun d'accorder une attention particulière aux situations, en tant que relations entre les acteurs et entre ceux-ci et les lieux. La conséquence de telles approches est que l'échelle de la proximité et de la matérialité spatiale se trouve scientifiquement accréditée, de sorte que celle-ci formate un cadre légitime d'appréhension du réel social et, *last but not least*, de préhension de celui-ci par l'action publique (P. Genestier, 2005).

---

10 – La notion de récit est aujourd'hui très présente en science politique. Selon Muller et Surel (1998, p. 56-67), les phénomènes sociaux perçus comme problématiques par les acteurs publics (c'est-à-dire susceptibles d'être inscrits à l'agenda politique) donnent lieu à une quête de sens impliquant « un travail cognitif et normatif de sélection des données pertinentes à partir d'une simplification plus ou moins grande des composantes du phénomène considéré, opération elle-même déterminée par les grilles de lecture particulières aux différents acteurs ».

11 – C'est ainsi que les procédures discursives mises en œuvre pour justifier la rénovation urbaine produisent les effets d'accréditation attendus de tout discours politique, tels qu'ils ont été décrits par Le Bart (1998, p. 77-82), à savoir une (re)légitimation de la politique, une (re)légitimation des statuts et des rôles occupés par les acteurs publics, ainsi qu'une légitimation de soi du locuteur en tant que décideur politique.

Dans un article antérieur (Genestier, Ouardi, Rennes, 2007, p. 76-77), nous avions montré que la valorisation de l'action publique localisée et spatialisante va de pair avec l'imaginaire d'une société frappée de dysfonctionnements requérant une intervention réparatrice des pouvoirs publics. Cet imaginaire se traduit, sur le plan lexical, par l'emploi abondant de termes formés à partir du préfixe dé-, celui de la « dégradation » et du « désordre ». À ce diagnostic répond logiquement une thérapeutique en re-, qui définit les visées de l'action publique : « réparer », « restaurer », « reconstruire[12] ». Cette thérapeutique en re- est souvent elle-même accompagnée d'injonctions à communiquer et à communier, se traduisant par la forte présence de termes formés à partir du préfixe co-, désignant aussi bien les buts de l'action publique (la « cohésion sociale ») que ses modes de réalisation (la « consultation », la « concertation », la « cohérence »).

> « Dans les sites qui font l'objet de projets de RÉnovation urbaine, il n'y a pas que le bâti qui est DÉgradé. Souvent, les habitants eux aussi sont en difficulté. » (« Choisy–Orly–Priorité d'embauche aux habitants du Grand Ensemble », Le Parisien, 10 mai 2006).

Le stéréotype du quartier HLM à la fois dégradé et dégradant, avec ses éléments dramaturgiques, alimente un récit qui présente ce type d'espace comme un « actant » au sein d'une intrigue où « les quartiers » sont à la fois souffrants et déviants.

Ce récit sur les quartiers HLM fait de ces lieux-habitants à la fois des victimes et des facteurs de perturbation, posant des problèmes à la société française. Ces problèmes, énoncés sur le mode du *pathos*, requièrent une intervention proportionnée soit aux malheurs subis par les victimes, soit aux dysfonctionnements occasionnés. Il en résulte que le vocable « quartier » produit à la fois un effet de ciblage de l'action et une incitation à réagir de manière forte.

Plus fondamentalement, le vocable « quartier », en ce qu'il prend le sens d'une entité en soi, mêlant intrinsèquement du social et du spatial, du matériel concret et du relationnel symbolique, devient le support d'une pensée réifiante et substantialiste[13]. En l'occurrence, les quartiers de grands ensembles HLM, c'est-à-dire ces amalgames de facteurs sociaux, économiques, ethniques, topologiques et morphologiques, sont perçus comme mauvais par nature, indépendamment des déterminations d'ordre structurel qui provoquent la pauvreté des personnes trouvant refuge en ces lieux. Les effets produits par une telle pensée sont patents : si « les quartiers » sont mauvais par nature, alors il faut les éliminer. « En finir avec les grands ensembles », tel était le slogan des Assises de Bron (1990). Ce slogan et celui qui, en 1991, lui succédera dans l'argumentaire de la Loi d'Orientation pour la Ville, « casser les ghettos », trouveront une application directe, bien que différée, dans le

---

12 – Le préfixe re-, qui exprime le retour à un état initial, est abondamment utilisé pour dénommer les actions de démolition : « renouvellement », « rénovation », « requalification »… Ces termes sont en fait des dénominations elliptiques fondées sur une inférence positive selon laquelle si l'on démolit, c'est pour mieux reconstruire.

13 – Nous nous inspirons ici directement de ce que G. Bachelard (1938) appelait « l'obstacle substantialiste », qui consiste en l'explication intuitive d'un phénomène par l'essence d'un objet matériel. Par exemple, avant la découverte du magnétisme et de l'électricité statique, l'on attribuait l'orage à la nature propre du nuage.

programme de « renouvellement urbain » mis en place en 1999 par le ministère de la Ville et amplifié par celui de « rénovation urbaine » en 2003.

Un autre effet suscité par ce discours réifiant procède de l'activation du paradigme physicaliste, c'est-à-dire le fait de concevoir l'action publique, avec ses objectifs politiques, en termes de science physique, où des forces s'appliquent sur la matière. Si l'on perçoit le social de manière réifiée, comme une substance matérielle, bâtie, à laquelle sont assimilés les habitants, on peut concevoir l'action publique comme une force de façonnement de cette matière. Autrement dit, on entre dans un imaginaire où le pouvoir impose son empreinte sur un matériau malléable, une glaise sociale. C'est sous l'emprise de cette représentation figurée que les pouvoirs publics espèrent pouvoir et pensent devoir, de manière littérale, édifier la société par la réalisation de dispositifs, urbanistiques et territoriaux : il s'agit de « lutter contre la ségrégation pour construire une société de l'égalité » (Gaudin et Genestier, 1995). Ce type d'action s'inscrit dans des opérations cognitives et discursives qui assimilent le social au spatial et qui, *de facto*, érigent l'espace physique au rang d'opérateur efficient de (re)modelage de la société, conformément à une certaine conception du politique, à la fois instaurationniste et constructiviste[14].

Depuis la fin des années 1990 s'est imposée l'idée que, tout au long des années 1977-1999, les mesures prises par les pouvoirs publics (les divers « plans Marshall pour les banlieues » ou, plus martialement, la « reconquête des territoires perdus de la République » (Brenner, 2002), voire leur « nettoyage au Kärcher »[15]) n'ont pas été menées avec l'efficacité nécessaire.

Ce phénomène d'alternance entre emballement politico-médiatique et embourbement dans une gestion administrative complexe, multipartenariale et, *in fine,* souvent rattrapée par les enjeux électoraux locaux, a fini par décrédibiliser l'action publique. C'est la raison pour laquelle, sous le gouvernement de Lionel Jospin, avec Claude Bartolone au ministère de la Ville et Marie-Noëlle Lienemann au Logement, est lancée une politique qui entend prendre une dimension supérieure. Au « Développement social des quartiers » et aux « Grands projets de ville » vient se substituer le « Renouvellement urbain », qui deviendra, sous la houlette de Jean-Louis Borloo, la « Rénovation urbaine ». La mesure emblématique de cette po-

---

14 – Il s'agit d'une conception « constructiviste », au sens où Hayek F. von (2013), évoquant l'action publique « rationaliste française », y décèle la prégnance d'une vision de l'instance politique comme force extérieure et supérieure au social, disposant d'une capacité de façonnement et de remodelage de la matière sociale brute. Cette idée est au fondement du Contrat social rousseauiste, où, avant la passation de ce contrat les faisant advenir à l'âge de la Raison et du Politique, les hommes étaient des êtres bienheureux mais à demi-sauvages. Ainsi, selon cette vision, illibérale et étatique, le politique précède et secrète le social. On perçoit aisément comment l'idéal politique constructiviste s'est translaté, de manière littérale, en idée de construction volontariste de grands ensembles dans les années 1960 et aujourd'hui en l'idée de leur démolition-reconstruction.

15 – « Dès demain, on va nettoyer au Karcher la cité. On y mettra les effectifs nécessaires et le temps qu'il faudra, mais ça sera nettoyé » avait déclaré Nicolas Sarkozy le 19 juin 2005, dans la cité des 4000 à La Courneuve, après la mort d'un enfant de 11 ans tué par une balle perdue au bas de son immeuble, au cours d'une rixe entre des membres d'une famille rivale.

litique de renouvellement–rénovation est une démolition–reconstruction massive dans « les quartiers ». Il s'agit de « changer leur physionomie, leur réputation », de les « banaliser », de les « faire rentrer dans l'urbanité commune ». La démolition dans les quartiers et la transformation de l'image de ces derniers apparaissent alors comme une action cathartique, celle de l'exorcisme, de l'expiation et du ressaisissement des pouvoirs publics jusque-là défaillants ou velléitaires.

Agir sur et par l'espace, dans et par les quartiers, par des interventions aussi fortes que la démolition de tours et de barres grâce à des dynamitages retransmis par les journaux télévisés de 20 heures, voilà une action dotée d'un potentiel communicationnel certain. Si l'on suit Renaud Epstein (2013), il semble que la politique de rénovation urbaine ait pour objectif de « conjurer l'impuissance publique » et que cette tentative de conjuration soit en fait une action communicationnelle : il s'agit de récuser le sentiment d'incapacité à obtenir des résultats que donne le système institutionnel grâce à une scénographie urbanistique spectaculaire (architecture innovante, création d'« une offre de logements diversifiée afin de renforcer l'attractivité des quartiers et de favoriser la mixité sociale », « désenclavement par la création d'une ligne de tramway »).

Faute d'avoir pu faire des habitants des quartiers des gens moins pauvres, et faute d'avoir pu renforcer le « lien social » via les associations et les services publics qui devaient « tisser les quartiers », il s'agit, en modifiant leur apparence architecturale et urbanistique ainsi que leur profil sociologique, de faire disparaître le lancinant problème des quartiers « fragiles ». Certes, avec la rénovation urbaine, on ne fait pas disparaître les problèmes sociaux, on les disperse, en pariant sur « l'effet de quartier » (Genestier, 1999).

Ainsi, la notion de quartier, aussi bien en tant que support spatial, aire géographique, contenant architectural, figure urbanistique et contenu sociologique, est-elle érigée au statut d'instrument d'action[16], dans une logique institutionnelle où la dimension communicationnelle prévaut. De plus, si l'on se réfère au schéma actantiel de Greimas (1966), cette notion dispose d'un statut d'actant multivalent : le quartier est à la fois le destinateur (l'émetteur des signaux de malaise), le destinataire (le bénéficiaire de l'intervention publique), un adjuvant (une ressource sociale associative), un opposant (un foyer de déviances), ainsi que l'objet du récit où la quête d'une société « plus harmonieuse » passe par l'amélioration matérielle et symbolique de l'espace. Le(s) quartier(s) occupant potentiellement tous les rôles, le discours sur l'action de/dans/par les quartiers est éminemment flottant, à la fois percutant, lesté de concrétude et indexé à des finalités et des modalités variables, voire confuses.

Le vocable « quartier » se révèle à ce titre un pur objet de stratégie communicationnelle consistant à dire ce que l'on fait, illustrer ce que l'on dit (c'est l'effet « preuve par l'espace » montré par les géographes) pour emporter, à court terme, l'assentiment du public, sans se préoccuper des déterminations de fond qui continueront à régir le fonctionnement social.

---

16 – *Cf.* le dossier « L'action publique au prisme de ses instruments », paru en 2011 dans la *Revue Française de Science Politique*, n°1.

Conclusion

L'analyse sérielle des discours de la politique de la ville révèle que ce qui compte, ce n'est pas tant d'argumenter, de dire pourquoi l'on agit, y compris quand on intervient de manière brutale par des démolitions d'immeubles, que de dire et de montrer que l'on agit. Autrement dit, l'action de démolir, qui est la résultante d'une logique cognitive et discursive faisant des quartiers des entités syncrétiques et opératoires, consiste à envoyer un message frappant, qui réinstaure une position d'autorité, celle de la puissance publique. Dire vouloir démolir, passer à l'acte et le faire savoir est en soi une manière de communiquer sur l'action politique.

Et si la parole politique se définit par sa prétention à émettre des énoncés performatifs (réalisant par eux-mêmes l'action qu'ils affirment), alors le thème de la démolition vaut en ce qu'il manifeste et concrétise une volonté de rupture vis-à-vis de la crise de légitimité ressentie par les pouvoirs publics. Un tel usage de la parole est particulièrement repérable dans la rhétorique du « retour de l'État dans les territoires »… Un retour jamais accompli, puisque toujours réévoqué.

Références bibliographiques

Bachelard G., 1938 – *La formation de l'esprit scientifique*, Paris, Vrin.

Bacot P., 2007 – Les mots de l'espace dans le vocabulaire politique (politologique et politicien), *in* Bacot P. et Rémi-Giraud S. (dir.), *Mots de l'espace et conflictualité sociale*, Paris, L'Harmattan, p. 69-78.

Baudin G., Genestier P. (dir.), 2002 – *Banlieues à problèmes. La construction d'un problème social et d'un thème d'action publique*, Paris, La documentation française, 252 p.

Bourdieu P., 1993 – *La misère du monde*, Paris, Seuil, Collection « Libre Examen », 947 p.

Brenner E. (dir.), 2002 – *Les territoires perdus de la République*, Paris, Mille et une nuits, 238 p.

Castells M., 1972 – *La question urbaine*, Paris, Maspéro, 456 p.

Collectif, 1997 – *En marge de la ville, au cœur de la société : ces quartiers dont on parle*, La Tour d'Aigues, Éditions de l'Aube, 349 p.

Collectif, 2011 – Dossier « L'action publique au prisme de ses instruments », *Revue Française de Science Politique*, n° 1.

Cour des Comptes, *Les organismes d'habitations à loyer modéré*, 1994 – https://www.ccomptes.fr/Publications/Recherche-avancee/(SearchText)/organismes%20habitations%20à%20loyers%20modérés%201994/(limit)/10/(sort)/score;desc/(filters)/root-parent_juridiction_s:Cour%20des%20comptes

Cour des comptes, *Politique de la ville*, 2002 – https://www.ccomptes.fr/Publications/Publications/La-politique-de-la-ville

Cour des Comptes, *Politique de la ville, une décennie de réformes*, 2012 – https://www.ccomptes.fr/Publications/Publications/La-politique-de-la-ville-une-decennie-de-reformes

Derville G., 1997 – La stigmatisation des « jeunes de banlieue », *Communication et langages*, n° 113, p. 104-117.

Dubedout H., 1983 – *Ensemble, refaire la ville, rapport au Premier ministre du Président de la Commission nationale pour le développement social des quartiers*, Paris, La documentation française.

Epstein R., 2013 – *La rénovation urbaine. Démolition-reconstruction de l'État*, Paris, Les Presses de Sciences Po.

Gaudin J.-P., Genestier P. et Riou F., 1995 – *La ségrégation : aux sources d'une catégorie de raisonnement*, Paris, Ministère de l'Équipement, du Logement, des Transports et du Tourisme, Plan construction et architecture, Recherche n° 69, 93 p.

Genestier P., 1999 – Le sortilège du quartier : Quand le lieu est censé faire le lien. Cadre cognitif et catégorie d'action publique, *Les Annales de la Recherche Urbaine*, n° 82, p.142-153.

Genestier P., 2005 – La thématique de la proximité : composante d'une *épistémè*, expression d'une idéologie ou bien symptôme d'une certaine vision du monde ?, *in* Le Bart C. et Lefèvre R., *La proximité en politique*, Rennes, PUR, p. 287-305.

Genestier P., Ouardi S., Rennes J., 2007 – Le paradigme localiste au secours de l'action publique démocratique, *Mots, les langages du politique*, n° 83, p. 69-80.

Greimas A. J., 1966 – *Sémantique structurale : recherche et méthode*, Paris, Larousse, 262 p.

Hayek F. von, 2013 – *La route de la certitude*, Paris, PUF, 276 p.

Honneth A., 2013 – *La lutte pour la reconnaissance*, Paris, Folio/Essais, 352 p.

Keller F., 2011 – *L'avenir des « années collège » dans les territoires urbains sensibles, rapport d'information fait au nom de la délégation sénatoriale à la prospective*, n° 352, tome 1.

Lakoff G., Johnson M., 1985 – *Les métaphores dans la vie quotidienne*, Paris, Les Éditions de Minuit, 250 p.

Le Bart C., 1998 – *Le Discours politique*, Paris, PUF, 128 p.

Muller P., Surel Y., 1998 – *L'analyse des politiques publiques*, Paris, Montchrestien, 153 p.

Tissot S., 2007 – *L'État et les quartiers. Genèse d'une catégorie de l'action publique*, Paris, Seuil, 300 p.

Vallet B. (dir.), 2011 – *Qualité et sûreté des espaces urbains*, Paris, PUCA.

Vulbeau A., 2007 – L'approche sensible des quartiers « sensibles ». Une posture de proximité, *Informations sociales*, n° 141, p. 8-13.

Espaces fragiles – Construction scientifique, dynamiques territoriales et action publique
Presses Universitaires Blaise Pascal, Territoires 1, 2017, p. 33-72

Les espaces « fragiles » en France : des trajectoires complexes

'Fragile' areas in France: complex trajectoires

Laurent Rieutort*, Éric Langlois*, Laurent Bonnard*

Résumé : Après avoir évoqué les nombreux termes ou concepts utilisés pour désigner les espaces « qui ne se portent pas bien », l'article propose une approche multicritères qui permet de localiser ces zones en France qui correspondent à la fois aux campagnes « éloignées », « hyper-rurales », mais aussi aux villes « intermédiaires », à certaines zones périurbaines ou anciennement industrialisées. Bénéficiant du soutien ancien des politiques publiques et des initiatives locales, ces espaces fragiles sont caractérisés par le poids des représentations sociales négatives et les difficultés de coordinations des acteurs. Pour autant, les arrière-plans idéologiques sous-jacents doivent être discutés et ces catégories spatiales méritent d'être déconstruites en lien avec un nouveau contexte et de nouvelles dynamiques socio-spatiales (renouveaux démographiques, innovations sociales). De fait, on observe une grande diversité de trajectoires géographiques, dans lesquelles jouent à la fois des facteurs géographiques, historiques ou socio-culturels.

Abstract: After an examination of the various terms or concepts used to designate areas that "are not doing well" the article proposes a multi-criteria approach for identifying these areas in France, which can be remote or intensely rural zones, intermediate cities or certain outskirts or formerly industrialized zones. These fragile areas, which have long received support from public policy-makers and those acting at a local level, are characterized by the burden of a negative social image and difficulties in coordination between the stakeholders. However, the political context and background need to be discussed. These spatial categories should be deconstructed in relation to a new environment and new socio-spatial dynamics (demographic renewal, social innovations). The geographical trajectories are widely divergent and are governed by geographical, historical and socio-cultural factors.

Les espaces fragiles français – qu'ils soient ruraux ou situés dans des zones urbaines denses – sont affectés par des mutations plus ou moins rapides et profondes, dont la littérature sur le développement local met en exergue, depuis plusieurs décennies, les aspects positifs : ces territoires seraient aussi des lieux d'innovation, de résilience ou de résistance. Pourtant, des inerties et des dynamiques régres-

---

*Université Clermont Auvergne, AgroParis Tech, Inra, Irstea, VetAgro Sup, Territoires, F-63000 Clermont-Ferrand, France.

sives persistent ou réapparaissent, particulièrement depuis la crise de 2008-2009, alimentant des discours tantôt inquiets du devenir d'une France « périphérique » qui serait « oubliée » voire stigmatisée, tantôt, au contraire, favorables à une quinzaine de métropoles attractives et compétitives qui, de fait, ont plutôt été les « gagnantes » des réformes territoriales récentes.

La dialectique entre ces deux mouvements doit être interrogée : atteint-on les limites du paradigme du développement local ? Les aires fragiles ont-elles tendance à s'étendre ou à se résorber ? En quoi les représentations, positives ou négatives des espaces « fragiles », contribuent-elles auxdits processus ? On le voit, traiter de la question des fragilités socio-spatiales permet de comprendre plus globalement le fonctionnement et les dynamiques socio-économiques, politiques voire culturelles, de l'ensemble des territoires de la France métropolitaine.

Cet article s'attachera donc à préciser, dans un premier temps, la polysémie des termes et définitions mobilisés par les chercheurs comme par les acteurs du développement territorial. Puis nous reviendrons, grâce à une approche cartographique, sur la caractérisation et la localisation de ces zones fragiles. Notre contribution ciblera essentiellement les espaces d'échelle moyenne et n'englobera pas les notions, critères, interventions et riches théories mobilisés dans le champ des études urbaines à propos des quartiers sensibles en France (voir l'article de P. Genestier et C. Jacquenod-Desforges dans cet ouvrage). Dans un troisième temps, nous examinerons les stratégies de développement mises en œuvre depuis plus d'un demi-siècle avant de terminer par une mise en perspective théorique et par une discussion, voire par une déconstruction de la notion.

Des mots pour le dire

Qu'il s'agisse d'espaces « périphériques », « défavorisés », « dévitalisés » « désertifiés », « fragiles » ou « sensibles », bon nombre de qualificatifs ont tenté, depuis un demi-siècle, de caractériser des « espaces qui ne se portent pas bien »[1]. Ces termes font appel à des représentations singulièrement marquées par le vocabulaire du soin, voire de la psychologie sociale. On parle de handicap, d'isolement, de marginalité, de discrimination, d'affaiblissement, de vulnérabilité, etc. En outre, ils comportent toujours des connotations normatives, tout en évoquant en filigrane des stratégies sociales de développement, l'espace « souffrant » pouvant « guérir » et même reprendre sa croissance…

• L'idée de territoires « périphériques » est mobilisée depuis longtemps, en s'appuyant sur le couple centre-périphérie et les travaux précurseurs de Karl Marx

---

1 – En 2016, le choix de « La France des marges » comme nouvelle question de géographie pour les concours de recrutement des enseignants du second degré a suscité une intense activité éditoriale. Parmi les ouvrages publiés, on citera notamment :
• Grésillon E., Alexandre F., Sajaloli B. (Dir.), 2016, *La France des marges*, Armand Colin, 446 p.
• Chabrol M., Monot A., Paris Fr., Paulus F., 2016, *La France des marges*, Bréal, 275 p.
• Wackermann G. (Dir.), 2016, *La France des marges*, Ellipses, 525 p.
• Woessner R. (Dir.), 2016, *La France des marges*, Atlande, 364 p.

ou Werner Sombart, puis d'économistes (Raúl Prebisch et Hans Wolfgang Singer, Emmanuel Arghiri) de géographes (Alain Reynaud) ou d'historiens comme Fernand Braudel qui distingue, au sein d'une économie-monde, le cœur, le centre, la périphérie et les marges ; chaque organisation ou type d'espace évoluant dans le temps long[2]. En réalité, l'approche contemporaine doit beaucoup aux théoriciens des inégalités du développement qui contribuèrent à la diffusion du modèle auprès des chercheurs dans le courant des années soixante. En 1981, Alain Reynaud déploie ce concept en géographie en distinguant le centre, « là où les choses se passent », qui est un lieu de concentration de population, de richesses, de fonctions économiques, d'informations, de capacités d'innovation ou, surtout, de pouvoirs. De par son attractivité et les polarisations qu'il génère, le centre est un puissant moteur de l'intégration territoriale. Toutefois, la dissymétrie des échanges est à la base d'une intégration inégale et les périphéries sont définies « en négatif » car marquées par la distance au centre et par une absence d'autonomie, des niveaux de vie moins élevés, etc. Le modèle centre-périphérie décrit alors le monde comme « un système dans lequel un noyau donne des impulsions, draine des richesses des périphéries qu'il capitalise à son profit, exerce une surveillance politique et économique sur les auréoles » (Brunet, Dollfus, 1990). Dans son analyse dynamique, Alain Raynaud (1992) distingue des « angles morts » particulièrement délaissés, mais aussi des espaces « annexés » ou « intégrés » pouvant devenir, par rattrapage et « dépassement » de nouveaux centres attractifs. L'analyse se généralise à l'échelle européenne dans le cadre des politiques structurelles promouvant une « cohésion » territoriale : on utilise alors des données statistiques qui montrent des différences par rapport aux moyennes économiques, sociales, environnementales… Faible attractivité économique et faible cohésion sociale se combinent généralement et l'espace périphérique est situé à l'écart des dynamiques positives ou à la limite de périmètres politico-administratifs. C'est même parfois d'une vraie discrimination dont semblent souffrir ces espaces face à la tendance lourde qui concentre les aides publiques – et parfois les discours – vers les « centres », les espaces métropolitains les plus peuplés, suscitant du coup un sentiment d'abandon voire de relégation pour les populations résidentes. Il s'agit alors de ce que certains appellent la « double peine » : affaiblis et n'intéressant qu'à la marge les décideurs nationaux ou les investisseurs privés, les espaces périphériques se retrouvent isolés par des politiques publiques qui leurs passent « sous le nez », les aspirant littéralement dans une spirale dépressive. Cette thématique à propos des inégalités internes à l'espace géographique rejoint alors les enjeux de « justice spatiale » qu'Alain Reynaud avait posés dès 1981 en publiant son ouvrage associant les trois mots de *Société, Espace et Justice*. Tentant une définition, Bret (2015[3]) considère que « la justice, dans cette perspective, ne se confond pas avec l'égalitarisme, mais combine

---

2 – Voir, par exemple, l'original essai de Trément F., 2013, « Quel modèle de développement régional pour le Massif central à l'époque romaine ? », *Revue d'Auvergne*, n° 606-607, p.315-341.

3 – Voir le collectif Bret *et al.* (2010) et l'article du même B. Bret (2015) sur le site Géoconfluences, *Notions à la une : la justice spatiale* : http://geoconfluences.ens-lyon.fr/informations-scientifiques/a-la-une/notion-a-la-une/notion-a-la-une-justice-spatiale

l'égalité de la valeur intrinsèque des personnes et donc l'égalité de leurs droits, avec l'optimisation des inégalités au bénéfice des plus modestes sur le plan des biens matériels et des positions sociales ». Les politiques publiques peuvent alors tenter de corriger ces « injustices » (sociales ou économiques, administratives ou d'accès aux services, etc.) au nom de l'équité territoriale. Mais, toujours pour Bret (2015), « la justice spatiale ne se limite pas à la justice distributive, c'est-à-dire à la répartition des biens, des avantages et des charges de la vie collective. Outre que l'organisation du territoire a des effets sur l'exercice de la démocratie, la justice spatiale concerne aussi le cadre territorial offert au respect des identités indivi-duelles et collectives. La stigmatisation d'un lieu peut en effet nuire à l'image de celui qui y habite et porter atteinte chez lui à l'estime de soi ».

On le voit, le rapport centre-périphérie est plus complexe : il se raisonne à dif-férentes échelles et ne peut se penser uniquement à l'échelle d'espaces délimités ; il doit éviter des représentations duales de l'espace (ainsi l'opposition rural/urbain ou diverses stigmatisations) mais aussi intégrer la géographie des réseaux, des in-teractions fluides et des liens faibles. Ainsi, par exemple, grâce à la force des coor-dinations locales, à la mobilisation de l'épargne locale et à l'esprit d'initiative de ses acteurs, des périphéries peuvent devenir relativement autonomes par rapport aux centres et faire preuve d'un dynamisme remarquable. De même, les campagnes « éloignées » peuvent tirer bénéfice de leur situation à condition que des liens de coopérations, des « fertilisations croisées », soient suscitées avec les centres urbains.

• Dérivé de cette grille de lecture, le concept d'« espace marginal » est aussi anciennement utilisé, y compris dans le monde anglo-saxon (*marginalized areas*). Il évoque le cas d'espaces périphériques, manifestement à l'écart des modèles de développement dominants, mais qui peuvent être en voie d'intégration dans un sys-tème géographique englobant. En 1970, le *Dictionnaire de géographie* de Pierre George remarque qu'« une exploitation marginale est une exploitation rejetée du marché par le caractère non compétitif de ses produits ». Pour Bailly *et al.* (1983) : « La marginalité, tout comme son opposé la centralité, recouvrent à la fois une posi-tion géographique (point de vue géométrique : je suis tout à la fois centre et marge) et un état social. Le marginal est dans un état d'isolement relationnel par suite de la réalité géographique mais aussi dans un isolement social qui l'écartent des proces-sus d'interaction. La marginalité doit donc être explicitée de manière bimodale, sous une double face, celle du signifiant spatial et du signifié culturel ». Les territoires se placent donc dans une situation de subordination, de dominés, voire « d'exclus » c'est-à-dire qu'ils sont durablement mis au dehors du système productif global. À moyenne échelle, ils sont, par exemple, restés « en marge » des effets d'entraîne-ment directs des pôles de croissance. Cette dépendance vis-à-vis de centres d'im-pulsion extérieurs est d'autant plus marquée que les dynamiques endogènes sont limitées. On se place aussi dans une situation d'acceptation collective de la margi-nalisation ou dans des comportements hors des normes communément admises. À grande échelle, de nombreux travaux géographiques ont tenté de croiser la margina-lité sociale et spatiale (Domenech *et al.*, 1985 ; Vant, 1986), en prenant en compte le processus d'exclusion ou de « relégation », qui précède souvent la marginalisation, et est « inséparable des phénomènes sociaux de précarité et de pauvreté, souvent territorialisés, et de leurs interprétations politiques » (Chignier-Riboulon, 2005).

• Le thème du dépeuplement, du « vide » et de la faible densité a aussi fait florès. Mathieu et Duboscq signalent que déjà, en 1884, le thème du congrès de la Société des Géographes français était la dépopulation et la stérilisation de vastes espaces. Rappelons aussi que le médiatique ouvrage de Gravier sur le « désert français » remonte à 1947 et dénonce la répartition déséquilibrée des populations comme un frein au développement économique. Dans les années 1950-1960, cette problématique de la faible densité est associée à l'exode rural et à la dépopulation qui frappe alors des zones rurales et montagnardes. Cette approche s'est toujours heurtée aux limites d'une définition numérique fondée sur un seuil (la basse densité se fixe-t-elle à moins de 30 hab./km², ou à 10, ou bien encore à 50 ? Envisage-t-on le quasi-vide, ou de façon plus mesurée, des espaces faiblement peuplés dont les densités seraient inférieures à une moyenne nationale, voire régionale ?). Mais elle a bénéficié de travaux fondateurs (Bontron, Mathieu, 1975, 1976 ; Béteille, 1981 ; Mathieu et Duboscq, 1985) et obtenu un grand écho auprès des populations, des décideurs, voire des géographes, à l'image de la célèbre « diagonale du vide » qui court des Ardennes jusqu'aux Pyrénées et même à l'Espagne intérieure. D'autres approches numériques ont tenté d'isoler les espaces de faible densité de deux façons. D'une part, en mesurant le degré de diffusion, de dispersion, des populations (par exemple en déterminant un nombre réduit de personnes reliées entre elles au sein d'un bassin de vie en tenant compte des distances-temps). D'autre part, en raisonnant de façon négative – mais de manière peut-être plus opérationnelle – en distinguant les espaces faiblement peuplés d'autres figures territoriales comme les campagnes périurbaines ou « vivantes » et diversifiées économiquement (Croix, 2000). Par opposition, les espaces de faible densité apparaissent alors comme des territoires qui souffrent soit d'un déficit dans le dialogue rural/urbain, soit d'une insuffisante multifonctionnalité... esquissant du même coup les enjeux du développement et les voies d'une politique d'aménagement du territoire.

Une définition plus qualitative suppose aussi de s'appuyer sur des caractères dominants ou spécifiques de ces espaces peu denses qui les distingueraient d'autres types de territoires, d'autant que la « faible densité » n'est pas seulement démographique, « mais également de constructions, d'emplois, d'équipements, de commerces, de services, de voies de communications et, plus généralement d'interconnections » (Chapuis[4]). Il s'agit alors de réfléchir aux effets de la faible densité sur les modes d'utilisation du sol, sur la vie sociale, sur les représentations souvent connotées par l'agriculture ou des valeurs environnementales, ou, enfin, sur des configurations spatiales spécifiques, notamment en termes d'isolement, de dispersion ou de diffusion des ressources. Il apparaît alors, de ce point de vue, que les espaces à faible densité ont longtemps été associés à une singularité négative, celle d'afficher des tendances récessives : recul démographique et déstructuration sociale, parfois de grande ampleur, et expliquant justement la faible densité d'aujourd'hui, fragilité économique et recul de l'emploi liés au déclin des activités « traditionnelles » (notamment agricoles, minières ou forestières) et à la faible diversification de celles-ci, récession de l'emprise humaine contribuant à une détérioration du paysage humanisé menacé par la friche et la forêt (Béteille, 1981).

---

4 – Chapuis R., « Espace rural », *Hypergéo*, dictionnaire en ligne : http://www.hypergeo. eu/spip.php?article481

Comme le remarque Mignon (1998), « au total, ces espaces à faible densité, sont, le plus souvent, des « pays malades », des territoires fragiles dont les forces déclinent peu à peu. Ces déficiences spontanées, sensibles de longue date, ont été aggravées considérablement au cours des dernières décennies alors que les concurrences s'exacerbaient dans le contexte d'une économie libérale de plus en plus ouverte. Tandis que les hommes et les richesses tendent à se concentrer dans quelques foyers privilégiés, les zones faibles sont, elles, dépouillées et s'appauvrissent encore un peu plus. Trop affaiblies pour trouver en elles-mêmes les forces pour se sauver, ces régions sont aussi privées du recours extérieur des influences urbaines qui arrivent très amorties. On est donc en présence d'une sorte de processus cumulatif du déclin, d'un cercle vicieux qui ne saurait être rompu sans une intervention extérieure déterminée ». Espaces fragiles avant tout parce que peu peuplés, peu armés pour se défendre collectivement, pour s'assurer face au risque de la métropolisation et de la mondialisation par le jeu des solidarités notamment. Un espace peu dense pèse moins : il est de faible constitution et sa masse critique est insuffisante. Il retient plus difficilement ses populations, notamment les nouvelles générations, et les effets de « redistribution » depuis les grands centres urbains sont d'autant plus modestes que l'espace est faiblement innervé par des axes de transport et de communication modernes et rapides.

Cette vision pessimiste a été largement remise en cause dans la période récente par des travaux de chercheurs (Mathieu, 1995 ; Clarimont *et al.*, 2006 ; Collectif, 2007 et 2014 ; Devès, 2015) montrant que le déclin des régions de faible densité n'a rien d'inéluctable, y compris dans un contexte de métropolisation et de mondialisation. Des exemples nombreux montrent que bon nombre de territoires peu denses ont retrouvé une vitalité économique et démographique. Leurs ressources, parfois oubliées, sont mobilisées, valorisées et quelquefois « spécifiées » par des acteurs innovants. Enfin, et ce n'est pas la moindre des évolutions, comme le soulignent Laurence Barthe et Johan Milian (2011) : « le puissant processus d'étalement urbain et le mitage de l'espace dans son sillage ont produit un renforcement de l'attractivité par effet d'exceptionnalité des espaces où l'occupation humaine reste discrète dans le marquage spatial mais possible et acceptable en raison des conditions d'accessibilité et d'équipement. Les espaces ruraux de faible densité demeurent donc aussi des lieux de vie, permanents ou temporaires pour des populations aux profils variés, dont la présence, à travers leurs usages et leurs pratiques des lieux, posent des questions quant aux conditions de l'habitabilité du monde de la faible densité ».

• Dans les années 1970, la notion de région « défavorisée » s'est notamment appliquée à la suite de l'individualisation des problèmes surtout agricoles et spécifiques aux zones de montagne[5], puis de « moyenne montagne » ou « de piémont », et enfin aux espaces ruraux dits « profonds », en proie au déclin démographique et économique, fréquemment secoués par la crise de leur agriculture. Le dispositif

---

5 – En France, les interventions concernent surtout l'agriculture de montagne avec l'attribution directe de subventions. Loin de rechercher des modèles de développement différents, on compense les handicaps par des primes attribuées par tête de bétail (Indemnité Spéciale Montagne). Apparues en 1961, ces actions permettent de préciser des délimitations fondées sur l'altitude et les dénivelés.

d'aide aux « zones défavorisées » tire son origine de l'Indemnité Spéciale établie en 1972 en mone Montagne (ISM) visant à maintenir l'élevage montagnard. En 1975, la directive européenne n°75/268 étend le dispositif à l'ensemble de la Communauté européenne en définissant les principes de classement des zones montagnes[6] et autres zones défavorisées et en mettant en place des Indemnités Compensatoires de Handicap Naturel (ICHN) par tête de bétail. Les zones défavorisées sont définies en fonction des menaces de déprise reliées notamment à la faible productivité du milieu naturel, avec la présence de terres peu productives et l'obtention de résultats économiques sensiblement inférieurs à la moyenne. S'ajoute l'idée de faibles densités et/ou la tendance au recul démographique pour des populations rurales qui dépendent de manière prépondérante de l'activité agricole (forts taux d'actifs agricoles). En application de cette directive, chaque état membre communique une liste de communes susceptibles d'être classées en zone de montagne par la Commission européenne qui arrête, en 1976 (directive 76/401) des listes qui ont été régulièrement modifiées depuis, au gré parfois de jeux politiques locaux, bien étudiés par exemple dans la montagne basque (Dalla Rosa, 1984). En 1976, cette directive est transposée en droit français par le décret 76/385 et un arrêté définit des critères de délimitation de zones défavorisées et les critères économiques d'éligibilité[7].

Dans ces définitions, on admet que les difficultés, les « défaveurs », sont issues de handicaps imposés dès le départ par la nature (climat, pente, sols médiocres…), qui infériorisent ces territoires peu compétitifs dans une économie « ouverte » et un marché concurrentiel. Pourtant, cette approche conduit à un déterminisme déguisé : la « crise » n'est évidemment pas le résultat des seules contraintes physiques et les défaveurs de l'agriculture n'expliquent pas à elles seules le processus de marginalisation, d'autant plus que c'est souvent la faiblesse des activités industrielles ou tertiaires qui est en cause.

● Le thème des espaces « fragiles » prend le relais au début des années 1980 (SEDES, 1981 ; Bontron, Aitchison, 1984 ; DATAR-SEGESA, 1987). Il désigne ici, littéralement, des zones « prêtes à se briser », disposées au risque de rupture, souvent répulsives. On fait appel à des symptômes économiques (richesses produites, évolution du nombre d'actifs…), sociaux (crise démographique…) ou paysager (enfrichement…). On introduit des indicateurs d'effets plutôt que de causes supposées et la fragilité n'est donc qu'aggravée mais non déterminée par le milieu naturel. On parle aussi d'espace « dévitalisé » pour traduire une déstructuration du tissu social

---

6 – La zone de montagne comprend des communes ou partie de communes caractérisées :
 • soit par une altitude (minimum en France : 700 m, sauf pour le massif vosgien à 600 m, et les montagnes méditerranéennes à 800 m) conduisant à des conditions climatiques difficiles ;
 • soit par des pentes supérieures à 20 % dans la majeure partie du territoire (au moins 80 %) rendant la mécanisation plus difficile ou conduisant à des surcoûts ;
 • soit par la combinaison de ces deux facteurs (altitude minimale de 500 m et pente moyenne à 15 %).

7 – En 1985, une zone sèche est définie sur le pourtour méditerranéen et, en 1990, une Indemnité Compensatoire de Handicap Naturel (ICHN) végétale est introduite pour certaines cultures dans les zones de montagne sèche. Plus récemment, dans les DROM et la Corse, les ICHN ont été étendues à des cultures.

et économique, « une perte de substance à la fois humaine et naturelle (les risques naturels liés à la déprise spatiale de l'agriculture sont mis en avant : dégradation des sols, enfrichement, érosion, incendie). La forte sélection des lieux bâtis (dépeuplement de nombreux hameaux et d'écarts) et des espaces utilisés par l'agriculture […] font craindre l'abandon de pans entiers du territoire rural. L'image de régions où l'occupation humaine se concentreraient en quelques lieux, petites villes ou bourgs principaux noyés dans un espace abandonné, se développe » (Lauginie, 1993). Pour Piveteau (1995), « le concept de « zone rurale fragile » exprime trois choses, à la fois distinctes et reliées : le résultat, c'est-à-dire la disparité telle qu'on l'observe ; le processus responsable du déséquilibre spatial ; et le problème tel qu'il s'exprime sur un plan politique ». Dans cette approche de la fragilité et si l'on se réfère à une dimension historique, « les disparités que l'on observe ne sont que la résultante d'évolutions […] ayant affecté de manière différentielle le territoire » (Piveteau, 1995) et la théorie de la rente différentielle est mobilisée (Larrère, 1984). L'espace peut ainsi perdre une partie de ses ressources ou avantages concurrentiels, ses compétences, son patrimoine, tandis que des modifications règlementaires nationales ou européennes, des choix en matière de financements publics aggraveront encore la situation… Le système spatial est donc dit fragile car les relations ou équilibres existants peuvent être rompus à tout moment, même si c'est pour donner naissance à un nouveau système… Dans bien des cas, la crise est également porteuse d'éléments de renouveau, la réadaptation succédant à l'affaiblissement.

• On glisse enfin dans les années 1980 vers l'idée de territoire « sensible »[8], peut-être moins négative, mais qui permet surtout de préciser la notion très relative de fragilité. L'idée principale reste que le processus de sélection est défavorable à certains territoires victimes de la concurrence des régions fortes et mieux placées, et qui sont donc confrontés au déclin démographique et économique. Mais des actions sont possibles et ce type de territoire est aussi « sensible » aux nouvelles dynamiques de développement, qu'il compte sur des impulsions extérieures (les nouvelles attentes des sociétés urbaines) ou sur ses ressources propres, notamment les espaces « naturels », agricoles et forestiers, les paysages ou le patrimoine culturel. Cependant, marginalisation et valorisation peuvent également se traduire par une dégradation de ces ressources : la dimension environnementale s'ajoutant à la sensibilité socio-économique. L'espace sensible est donc celui qui réagit rapidement et de manière significative à une perturbation, une action publique, ou à une série de processus, à la pression des activités humaines ou à leur abandon... Cette réaction peut être négative en réaction à un évènement qui le marque, son développement étant pénalisé par l'arrêt d'une activité économique, par les effets de la mondialisation qui touche son économie agricole ou industrielle, par un aléa climatique,

---

8 – Par exemple, en 1995, dans le cadre du CPER auvergnat, a été créé un axe « Espaces ruraux sensibles » regroupant une dizaine d'équipes de chercheurs de l'INRA, du CEMAGREF, de l'ENGREF et des deux universités clermontoises. Ce réseau s'est progressivement renforcé, structuré et étendu, conduisant à la constitution, au printemps 2001, d'un Groupement d'Intérêt Scientifique, le GIS « Territoires Ruraux Sensibles », dont l'ancrage géographique portait sur l'ensemble du Massif central (sites de Clermont-Ferrand, de Saint-Étienne et de Limoges).

par l'évolution des modes de vie (exemple des pratiques touristiques, de l'accès aux nouvelles technologies numériques, etc.). Les espaces sensibles peuvent aussi être ceux qui subissent une trop forte fréquentation sans qu'ils soient accompagnés ou protégés. Mais la répercussion est potentiellement positive en profitant de la valorisation des atouts, compétences et ressources. L'espace « sensible » fera alors l'objet de classements ou de labellisations (Natura 2000, Espace Naturel Sensible, Réserves et autres parcs régionaux ou nationaux voire inscription au patrimoine mondial de l'Unesco, etc.)

Ainsi, le développement durable de ces territoires passe par un équilibre subtil et difficile à tenir, entre la nécessité d'exploiter des ressources fragiles et l'exigence de les préserver et de les renouveler. C'est aussi en ce sens qu'ils peuvent être qualifiés de sensibles.

Notons enfin que, dans une lecture culturaliste ou phénoménologique, la sensibilité d'un espace comporte une dimension relevant du champ des émotions. Cette vision renvoie à des critères subjectifs mais généralement liés à la qualité des paysages, à ses aménités, aux activités de loisirs, sportives, à l'art et à la culture qui peuvent y être remarqués. L'espace fragile devient émouvant et perçu comme attachant, suscitant empathie et nostalgie à la fois. Mais il est frappant de constater que certains espaces « sensibles » ainsi remarqués et pratiqués peuvent – à plus ou moins long terme – trouver un désamour et s'endurcir soudainement. Parce que la puissance publique n'aura pas su anticiper des évolutions sociétales ou économiques importantes, parce que les acteurs locaux ne seront pas parvenus à se coordonner et à valoriser des potentiels… l'espace devient moins accueillant, plus difficile à pénétrer, offrant moins de ressources et donnant une image plus contrastée, voire triste et fermée.

Des indicateurs et des cartes pour le montrer

Les espaces fragiles ou sensibles ont suscité de nombreux travaux statistiques et cartographiques, préalables ou non à des politiques publiques. La SEGESA (Société d'Études Géographiques et Sociologiques Appliquées) s'est fait une spécialité de l'identification de ces zones (Bontron, 1993) et a posé la question du choix pertinent de l'échelle géographique d'analyse selon les variables retenues. Mais, comme le rappelle Bret (1991) « la fragilité est un système complexe qui ne peut se résumer à l'analyse de la courbe de population ».

• À partir d'une première grille de lecture, on a pu considérer que, dans les « espaces fragiles », les pertes démographiques (même si le solde migratoire peut redevenir positif) se combinent avec la déprise spatiale (boisement, enfrichement) et les pertes d'emplois révélant une faible diversification des activités, mais aussi une médiocrité du maillage par les bourgs et villes qui contribuent à une anémie sociale et à la rareté des innovations malgré les efforts de quelques leaders (Collectif, 1992). Divers auteurs (Bontron, 1993 ; Mignon, 1998) ont ainsi reconnu les marqueurs de la fragilité sur les plans :

   • économique, avec un recul des actifs, une raréfaction des emplois ce qui révèle des activités largement dominées par l'agriculture, des commerces et des services atteints par le dépeuplement, le vieillissement et la pauvreté relative de certaines populations. Ces caractères handicapent les entrepreneurs à la recherche de main-d'œuvre, affectent gravement la capacité financière des collectivités locales[9]. Les données de la fiscalité sont ainsi révélatrices en lien avec des entreprises peu nombreuses, un bâti dégradé ou des logements vacants, une société qui comprend des agriculteurs ou des populations âgées ; la contribution à la production de richesses est donc faible et les fonctions qui sont assignées à ces espaces fragiles par la société englobante sont cantonnées au rôle de fournisseurs de matières premières (agriculture ou sylviculture à faible valeur ajoutée, énergie, eau…) ou de cadres de vie. Les activités sont généralement faiblement créatrices d'emplois ou en crise (ainsi l'artisanat ou l'industrie héritée et peu compétitive), ce qui a des conséquences sociales ;

• social et démographique, ce qui recouvre à la fois la décroissance de la population, le solde migratoire négatif et, bien souvent, les faibles densités. Faute de vitalité suffisante sur place, faute d'influx urbains stimulants et malgré des frémissements associés à l'arrivée de nouveaux habitants, il reste un appauvrissement social de l'espace. Celui-ci peut être corrélé avec le vieillissement et le poids des retraités, avec la précarité des emplois indépendants, un fort taux de chômage ou un faible ratio d'emplois féminins et enfin avec un problème d'isolement relatif, notamment sur le plan des mobilités socioprofessionnelles ; l'approche en termes de géographie sociale insistera sur la fragilité analysée du point de vue des individus, de leurs modes d'habiter et de leurs pratiques quotidiennes (accès à la mobilité, au logement ou aux infrastructures culturelles et de loisirs, déclassement et « enfermement » social, etc.)[10] ;

• spatial et environnemental, ce que montrent des critères fondés sur l'éloignement géographique (à l'écart des grands flux, des services et des grandes agglomérations) et l'emprise humaine comme, par exemple, le recul de l'occupation du sol par les agriculteurs (progression des friches[11] et de la forêt ; multiplication des risques environnementaux : érosion, incendies, etc.) ou la diffusion d'autres usages (pratiques de loisirs, création de réserves ou parcs dits « naturels ») ;

• mais aussi symbolique, avec des représentations souvent connotées négativement au sein de la société englobante. Une partie au moins de la population risque alors d'intégrer cette dévalorisation, ces rapports de domination, contribuant à reproduire des imaginaires péjoratifs et à renforcer

---

9 – Comme le rappelle Bret (1991) : « aux modestes rentrées fiscales (foncier non bâti en déclin, taxe professionnelle en rouge, etc.) correspondent bien souvent des dotations de l'État trop faibles pour atténuer l'indigence de ces budgets ».

10 – Sur le plan des mobilités, on peut également opposer des « ségrégations associées » lorsque logements et lieux de travail sont proches (archétype de la cité ouvrière) et des « ségrégations dissociées » lorsque le logement « populaire » (par exemple dans certaines banlieues ou lotissements périurbains) s'éloigne des zones (centrales ou périphériques) offrant les emplois.

11 – Voir par exemple : Collectif, 2000, *Les friches dans le Massif central, mythes et réalités*, PUBP, CERAMAC 14, 278 p.

l'inertie des sociétés locales, incapables de se mobiliser collectivement et de « porter » initiatives et projets de développement ; dans ces conditions, le territoire fragile n'est pas revendiqué comme espace de projet même si les politiques publiques peuvent tenter de le prendre en compte… au risque d'accroître sa dépendance.

• La cartographie de ces différents types d'indicateurs isole des espaces qui ne se superposent pas toujours. Dans les exemples ci-dessous, nous avons choisi de travailler à des échelles relativement fines[12] et avec des données facilement mobilisables et fiables.

Les critères démographiques sont largement convergents. La carte des faibles densités (moins de 20 hab./km^2) confirme l'existence d'une « diagonale du vide » qui s'allonge des Ardennes/Thiérache jusqu'aux Pyrénées/Corbières, en passant par la Champagne sèche, le Plateau de Langres, le Pays des Étangs en Lorraine, le Morvan, une grande partie du Massif central (surtout l'ouest et le sud) avec ses bordures en Poitou, Brenne, Berry ou Sologne, mais aussi une partie du Sud-Ouest (Périgord, Quercy, Landes, Gascogne) ; de part et d'autre de cette diagonale, on ajoutera également le Perche ou les monts d'Arrée à l'Ouest, les Alpes du Sud et la Vanoise, ou la montagne corse au Sud-Est. La carte des pertes démographiques sur la période 1968-2012 se superpose assez largement. On reconnaît, en effet, dans ces pôles répulsifs, le centre-Bretagne, le Bocage normand, la Thiérache, la Champagne sèche, la Lorraine (Barrois, Plateau de la Haute-Saône), le Plateau de Langres, le Morvan, la Champagne berrichonne et le Boischaut, une partie du Limousin (Basse-Marche, Millevaches), le Cézallier-Haut-Cantal, l'Aubrac, la Margeride, le Mézenc et Haut-Vivarais, les Ségalas et monts de Lacaune, les campagnes gersoises, la plus grande partie des Pyrénées ou certains massifs des Alpes (Diois, Haute-Maurienne) et la Corse intérieure. Entre 1999 et 2012, les espaces de pertes démographiques se restreignent, notamment dans le Massif central ou la Corse. Par contre, sur la dernière période (2007-2012), les effets de la crise économique se ressentent avec une moindre attractivité de certaines zones à la renaissance précaire ; il en est ainsi de certains cantons des Alpes du Sud, du Massif central, du Sud-Ouest ou du Nord-Est.

Les critères économiques confirment certaines fragilités mais nuancent les observations strictement démographiques. Par exemple, les pertes d'emplois sur la période 1999-2012 sont particulièrement diffuses et concernent la plupart des espaces en dehors de nombreuses agglomérations (quelle que soit leur taille), des littoraux ou des Alpes du Nord. Les aires d'évolution négative de l'emploi touchent le Centre Bretagne, les bocages normands, le Nord et le Nord-Est, le Massif central et ses bordures ou le piémont pyrénéen. Cette représentation nuance l'idée d'une « France périphérique » (Christophe Guilluy) uniformément éloignée des grandes métropoles mondialisées (avec leurs aires périurbaines ou rurales et leurs villes-relai) pour dessiner un vaste ensemble dans lequel le seul « effet distance » ne permet pas d'interpréter les processus économiques. De son côté, le taux d'activité des femmes est inférieur à 68 % dans le Nord et le Nord-Est qui paient un

---

12 – Sauf indication contraire, il s'agira de l'échelle communale mais sans descendre au niveau scalaire inférieur (celui du quartier urbain ou IRIS par exemple).

lourd tribut à la désindustrialisation, une partie de la Bretagne (centre, Cornouaille, Trégor), le Morvan, le Berry et la Marche, la Montagne limousine, le Vivarais et les Cévennes, les plaines du Languedoc-Roussillon, la Basse-Provence ou les Alpes du Sud et la Corse. Cet espace recoupe, au Nord et Nord-Est, les zones où la part des emplois industriels est supérieure à 15 % ; mais s'ajoutent également la Franche-Comté, l'Est du Massif central et la vallée du Rhône, le Dauphiné, les campagnes de l'Ouest (Bretagne, Choletais), le Jura et l'Ain ainsi que les Landes. Les zones de forte présence d'emplois agricoles sont mieux individualisées : elles couvrent la Normandie, le Centre Bretagne, la Champagne, les pays de la Saône, le Morvan, l'Ouest et le Sud du Massif central, la Gascogne et le Béarn, plus ponctuellement les Alpes du Sud.

La fragilité socio-spatiale a été cartographiée à partir d'indicateurs liés aux revenus, aux taux de chômage, au logement et à l'accessibilité aux services. Des revenus fiscaux médians inférieurs à 18 500 euros sont présents dans le Centre Bretagne, les bocages de Basse-Normandie, de l'Artois aux Vosges en passant par la Champagne, le Plateau de Langres, le Morvan, le Massif central et le Sud-Ouest aquitain en dehors des aires métropolitaines, les Pyrénées, les Alpes méridionales et la Corse[13]. La carte des taux de chômage des 25-54 ans au lieu de résidence supérieurs à 12 % en 2013 montre les mêmes zones de tradition industrielle (Nord, Ardennes, Lorraine, Vosges, Haute-Marne et Haute-Saône) ou plus rurales et agricoles de l'Ouest et du Centre du pays (Sologne, Berry, périphéries du Massif central). Mais elle distingue également des régions plus attractives et urbanisées : littoral aquitain et centre-ouest du Bassin aquitain, plaines et arrière-pays du Languedoc-Roussillon, Bas-Rhône et ses marges de moyenne montagne (Vivarais, Cévennes, Préalpes), Basse-Provence et littoraux corses. Une part non négligeable (plus de 10 %) de logements vacants est aussi symptomatique des risques de déprise, même si les régions méridionales attractives (pour les nouveaux arrivants comme pour les touristes) échappent largement au processus. De fait, la carte isole surtout le Centre Bretagne, les collines de Normandie, la Lorraine, la Haute-Saône, le Morvan, le cœur du Massif central et sa périphérie nord et ouest. Enfin, la distance aux équipements tertiaires de niveau intermédiaire (de type collège ou supermarché) est plus importante dans certains bassins de vie où moins de 85 % de la population peut avoir accès à ces commerces ou services en quinze minutes ou moins. La géographie de ces bassins n'est pas sans rappeler celle des zones peu denses ou montagnardes puisque l'on repère le Centre Bretagne, la Champagne, le Plateau de Langres et la Haute-Saône, le Haut-Jura, le Morvan, la Champagne berrichonne, l'ouest et le sud du Massif central, les Landes, les Pyrénées, les Alpes du Sud, voire la Haute-Maurienne, ainsi que la Corse.

À l'échelle des seuls espaces ruraux, des travaux récents faisant appel à l'analyse factorielle (Hilal *et al.*, 2012) ont également permis d'élaborer des typologies éclairantes en croisant de multiples données statistiques. Il en ressort notamment un type « fragile » représenté par les « campagnes vieillies à faible densité » rassemblant

---

13 – Si l'on observe les seuls revenus agricoles (exprimés en Production Brut Standard), ils sont particulièrement bas (inférieurs à 45 600 euros par an) dans les Vosges, le Limousin, les Pyrénées, le sud-est du Massif central, les Alpes ou la Corse.

5,2 millions de personnes sur plus de 42 % de l'espace national. Spatialement, ce groupe suit la diagonale courant des Ardennes–Sud lorrain jusqu'aux Pyrénées en passant par le Massif central et avec des excroissances en Basse-Normandie, en Bretagne intérieure, dans les Alpes du sud ou en Corse. Il s'agit généralement de territoires situés dans un environnement très rural et éloigné de l'influence des agglomérations ; ils ont subi un long exode mais renaissent ponctuellement (arrivées d'employés, d'ouvriers et de séniors) tout en affichant un vieillissement de leurs habitants, des niveaux de vie faibles et une faible accessibilité pour les services. L'économie agricole ou résidentielle est souvent dominante : le nombre d'emplois augmente mais reste en deçà de la moyenne avec des taux de chômage et d'emploi à temps partiel plutôt élevés.

En complément à cette analyse statistique multivariée, nous pouvons approcher la fragilité en nombre d'indicateurs en combinant nos douze variables démographiques, économiques et sociales avec une légende cumulative. On constate que de nombreux espaces affichent au moins trois facteurs de fragilité, en dehors des régions métropolisées et attractives (Ile-de-France et ses bordures, axe de la Basse-Seine, littoraux atlantiques, Pays-de-la-Loire, Ouest breton, Alsace, Rhône-Alpes autour de Lyon, Grenoble ou de la Savoie/Genevois, basse vallée du Rhône et Provence, plaines du Bas-Languedoc, Toulousain).

Les zones où l'on compte cinq critères ou davantage dessinent par contre une vaste France des fragilités. Celle-ci couvre à la fois les campagnes « éloignées » des pôles urbains, certains « tiers espaces » périurbains, mais aussi d'anciennes régions et villes industrielles en déclin. On détachera notamment le centre-Bretagne, les collines de Basse-Normandie et du Perche, une partie de la Picardie et de l'Artois, la Thiérache, les Ardennes, l'Ouest lorrain (Meuse notamment) et les Vosges, le Plateau de Langres et la Haute-Marne, les plateaux bourguignons et le Morvan, la Marche et le Berry, une grande partie du Massif central en dehors des axes urbanisés de l'Allier et de la Loire, les Pyrénées et les Corbières, la Gascogne, les Alpes hors Savoie ou l'essentiel de la Corse. La situation dégradée de nombreuses villes petites et moyennes ressort nettement de l'analyse (Wolff *et al.*, 2013). Celles-ci sont surtout localisées dans le Nord et le Nord-Est (Champagne-Ardenne, Lorraine), souvent au cœur des vieux bassins industriels et miniers, mais aussi dans le Centre (y compris pour certaines localités de Val-de-Loire tels Gien, Blois ou Saumur) et Bourgogne ou dans le centre et le nord du Massif central auquel s'ajoutent quelques cas dans l'Ouest (Douarnenez, Paimpol, Dieppe, Le Havre, etc.) et sur le piémont pyrénéen. Ajoutons que certaines villes du Sud du pays affichent des taux élevés de croissance démographique mais des situations socio-économiques plus difficiles (par exemple à Avignon ou Béziers).

Le Rapport du Sénateur Alain Bertrand (2014)[14] a aussi tenté, de son côté, d'identifier, à l'échelle des bassins de vie, des territoires d'hyper-ruralité qui seraient les espaces les moins peuplés et les plus enclavés (avec vieillissement de la population, manque de services, équipements et moyens financiers, handicaps naturels ou créés). L'hyper-ruralité incarne la « ruralité de l'éloignement » sous toutes ses formes :

---

14 – Rapport du Sénateur Alain Bertrand : *Pour le développement et la mise en capacité des territoires hyper-ruraux*, juillet 2014, 74 p.

Fig. 1 – La fragilité démographique

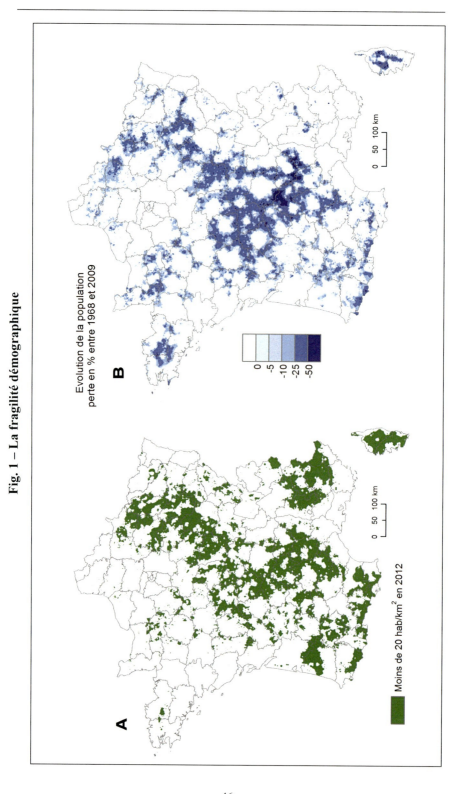

B — Evolution de la population perte en % entre 1968 et 2009

0 / -5 / -10 / -25 / -50

A — Moins de 20 hab/km² en 2012

0 50 100 km

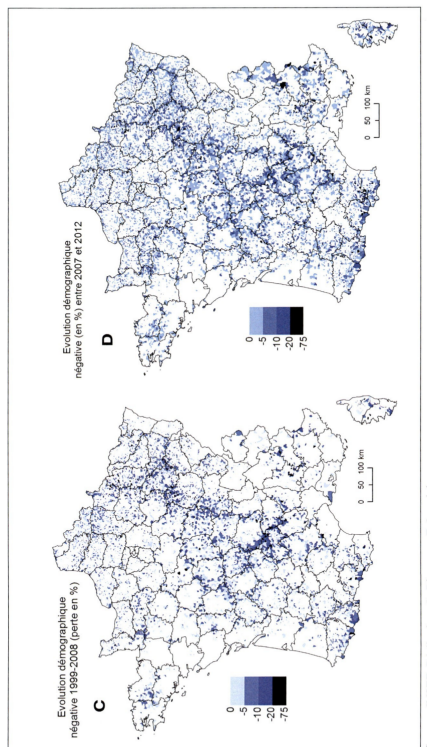

Evolution démographique négative (en %) entre 2007 et 2012

D

Evolution démographique négative 1999-2008 (perte en %)

C

Source : INSEE. Réalisation : L. Rieutort et E. Langlois.

Fig. 2 – La fragilité économique

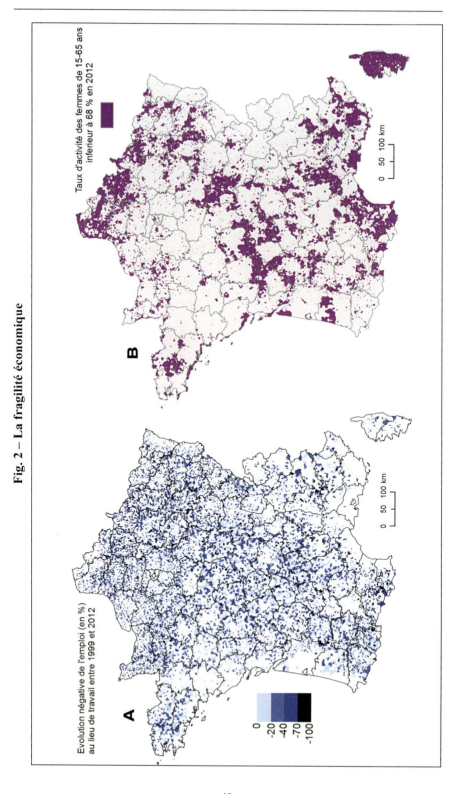

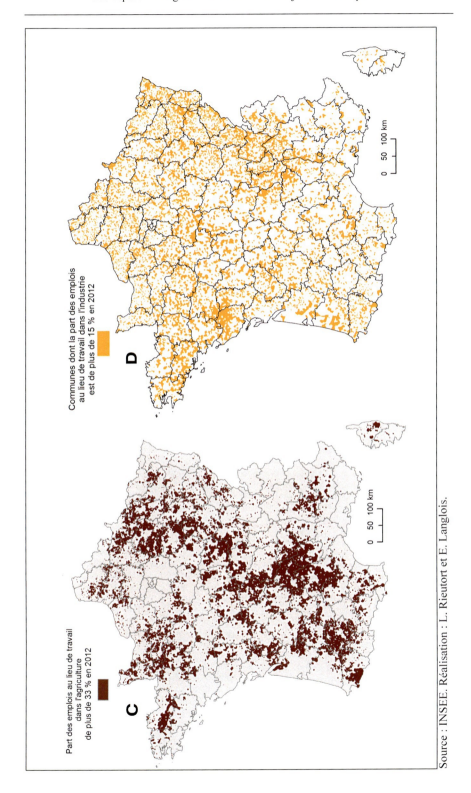

Part des emplois au lieu de travail dans l'agriculture de plus de 33 % en 2012

C

Communes dont la part des emplois au lieu de travail dans l'industrie est de plus de 15 % en 2012

D

Source : INSEE. Réalisation : L. Rieutort et E. Langlois.

Fig. 3 – La fragilité sociale

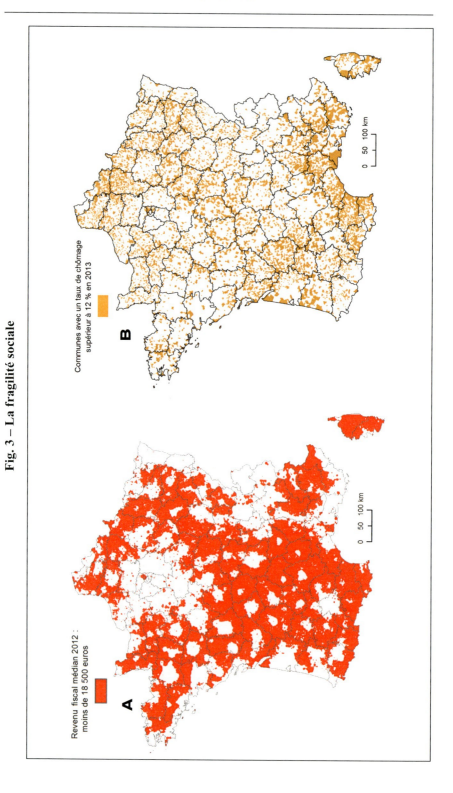

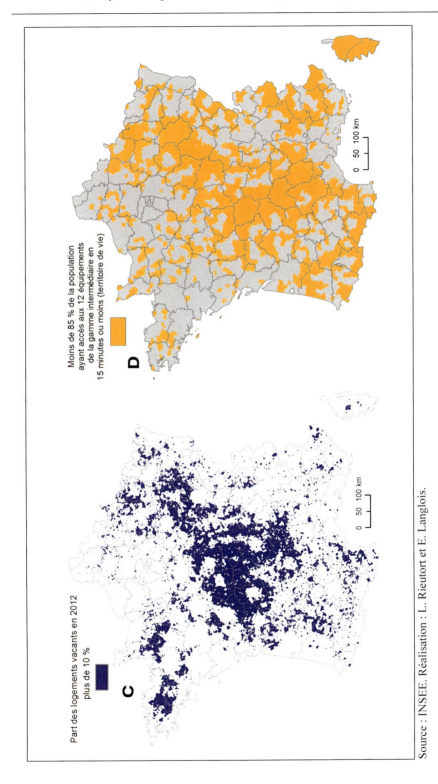

Source : INSEE. Réalisation : L. Rieutort et E. Langlois.

Fig. 4 – Essai de synthèse : indicateur de fragilité

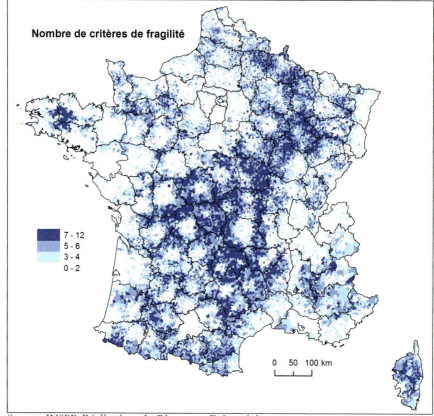

Source : INSEE. Réalisation : L. Rieutort et E. Langlois.

• éloignement des individus entre eux (faible densité de population) ;
• éloignement des individus vis-à-vis des services du quotidien et éloignement entre les villes intermédiaires qui assurent le rôle de centralité pour ces territoires ;
• éloignement de ces territoires vis-à-vis des métropoles tant du fait des distances à parcourir que des conditions d'enclavement géographique.

Parallèlement, d'autres indicateurs confirment que ces bassins de vie concentrent :
• la grande majorité des communes à faible densité de population, avec une médiane de 22 hab./km², soit trois à quatre fois plus faible que dans les autres territoires « ruraux » (74,6 hab./km²) ;
• des populations généralement à faibles revenus, avec une moyenne d'âge élevée et un vieillissement nettement accentué (plus du quart de la population est âgé de plus de 65 ans, contre seulement 17 à 18 % dans les autres territoires) ;
• un taux d'emploi significativement plus faible (63,4 % contre 65,6 %) que dans les autres campagnes, avec une part relativement plus élevée de l'éco-

nomie présentielle (72,9 % contre 64,8 %), du fait de la faible représentation du tissu productif ; la part d'emploi agricole y reste relativement élevée, voire très élevée pour certaines communes ;
• un temps d'accès aux services et à l'emploi nettement supérieur à la moyenne française pour la majorité des communes qui les composent, en lien avec l'absence de centralités fortes.

Pour autant, l'hyper-ruralité présente des opportunités de développement économique, social et environnemental et on peut poser l'hypothèse que, en jouant sur leur proximité, le rôle des acteurs locaux et des élus est fondamental, dans la valorisation des ressources territoriales et la mise en réseau de leurs actions et projets de développement (y compris dans le rapport rural/urbain).

Des actions pour développer

• Dans une première approche du phénomène, les politiques publiques en direction des espaces fragiles ont largement mobilisé ces travaux statistiques et cartographiques. Comme le rappellent Clarimont *et al.* (2006), « Le zonage défini à partir de critères statistiques est un outil privilégié de territorialisation de l'action publique. Il n'est pas spécifique aux zones de faible densité mais s'y déploie largement, les plus fragiles d'entre elles bénéficiant parfois de la juxtaposition de plusieurs zonages d'intervention. Ceux-ci sont assortis de dispositifs incitatifs (aides et exonérations diverses) qui, progressivement, évoluent d'une logique sectorielle privilégiant nettement l'agriculture à une prise en compte plus globale du monde rural dans sa diversité. Certains revêtent un caractère permanent (zone montagne), d'autres sont plus souples, évolutifs et susceptibles de modifications ». Sans revenir sur l'ensemble des dispositifs de soutien, on rappellera que les premières mesures concernent les « Zones spéciales d'action rurale » créées en application de la loi d'orientation agricole d'août 1960 ; délimitées par décret, elles correspondent au Morbihan, à la Lozère, la Creuse, le Morvan et le Barrois-Aubois. On privilégie l'investissement public et le soutien aux équipements et au développement d'activités industrielles. Mais c'est surtout à partir de 1967 que la DATAR coordonne les interventions sur des « Zones de rénovation rurale » afin d'enrayer la dévitalisation des espaces les plus fragiles définis par un sous-peuplement, un important exode, une faible armature urbaine, des emplois non agricoles peu nombreux, une inadaptation des structures de production agricole et des services collectifs insuffisants ; trois zones sont délimitées : un ensemble à l'Ouest (Bretagne, Manche, huit cantons du nord-ouest de la Loire-Atlantique), le bloc Limousin–Lot et enfin le centre du Massif central (Puy-de-Dôme, Cantal, Haute-Loire, Lozère, Aveyron, une partie de l'Ardèche), auxquelles viendront s'ajouter ensuite l'ensemble des zones de montagne. Les principales mesures concernent le renouvellement des agriculteurs, la formation professionnelle, la création d'emplois non agricoles ou certains gros équipements. Parallèlement, deux cent cinquante Plans d'Aménagement Rural (PAR) sont mis en place entre 1970 et 1983 à l'initiative du Ministère de l'Agriculture ; ces documents d'orientation constituent les prémisses d'une nouvelle approche, fondée sur la logique de projets multisectoriels et l'action collective combinant l'État et les acteurs locaux (élus, socioprofessionnels). Puis, à partir de 1975, trois cent cinquante contrats de pays, sont élaborés, toujours sous l'égide de la DATAR et souvent à l'échelle cantonale, dans l'objectif de limiter le risque de marginalisation en améliorant le marché de l'emploi, la qualité des services publics et en favorisant la vie sociale et culturelle. On associe explicitement une petite ville et son environnement pour concevoir une unité d'aménagement à l'échelle locale, parfois indépendamment des limites administratives. Parallèlement, on assistera à la montée en puissance de la politique de la montagne à partir du milieu des années 1970.

L'État met également en place un financement dédié aux zones rurales fragiles dès 1980 (le Fonds Interministériel de Développement et d'Aménagement Rural – FIDAR) dont la gestion sera décentralisée à partir de 1982-1983. Ce FIDAR concerne les zones de montagne et les anciennes zones de rénovation rurale hors massif (Bretagne, franges Normandie et Pays de la Loire, Poitou-Charentes, Dordogne, Gers) ; les autres « zones rurales fragiles » sont définies de façon contractuelle pour le IXᵉ Plan (1984-1988) avec pratiquement toutes les régions sauf la Haute-Normandie et l'Ile-de-France. Ce fonds n'est pas sectoriel mais vise un développement global des activités dans les zones souffrant de fragilité structurelle.

En 1982-1983, les lois de décentralisation renforcent les pouvoirs de la Région en matière d'aménagement du territoire et donnent aux communes (ou à leurs groupements) la possibilité d'élaborer et d'approuver des chartes de développement et d'aménagement. Pour autant, la vision reste encore centralisatrice comme en témoignent la priorité mise, sur un zonage défini, sur des références nationales « moyennes » et des positions qui ne promeuvent guère les synergies entre territoires différenciés, du rural éloigné au périurbain.

La Loi d'orientation pour l'aménagement et le développement du territoire de 1995 généralise les zonages nationaux appliqués aussi bien au monde rural qu'à la ville (LOADT, art. 42 et 52). Ainsi, les Zones de Redynamisation Urbaine (ZRU)[15] voient le jour tandis que des Territoires Ruraux de Développement Prioritaire (TRDP) sont définis à partir des « zones défavorisées » caractérisées par leur faible niveau de développement économique, et repris par l'Union Européenne comme « régions rurales fragiles » bénéficiant à ce titre de fonds structurels dans le cadre de l'objectif 5b. Au sein des TRDP, les Zones de Revitalisation Rurales (ZRR) correspondent aux territoires les plus fragiles définis par leur faible densité de population et soit un déclin de leur population totale ou de leur population active, soit une forte proportion d'emplois agricoles. Les communes ou intercommunalités situées dans le cadre d'une ZRR bénéficient spécialement de l'exonération de la taxe professionnelle pour des entreprises participant au développement économique de la zone.

---

15 – La loi du 14 novembre 1996 relative à la mise en œuvre du Pacte de relance pour la ville a défini les Zones Urbaines Sensibles (ZUS), territoires infra-urbains parmi lesquels on cible des quartiers présentant des niveaux particuliers de difficultés afin de favoriser la création d'activités ou d'emplois : les Zones de Redynamisation Urbaine (ZRU) et les Zones Franches Urbaines (ZFU). Les ZRU et les ZFU bénéficient d'aides spécifiques sous forme d'exonérations fiscales et sociales entre 1996 et 2014. En 2015, les ZUS ont été supprimées et remplacées par les Quartiers prioritaires de la Politique de la Ville (QPV).

Dans ces années 1990-2000, coexistent en réalité deux types de logiques de développement en faveur des espaces fragiles :
• une logique fiscale et financière associée aux zonages d'intervention de type ZRR ;
• et une logique de projet fondée sur la décentralisation, la participation des acteurs locaux, et la contractualisation, notamment avec l'émergence des Pays – inscrits dans la continuité des Plans d'Aménagement Ruraux – et la multiplication des Parcs Naturels Régionaux.

Fig. 5 – Les zones de revitalisation rurale

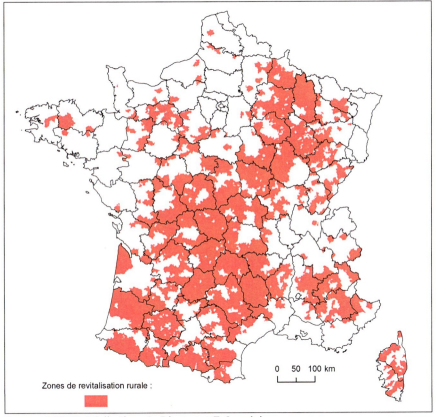

Source : INSEE. Réalisation : L. Rieutort et E. Langlois.

À partir de la nouvelle typologie des campagnes proposée par la DATAR-SE-GESA[16], la loi de 2005 relative au développement des territoires ruraux ne remet

---

16 – Rappelons que trois cas de figure sont distingués : les « campagnes des villes », où il convient de préserver les espaces naturels et agricoles face à l'expansion des zones périurbaines ; les « campagnes les plus fragiles », en déclin démographique et qui requièrent un effort de solidarité ; et enfin les « nouvelles campagnes », où les dynamiques émergentes doivent être accompagnées.

pas en cause l'existence des ZRR au nom d'un « traitement différencié » au profit des espaces ruraux les moins avancés mais propose leur révision de façon « à lier ce zonage aux dynamiques de projets de territoire et à tenir compte de l'évolution de l'intercommunalité »[17]. La création des pôles d'excellence rurale en 2006 s'inscrit dans cette double optique. D'une part, les territoires doivent se localiser dans la ZRR[18] et, d'autre part, ils doivent candidater à un appel à projets national permettant de soutenir financièrement les initiatives locales partenariales et de sélectionner/labelliser des innovations, au sens large du terme, permettant de valoriser les atouts spécifiques des territoires ruraux (patrimoine naturel, culturel et touristique, bio-ressources, offre de services, productions industrielles ou artisanales). Plus récemment, les gouvernements ont porté une attention particulière aux équipements des zones rurales en matière d'infrastructures numériques et de téléphonie mobile, d'accès aux soins et de lutte contre les déserts médicaux (mise en place des maisons pluriprofessionnelles de santé par exemple) ; plus généralement, l'accès aux équipements tertiaires est au cœur des dispositifs avec, notamment, la création de « maisons de services au public » accueillant administrations et opérateurs de l'État. Enfin, le soutien au développement local passe par des accompagnements à la création et à la transmission d'entreprises. En 2016, l'État a proposé de regrouper les dispositifs et les financements (modestes !) au travers de Contrats de ruralité, signés pour six ans avec les intercommunalités ou les pôles d'équilibre territoriaux et ruraux qui ont partiellement remplacé les « Pays ».

• À l'échelle européenne, les premières actions en faveur des zones rurales remontent à la mise en place de la PAC, au début des années 1960, puis avec la généralisation des aides aux exploitants agricoles des zones défavorisées (notamment les ICHN déjà évoquées) dans les années 1970. En 1999, un cadre d'action (ou Règlement de Développement Rural – RDR) est défini en matière de développement rural. Il décline une vingtaine de mesures dont quatre visent le soutien des zones défavorisées d'un point de vue agricole, les dix-huit autres concernant la modernisation des exploitations agricoles ainsi que le développement des zones rurales. Ces dispositifs s'inscrivent dans ce que l'on appelle le « Second pilier » de la PAC dont la première programmation remonte au début des années 2000. La mise en œuvre se fait dans chaque État membre au travers de plans de développement rural de portée à la fois nationale (par exemple le Plan de Développement Rural de l'Hexagone) et régionale (dans les programmes régionaux et les documents uniques de programmation) ; ces mesures étant financées par des fonds communautaires, notamment le Fonds Européen Agricole pour le DÉveloppement Rural (FEADER, depuis 2007) ainsi que par les fonds structurels, alimentant la politique européenne de cohésion (Fonds Européen de DÉveloppement Rural – FEDER – et Fonds Social Européen – FSE). La programmation 2007-2013 comprend

---

17 – Projet de loi relatif au développement des territoires ruraux, n° 1058, exposé des motifs, titre 1, chap. I, art. 1.
Au 1er janvier 2007, 13 667 communes au total étaient classées en ZRR à titre permanent, provisoire ou conditionnel. Elles concernent cinq millions d'habitants répartis sur plus du tiers du territoire national.
18 – Ou bien être situés dans une aire urbaine de moins de 30 000 habitants.

davantage de mesures, articulées autour de grands axes comme la compétitivité de l'agriculture et de la sylviculture, l'environnement et la gestion de l'espace, la diversification de l'économie et qualité de vie et le programme LEADER. Dans le cadre de la nouvelle période 2014-2020, la Commission introduit la notion de performance comme une dimension stratégique avec six priorités dont la promotion de l'inclusion sociale, la réduction de la pauvreté et le développement économique dans les zones rurales. On le voit, depuis cinquante ans, la stratégie a largement consisté à associer étroitement développement agricole et développement rural, au risque d'ignorer la diversité des campagnes et de leurs activités.

Les fonds structurels ont aussi permis de corriger des inégalités de développement régional. S'ils ne sont pas ciblés sur les zones rurales fragiles, ils ont de fortes implications sur les aires de faible densité et leur développement économique, y compris en améliorant leur accessibilité via des infrastructures de transport durables ou les technologies de l'information et de la communication. Jusqu'en 2006, cette politique de cohésion intéressait trois types d'espace, dont ceux relevant de l'objectif 2 correspondaient aux zones connaissant des difficultés structurelles, tels que les territoires industriels en mutation, les zones rurales en déclin et les zones urbaines en difficultés. Cet objectif donnait lieu, dans chaque état membre, à l'établissement d'un zonage, permettant d'être éligibles à des financements du FEDER et du FSE. S'ajoutaient des initiatives communautaires, dont celle appelée LEADER (Liaison Entre Actions de Développement de l'Économie Rurale), démarche soutenant des projets portés par les Groupes d'Action Locale (GAL). Depuis 2007, l'axe dénommé « compétitivité régionale et emploi », rassemble les financements alloués auparavant dans le cadre des objectifs 2 et 3 et désormais accessibles à l'ensemble des territoires des états membres, tandis que LEADER est intégré dans le volet « développement rural » de la PAC. Cette évolution conduit à un moindre ciblage sur les zones rurales fragiles.

• Parallèlement ou en coordination avec ces politiques publiques, les acteurs locaux, individus ou collectifs, élus et techniciens, entrepreneurs ou monde associatif, apportent leurs contributions au développement territorial. Dans le cadre d'une recherche doctorale sur la stratégie des élus locaux[19], nous avons, par exemple, repéré différentes postures face à la fragilité :

    • Une approche résignée mais bienveillante, considérant que le mouvement de fragilisation enclenché depuis plusieurs décennies est irréversible et qu'il convient donc de protéger, de sauvegarder, de valoriser ces espaces « micro-locaux » dans ce qu'ils représentent de richesse patrimoniale, culturelle, voire sociale, par exemple en réhabilitant le cœur de village, le centre-bourg ou le quartier ; la perspective n'est pas de créer de l'activité ou de s'inscrire dans une démarche d'inversion démographique : il s'agit plutôt de se résigner à considérer que le territoire ne retrouvera jamais un dynamisme mais que, en dépit de ce constat, il est fondamental de permettre à chaque habitant de bénéficier d'une qualité de vie dans un espace préservé.

---

19 – Laurent Bonnard, *Territoires immobiles et territoires innovants, l'hyper-ruralité à l'épreuve du pouvoir*, thèse en cours de doctorat de géographie, UMR Territoires, Université Clermont-Auvergne.

• L'approche bâtisseuse repose sur des leaders qui misent sur des projets d'équipement, des investissements qui renforceront l'attractivité et la capacité créatrice du territoire (nouveaux espaces publics, aménagement de lotissements ou de zones d'activités, d'équipements sportifs et socio-culturels) mais aussi la valorisation de ses ressources patrimoniales, parfois en trouvant de nouveaux usages (tiers-lieux numériques tels des centres de télétravail ou des fablabs, réhabilitations de friches, etc.).

• Une approche marketing qui prend davantage en compte le refus de subir la fragilité et qui vise à attirer, par la force de la conviction mâtinée parfois d'une communication territoriale plus offensive, des nouvelles populations et surtout des porteurs de projets et autres investisseurs. Il s'agit aussi de jouer sur les complémentarités entre dynamiques métropolitaines et aménités rurales, en insistant sur la qualité résidentielle ou environnementale, voire sur les nouveaux usages numériques... Dans les anciennes cités industrielles, les édiles choisissent de consacrer des ressources à l'amélioration du cadre bâti et à des campagnes de publicité au nom de l'amélioration de l'image de leur ville.

• Enfin, l'approche ingénieriste mise sur l'association des compétences et sur les relations sociales. Ses représentants travaillent en réseaux, parient sur la coopération intercommunale, travaillent à la valorisation et à la spécification des ressources territoriales, à l'émergence de « paniers de biens et de services », accompagnent les projets en considérant que « rien n'est perdu » et qu'il vaut mieux se préparer aux changements en faisant appel à l'ingénierie territoriale... Contrairement aux « équipeurs-bâtisseurs », ces acteurs ne font donc pas reposer uniquement leur intervention sur l'investissement matériel : ils misent sur le collectif, sur la mise en place d'une gouvernance partagée avant parfois de s'autoriser à compléter par l'équipement.

Des théories pour interpréter

Au total, des approches complémentaires ont été successivement mobilisées dans la littérature pour analyser ces espaces « sensibles », « fragiles » ou marginaux (Couturier, 2005). Si la vision a été longtemps analytique par croisements d'indicateurs divers et mise au point de typologies, il manquait une analyse raisonnée des processus, les chercheurs insistant sur la diversité et complexité des phénomènes.

• Une analyse spatiale a d'abord été proposée pour expliquer les différenciations géographiques, notamment en fonction de la distance qui sépare les lieux ; l'économie géographique trouvant ici « un jeu de forces d'agglomération et de forces de dispersion sous-jacentes aux interactions marchandes » (Cavailhès, Schmitt, 2002). Le modèle centre/périphérique a ainsi été appliqué, en remarquant que l'espace fragile est défini par rapport à des pôles de développement (notamment métropolitains) et traduit alors un processus d'exclusion, de subordination ou de délaissement ; pour les économistes, ce couple met surtout l'accent sur des relations dissymétriques et de domination entre deux sous-espaces. Le centre se distingue de la périphérie non seulement par des dotations en facteurs différentes, mais aussi par des

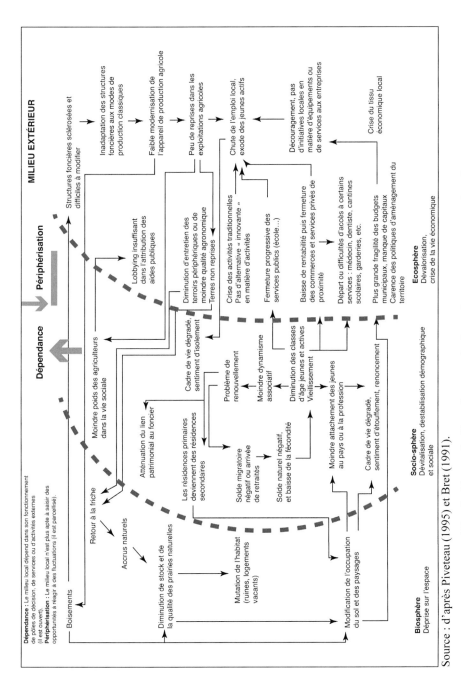

Fig. 6 – Exemple d'analyse systémique des espaces ruraux fragiles

Source : d'après Piveteau (1995) et Bret (1991).

activités qui se concentrent, des rendements décroissants alors que la périphérie, peu concurrentielle, trop éloignée des marchés (« rente de position » faible), vidée de ses capitaux et de ses hommes, a du mal à s'adapter.

On débouche alors sur une approche systémique « pour laquelle les systèmes géographiques fragiles seraient ceux dont les composantes et les relations entre ces composantes sont marquées par une faible stabilité à court ou moyen terme » (Couturier, 2005). Ces systèmes (ou sous-systèmes) ne sont guère autonomes et sont donc fortement dépendants de facteurs exogènes eux-mêmes changeants et surtout non susceptibles d'être influencés par les dynamiques des systèmes locaux[20]. Peu structurés ou « intermédiaires » entre plusieurs systèmes, ces territoires « ne forment pas système par eux-mêmes […] ou ne dépendent pas de manière claire d'un système externe qui leur communique un sens » (Héraud, Kahn, 2000). Ce courant s'appuie sur le concept de développement inégal et de la dialectique local/global. Pour Bret (1991), « la fragilité apparaît au terme d'un enchaînement complexe et souvent étalé dans le temps, croisant des facteurs internes à la zone considérée (surpopulation, crise des activités traditionnelles, baisse de la fécondité, abandon de l'espace, passivité individuelle et collective) et des facteurs externes, moteurs des mutations économiques régionales ou internationales (révolutions agricoles et industrielles, guerres, évolution des marchés internationaux, politiques d'organisation de l'espace et d'aménagement du territoire) ».

Cependant, dans une perspective historique, on peut montrer qu'un système « fragile », « en marge » a pu être, dans le passé, un système cohérent. Rolland-May (2000) a tenté d'approfondir la recherche conceptuelle dans un article fondamental : toujours en s'appuyant sur l'approche systémique, elle propose une typologie de certains systèmes spatiaux[21] en fonction de leur degré d'ouverture, d'une part, et de leur capacité d'organisation endogène, d'autre part[22]. Une bordure est ainsi un espace « ouvert » au voisinage d'un espace central, mais avec des dynamiques endogènes qui perdurent malgré les risques de « satellisation ». Par contre, la marge est à la fois ouverte et fermée, davantage « enclavée », bien identifiée avec parfois des « particularismes » locaux, même si elle reste proche d'un système territorial plus vaste et/ou plus puissant. Les forces internes sont actives, montrant une réelle cohésion et une capacité de résistance, parfois avec l'apport d'énergies extérieures : le territoire de marge reste donc demandeur de flux exogènes (capitaux, salaires, informations, innovations…) nécessaires à sa pérennité ; il est « sous perfusion » malgré sa capacité d'organisation endogène. La périphérie, nonobstant son ouverture, ne présente pas ou plus cette force d'organisation interne, d'où une

---

20 – On pense, par exemple, au poids de l'emploi public qui concourt largement à l'économie de nombreuses zones rurales mais qui reste très dépendant de décisions « nationales » de réductions de postes.

21 – Pour Rolland-May (2000), un espace de marge ou périphérique reste un système spatial en lui-même, notamment par sa capacité de résistance au changement, sa capacité d'ajustement ou d'adaptation, même si les capacités d'organisation ou le degré d'autonomie varient.

22 – Celle-ci renvoyant à la présence ou non d'une forte identité, d'une autonomie et d'une volonté de mise en réseau des acteurs.

très grande dépendance. Comme le note de Ruffray (2000), « la périphérie se définit négativement par rapport au centre, l'un des principaux handicaps résidant dans l'absence d'autonomie en matière décisionnelle » ; sur un plan temporel, la cohésion du système est faible depuis longtemps ou à la suite d'une dégradation du système. La distance, l'éloignement par rapport à l'espace central peuvent bien évidemment expliquer cette inertie tandis que les limites deviennent « floues », imprécises. L'ensemble dessine des conflits entre les forces de cohésion centripètes et les forces dissipatives, entre les flux entrants et les flux sortants. Le système fragile est donc instable, avec une grande sensibilité mais aussi une réactivité aux dynamiques largement subies de marginalisation, voire de déterritorialisation.

● Une approche de type constructiviste insiste sur des phénomènes moins quantifiables mais relevant des représentations, des trajectoires sociales et du sens que les sociétés donnent à l'espace et qui font que, dans le cas des territoires fragiles « les initiatives des acteurs locaux se déploient dans un contexte peu favorable à leur aboutissement et à leur mise en synergie » (Couturier, 2007). L'approche tente ainsi de regarder la manière d'agir des acteurs locaux, leurs divers types de capital (économique, politique, culturel ou social) et donc leur capacité d'initiative et d'activation des ressources locales. On considère aussi que les imaginaires et attentes produisent des comportements spécifiques et affectent les usages des espaces fragiles. Non seulement la caractérisation de ces zones enferme les acteurs dans une « lecture tragique du monde », au sens où tout semble déjà joué, ce qui est peu mobilisateur et conduit à des postures attentistes avec des contreparties publiques espérées, mais dont certains élus ou professionnels peuvent se satisfaire (subventions, dotations budgétaires…). Mais, par ailleurs, les territoires marginalisés sont stigmatisés via un discours réducteur – à la fois « endogène » et « externe » –, lui-même producteur de fragilités, de représentations négatives y compris de la part d'acteurs locaux s'enfermant dans des cercles vicieux de perte de pouvoir, d'immobilisme et manque d'ambition, notamment dans les milieux politiques locaux. Plus grave, les images négatives du déclin, de l'abandon et de la « relégation », les sentiments d'abandon, nourrissent un terreau extrémiste ou hostile à toute innovation. Or, comme le rappelle J.-P. Diry (1995), « l'avenir d'un territoire provient en grande partie de la densité des leaders et de la capacité de la population à accepter les innovations qu'ils proposent ».

On le voit, la capacité d'organisation locale intervient dans la recomposition ou la volonté d'autonomie locale[23] et la réflexion doit s'inscrire dans une perspective dynamique englobant, d'une part, l'ouverture des économies et leur difficile intégration au système global et, d'autre part, les logiques de fonctionnement socioculturelles « endogènes » des territoires. La perte de pouvoir collectif dans les territoires fragiles conduit à une « culture de l'acceptation qui prédispose à l'inaction » des acteurs locaux (Roth, 2016). Les déficiences spontanées ou sensibles de longue date des espaces « fragiles » sont aggravées considérablement dans le contexte d'une concurrence exacerbée liée à l'économie de marché, avec des processus de périphérisation, d'asymétrie des flux, de dépendance et de perte de pouvoir ; de tels

---

23 – On retrouve là des boucles de rétroaction comme dans l'approche systémique.

processus pouvant être exacerbés par les dynamiques de métropolisation. Dit autrement, il y aurait, en reprenant l'expression de Polanyi (2013) un processus de « désencastrement » qui affecterait le maintien du « capital social » (Bourdieu, 2003) dans le territoire, avec une perte d'autonomie et de coordination des acteurs locaux ce qui est une des caractéristiques principales du processus de déterritorialisation. Dès lors, ce cercle vicieux ne peut être rompu sans des changements de représentations, le renforcement des liens concrets ou idéels au territoire, une mobilisation collective, une gouvernance partagée et/ou une politique volontariste d'aménagement et de développement. Bref, un processus global, mettant en jeu toutes les composantes qu'elles soient économiques, sociales, culturelles ou identitaires.

• En réalité, par des critères communs comme par la dialectique local/global ou l'approche territoriale qu'elles mobilisent, ces différentes positions théoriques se recoupent. En outre, elles dépendent beaucoup des perceptions, comme le remarque Prost (2004) à propos des marges territoriales, qui ne sont « qu'un élément transitoire dans la perception et l'organisation que les hommes attribuent au territoire qu'ils se constituent ». Peut-on alors proposer une synthèse théorique ? Si l'on continue à s'inscrire dans une approche systémique, on peut recourir au concept de résistance ou de résilience des systèmes (Holling, 1973). Cette théorie s'appuie sur les rythmes différents des processus aux niveaux d'organisation, les niveaux inférieurs rapides introduisent des situations inédites alors que les niveaux plus élevés et plus lents lui confèrent sa continuité. Mais cette hiérarchisation des niveaux, qui répond à des propriétés particulières et à des échelles différentes, n'est pas toujours facile à identifier, surtout lorsqu'il s'agit de systèmes sociaux complexes, multi-acteurs, multi-échelles et multifonctionnels. Concrètement, il semble que les sociétés locales, les micro-communautés à grande échelle ont des capacités à se mobiliser, à s'organiser rapidement en « réaction » à des difficultés, à des crises du système « global ». Reste le problème commun de la coordination des acteurs (donc la dimension organisationnelle), de la diffusion des initiatives, des interdépendances et relations et donc du passage à une dynamique collective sur un territoire. Car, même si l'on peut s'appuyer sur des structures sociales, les innovations voient souvent leur portée réduite par les divers facteurs de fragilité. Pour Chassignet *et al.* (2000), « la réactivité des marges dépend de bien d'autres facteurs de cohésion : structures familiales et sociales de base (avec leurs fondements socio-culturels) ; identité aux lieux et enracinement (combinés aux degrés d'ouverture aux systèmes sociétaux englobants) ; « investissement » au regard des ressources locales (humaines, matérielles, techniques) ; cohérence des institutions et des acteurs. La marginalité est alors inégalement « négative » ou « positive ». Elle est accrue quand tous ces autres facteurs sont touchés ».

Des critiques pour déconstruire

Outre les arrières-plans idéologiques souvent sous-jacents, ces catégories spatiales et approches théoriques méritent d'être discutées, voire déconstruites, en lien avec un nouveau contexte et de nouvelles dynamiques socio-spatiales.

• Les dynamiques territoriales ont longtemps été étudiées à l'aune du modèle général de développement, des succès de l'économie « productiviste » mondialisée et des techniques qui lui sont associées. Mais voilà que, aujourd'hui, cette question est reformulée en s'inscrivant justement dans une perspective de remise en cause partielle de ce modèle de croissance. Certes, le processus de « métropolisation » se poursuit et la mondialisation de l'économie s'accélère même si elle est plus lente qu'on ne l'affirme généralement, car il existe de multiples résistances, les obstacles culturels et les ancrages économiques n'étant pas les moindres. En fait, un autre mouvement « alternatif » se dessine et affecte à toutes les échelles les pays développés, des États-Unis à l'Europe occidentale. Il est particulièrement bien re-présenté dans les espaces fragiles, où contestations, expérimentations sociales se multiplient. Il repose sur :

- une remise en cause du modèle « global » de développement et des pré-occupations liées à la dégradation de l'environnement. Une partie de la po-pulation est fatiguée des excès de la concentration et du productivisme et les arguments « environnementalistes » rencontrent un écho favorable. On retrouve l'idée du développement « durable » qui combine développement social, prudence écologique et efficacité économique. De nouveaux critères de localisation des hommes et des activités apparaissent. Ils sont liés aux aménités naturelles, patrimoniales ou culturelles de certains espaces[24] et aux nouvelles attentes de la société urbaine globale. Les zones peu denses ont ainsi souvent retrouvé le chemin de la croissance démographique, y compris dans des secteurs isolés, et l'on dépasse donc l'opposition simpliste monde urbain/monde rural, développement endogène/développement exogène ;
- la multiplication des initiatives locales, conséquence fréquente de l'arrivée de nouvelles populations, de la mise en réseau des actions, des savoir-faire valorisés, des nouveaux liens entre intervention publique (nationale ou com-munautaire) et innovation privée, des avantages de situation liés à l'image des territoires. Ajoutons que, selon Gumuchian (1991), les sentiments d'appartenance sont d'autant plus forts « que l'on se vit comme « oublié et délaissé » soit du fait d'une localisation très périphérique, soit du fait d'une marginalisation sociale forte ». Il en résulte une capacité d'ancrage territorial favorable à la valorisation des ressources locales. Désormais, la démarche novatrice repose sur la valorisation de la seule chose qui ne soit pas « délocalisable », c'est-à-dire le territoire lui-même et ses aménités, ses agréments (cadre de vie et de résidence, environnement, patrimoine, équipements) et ses ressources spécifiques.

● Les espaces fragiles constituent, de fait, des lieux animés par de nouvelles dynamiques comme :

- L'attractivité résidentielle ou la venue de nouvelles populations dans des lieux bénéficiant d'une image positive ou d'un cadre de vie amélioré ; bon nombre de territoires « sensibles » ou « isolés » attirent des habitants, ce qui est interprété par l'existence d'avantages comparatifs liés aux aménités rurales et à l'arbitrage par les coûts (fonciers) (Perrier-Cornet, 2001), mais aussi à l'arrivée du numérique. Dans les villes, pour lutter contre la ségréga-

---

24 – Les biens « non marchands » des économistes.

tion sociale et redynamiser le tissu économique local, on favorise également l'installation d'une classe moyenne ou « créative » dont la présence est susceptible d'attirer investisseurs et entreprises. Or, sans parler de quelques porteurs de projets, ces nouveaux arrivants constituent du « sang neuf » dans la société locale et renouvèlent la problématique de l'innovation et de sa diffusion dans les territoires ; notons, enfin, que la compétitivité dépend des « coûts du territoire » (immobilier, déplacements, dépenses publiques locales) qui représentent une part significative des dépenses des ménages et se retrouvent, via les salaires, les loyers et les impôts locaux, dans les charges des entreprises. Les espaces fragiles peuvent alors avoir comme objectif d'offrir un meilleur compromis entre carrière professionnelle, qualité de vie et prix.

• La réadaptation des activités économiques est incontestable, ce dont témoigne la légère croissance de l'emploi (non agricole) ou surtout l'installation de nouvelles entreprises (y compris en télétravail) et la multiplication des micro-initiatives relevant régulièrement de l'économie sociale et solidaire ; de nouveaux « modèles » agricoles se dessinent (filières de qualité ou agroécologiques, systèmes « multifonctionnels » ou pluriactifs, systèmes « économes et autonomes »), tandis que les pratiques et lieux de loisirs ou de tourisme se multiplient en lien avec l'attrait des territoires et des modifications de comportements (pratique des courts séjours, mobilité de proximité) ; petite industrie et artisanat font également preuve d'une grande capacité d'adaptation et de diffusion, y compris dans les espaces « isolés » en profitant des « actifs environnementaux », d'un « capital social », des dimensions culturelles ou patrimoniales.

• De nouveaux usages de l'espace qui, combinés à de nouvelles pratiques sociospatiales (mobilité, multirésidence, usages numériques), témoignent d'un « besoin de nature » de la part de populations citadines. L'espace rural est fréquenté et même les friches agricoles connaissent des utilisations nouvelles, du chasseur au promeneur en passant par l'aménageur (Janin, Andres, 2008). Des valeurs patrimoniales et/ou ludiques sont ainsi attribuées aux espaces fragiles qui ne sont plus laissés en déshérence, mais que l'on souhaite préserver, protéger ou valoriser.

On peut alors légitimement se demander si les espaces sensibles ne sont pas en train de se muer en régions « vivantes », remettant en cause les typologies et modèles interprétatifs. En effet, comment ne pas percevoir le renouvellement démographique, la diversification des fonctions et un lien social de plus en plus fort, ou la reconquête de l'espace et les nouveaux conflits qui en témoignent ? Bref, les mêmes critères qui permettent de définir des régions dynamiques ou « vivantes » peuvent être repris, un à un, lorsque l'on se penche sur certains territoires fragiles. Quoi qu'il en soit, les enquêtes de terrain et les tentatives de cartographie mettent en évidence la réversibilité des phénomènes de périphérisation. Dans bien des territoires fragiles, une nouvelle lecture des ressources locales a permis le renouveau démographique, le développement d'initiatives économiques et l'installation de porteurs de projet et d'interfaces créatives, avec ou sans le soutien des politiques publiques.

**Fig. 7 – Le renouveau démographique depuis 1999
dans les espaces fragiles**

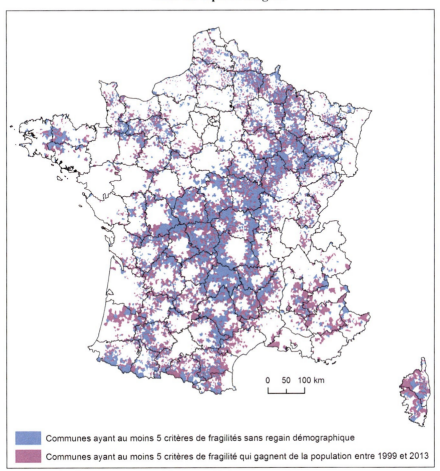

Communes ayant au moins 5 critères de fragilités sans regain démographique

Communes ayant au moins 5 critères de fragilité qui gagnent de la population entre 1999 et 2013

Source : INSEE. Réalisation : L. Rieutort et E. Langlois.

Parmi les zones fragiles définies ci-dessus avec plus de cinq critères, de nombreux espaces ont ainsi connu des gains démographiques significatifs, souvent grâce à des apports migratoires. On citera notamment les confins du Morbihan et des Côtes d'Armor, une bonne part des bocages normands, la Thiérache de l'Aisne, la Meuse, les Vosges, le Massif jurassien, le Morvan et le Nivernais, puis une grande partie du Massif central (Beaujolais, Corrèze et Bas-Limousin, Lozère, Aveyron, rebord méridional du Vivarais à la Montagne Noire), le Quercy et le Périgord, les Landes ou la Gascogne, les Pyrénées centrales et orientales, les Alpes du Sud, le Dauphiné ou la Savoie, et enfin une grande partie de la Corse.

Cette « renaissance » et ses arrivées migratoires entraînent le développement d'une économie résidentielle et/ou présentielle (fréquentation touristique ou pour les loisirs), voire un renouveau de l'agriculture ou de la petite industrie. On retrouve donc, sans surprise, des points communs entre la carte du solde démogra-

phique et celle de l'évolution de l'emploi au lieu de travail. Pour autant, cette dernière figure est plus bigarrée, offrant une géographie par point complexe, avec des
gains concernant en particulier la Bretagne intérieure, le Morvan et la Bourgogne,
le Limousin (y compris le Plateau de Millevaches), le sud du Massif central, les
Alpes ou les Pyrénées centrales (Ariège).

**Fig. 8 – La croissance de l'emploi depuis 1999
dans les espaces fragiles**

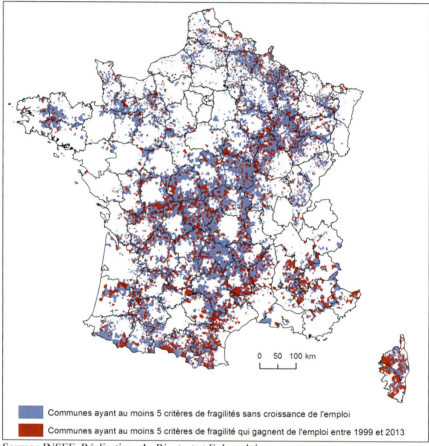

Communes ayant au moins 5 critères de fragilités sans croissance de l'emploi

Communes ayant au moins 5 critères de fragilité qui gagnent de l'emploi entre 1999 et 2013

Source : INSEE. Réalisation : L. Rieutort et E. Langlois.

Enfin, dans ces territoires fragiles, les créations d'entreprises (y compris celles
sous statut d'auto-entrepreneur, souvent relevant d'une logique d'auto-emploi
pour des nouveaux arrivants) sont nombreuses. Une opposition Nord–Sud est aisément repérable sur la figure 9, confirmant le rôle de nouveaux facteurs d'attraction pour les porteurs de projet. Ces dynamiques de création, mais aussi de
reprise-transmission, concernent les Alpes – de la Savoie aux Alpes-Maritimes –,
la Corse, l'Albigeois, le Quercy ou le Périgord, le sud du Massif central (y compris
la Lozère).

Fig. 9 – Les dynamiques entrepreneuriales
dans les espaces fragiles (2006-2011)

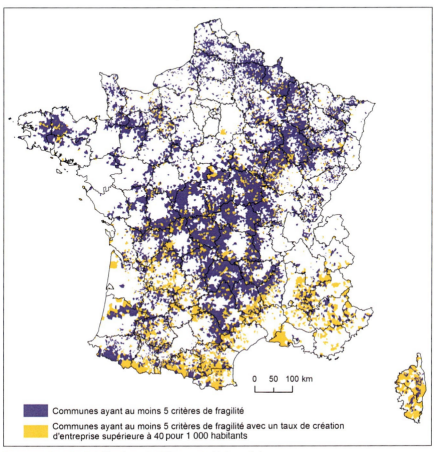

Source : INSEE. Réalisation : L. Rieutort et E. Langlois.

Conclusion

L'approche géographique des espaces fragiles est d'autant plus délicate que les termes usités pour les désigner ont beaucoup évolué sans se stabiliser sur un plan scientifique. Une approche multicritères permet toutefois de montrer l'étendue de ces zones qui couvrent à la fois des campagnes « éloignées », « hyper-rurales », mais aussi des villes « intermédiaires » voire des « tiers espaces » périurbains ou d'anciennes régions industrielles en déclin. Ces zones ne sont donc pas uniquement isolées et hors d'influence des pôles urbains mais bel et bien disséminées sur l'ensemble du territoire. Bénéficiant du soutien ancien des politiques publiques et des initiatives des acteurs locaux – élus, ingénierie et monde socioprofessionnel ou associatif –, ces espaces présentent une grande sensibilité face aux dynamiques, endogènes et exogènes de dé- ou de re-composition territoriale. La perte de pouvoir collectif, les processus de périphérisation se combinent avec le poids des représentations sociales négatives, la « déterritorialisation » et les difficultés de coordinations des acteurs contribuant à une moindre résilience. Pour autant, les arrière-plans idéologiques sous-jacents doivent être discutés et ces catégories spatiales méritent d'être déconstruites en lien avec un nouveau contexte et de nouvelles dynamiques socio-spatiales. De fait, on observe une grande diversité de trajectoires géographiques des zones sensibles, dans lesquelles jouent à la fois des facteurs géographiques (y compris de localisation et de proximité aux pôles métropolitains), historiques (*path dependence*[25] renvoyant à des choix hérités et au passé du territoire) ou socio-culturels. Les phénomènes de périphérisation sont incontestablement réversibles, grâce notamment à une nouvelle lecture des ressources territoriales, à une nouvelle gouvernance et à des interactions renouvelées entre espaces géographiques (par exemple entre zones peu denses et aires urbaines) en jouant sur les logiques de réseaux et d'interdépendances moins hiérarchisés. Si ces espaces doivent bénéficier d'une « justice spatiale » de la part des politiques publiques[26], ils ne doivent pas être stigmatisés et vus comme condamnés au moment où certains enregistrent un renouveau démographique, socio-économique, et un niveau élevé d'innovations et de créativité.

Références bibliographiques

Bailly A., Aydalot P., Godbout J., Hussy C., Raffestin C., Turco A., 1983 – La marginalité : réflexions conceptuelles et perspectives en géographie, sociologie et économie, *Géotopiques*, 1, p. 73-115.

Barthe L., Milian J., 2011 – *Les espaces de faible densité – état des lieux et problématiques, Territoires 2040*, Paris, La documentation Française, p. 147-160.

Beteille R., 1981 – *La France du vide*, Litec, 256 p.

Bontron J.-C., 1993 – *Les zones fragiles, du concept à l'identification, Géographies et campagnes*, Mélanges J. Bonnamour, ENS de Fontenay-Saint-Cloud, p. 281-290.

Bontron J.-C., Aitchison J.W., 1984 – Les zones rurales fragiles en France. Une approche méthodologique, *Bulletin de la Société neuchâteloise de Géographie*, 28, p. 23-53.

Bontron J.-C., Mathieu N. (en coll. avec L. Velard et C. Leclercq), 1975 et 1976 – *La France des faibles densités*, Paris, SEGESA- ACEAR, multigr. I : Délimitation – problèmes – typologies, 1975, 159 p. ; II : Documentation – bibliographie – analyses d'études, 1976, 28 p. + fichier analytique.

Bourdieu P., 2003 – La fabrique de l'habitus économique, *Actes de la Recherche en Sciences Sociales*, n° 150, p. 79-90.

---

25 – Ou « dépendance au sentier ».

26 – On pense à la formule de Jean Defos du Rau (1960) dans la conclusion de sa thèse consacrée à l'île de la Réunion : « Économiquement, la France n'a aucun besoin des Basses-Alpes ou de la Lozère, et c'est aussi exact pour la Réunion. Bien entendu, il faut sauver à la fois tous les départements, et l'État doit s'y employer. Mais ce n'est pas à cause de leur intérêt agricole ou industriel, c'est parce qu'ils sont français, partie intégrante d'un territoire et d'un peuple qui ne comportent aucune zone ou famille secondaire. Seulement, le problème n'est plus économique, il est social. Ce n'est plus question de rentabilité, mais de solidarité et d'esprit de famille ».

Bret B., Gervais-Lambony P., Hancock C. et Landy F. (dir), 2010 – *Justice et injustices spatiales*, Paris, Presses universitaires de Paris Ouest, coll. Espace et Justice, 322 p.

Bret F., 1991 – Friche, fragilité, espace régional : introduction à une géographie applicable, *Revue de géographie de Lyon*, vol. 66, n° 1, p. 11-22.

Brunet R., Dollfus O., 1990 – *Mondes nouveaux*, Géographie Universelle, Paris, Hachette/Reclus, 550 p.

Cavailhès J., Schmitt B., 2002 – Les mobilités résidentielles entre villes et campagnes, *in* P. Perrier-Cornet (Ed.), *Repenser les campagnes*, Ed. L'Aube Datar, p. 35-65.

Chassignet et al., 2000 – *Marges, seuils et portes, territoires « d'entre-deux », Regards croisés sur les territoires de marge*, ouvrage collectif de la MSH Strasbourg n° 27, p. 61-71.

Chignier-Riboulon F., 2005 – *Sociologie urbaine, Dictionnaire de géographie* (sous la dir. de G. Wackermann), Ellipses, p. 362-366.

Clarimont S., Alduy J. et Labussière O., 2006 – Les recompositions territoriales face à la faible densité : comparaison des « pays » aquitains et des comarcas aragonaises, *Annales de géographie*, n° 647, p. 26-48.

Collectif, 1992 – *Des régions paysannes aux espaces fragiles, Colloque en hommage au professeur A. Fel*, CERAMAC, PUBP, 767 p.

Collectif, 2007 – *Habiter et vivre dans les campagnes de faible densité*, CERAMAC, PUBP Clermont-Ferrand, 786 p.

Couturier P., 2007 – Espaces ruraux marginaux ou fragiles : les catégories analytiques à l'épreuve des pratiques socio-spatiales dans le Haut-Forez, *Norois*, n° 202, p. 21-33.

Croix N. (Dir.), 2000 – *Les campagnes vivantes, un modèle pour l'Europe*, CESTAN, IGA-RUN, Université de Nantes, 696 p.

Dalla-Rosa G., 1984 – La zone de montagne dans les Pyrénées-Atlantiques : une délimitation controversée », *Revue de géographie alpine*, tome 72, n° 2-4, 1984. p. 347-361;

DATAR-SEGESA, 1987 – *Rapport sur l'identification des zones rurales fragiles*, Paris, DATAR, SEGESA, 13 p., 18 cartes, 1 carte h.t.

Defos du Rau J., 1960 – *L'île de la Réunion. Étude de Géographie humaine*, Thèse Bordeaux, Institut de Géographie, 716 p.

De Ruffray S., 2000 – De la marginalité territoriale à la recomposition territoriale « marginale » », *Revue Géographique de l'Est* [En ligne], vol. 40, n° 4.

Deves C. (dir.), 2015 – *Vivre et travailler dans les espaces à faible densité. Quelles stratégies de développement ?*, Paris, L'Harmattan, 268 p.

Diry J.-P., 1995 – Espaces fragiles et développement local en Margeride, *Le « rural profond » français*, DIEM-SEDES, n° 18, p. 63-70.

Domenech B., Gumuchian H., Roger J., 1985 – *Marginalité sociale, marginalité spatiale : l'isolement dans les communes rurales de montagne de la région Rhône-Alpes*, CNRS UA 344, Grenoble 1985, 98 p.

George P. (dir.), 1970 – *Dictionnaire de la géographie*, Baillière, 448 p.

Guilluy C., 2014 – *La France périphérique. Comment on a sacrifié les classes populaires*, Flammarion, 192 p.

Gumuchian H., 1991 – Territorialité, partenariat et autre développement : les espaces à faible densité en situation périphérique, *Cahiers de géographie du Québec*, vol. 35, n° 95, p. 333-347.

Heraud J.-A., Kahn R., 2000 – *Économie et territoires : problématique générale et application aux espaces de marge, Regards croisés sur les territoires de marge*, Ouvrage collectif de la MSH Strasbourg, n° 27, p. 21-37.

Hilal M., Barczak A., Tourneux F.-P., Schaeffer Y., Houdard M., Cremer-Schulte D., 2012 – Typologie des campagnes françaises et des espaces à enjeux spécifiques (littoral, montagne et DOM), *Synthèse, Travaux en ligne n° 12*, Datar, 80 p. http://www.datar.gouv.fr/travaux-en-ligne

Holling C.S, 1973 – Resilience and stability of ecological systems, *Annual Review of Ecology and Systematics*, n° 4, p. 1-23.

INRA, 1983 – *La Margeride, La Montagne, Les Hommes*, INRA, 786 p.

Janin C., Andres L., 2008 – Les friches : espaces en marge ou marges de manœuvre pour l'aménagement des territoires ?, *Annales de géographie*, 5/2008 (n° 663), p. 62-81.

Larrere G., 1984 – *Processus de régression et de crises des agricultures montagnardes*, Laboratoire de Recherches et d'Études sur l'économie des IAA, INRA Rungis, 32 p. (dactyl.).

Lauginie A., 1993 – *Nouvelle dynamique rurale et représentation des formes d'organisation de l'espace en zone rurale fragile*, Thèse doctorat, Paris VII, vol. 1, 203 p.

Mathieu N., 1995 – La notion de « rural profond » : à la recherche d'un sens, *Le « rural profond » français*, DIEM-SEDES, n° 18, p. 115-122.

Mathieu N., Bontron J.-C., 1975 – *Les espaces de faible densité dans l'espace français*, Laboratoire de Géographie rurale Paris 1, p. 143-165. Reproduit dans ACEAR, Bulletin 8, oct.

Mathieu N., Duboscq P., 1985 – *Voyage en France par les pays de faible densité*, Paris, CNRS, pub. Toulouse, 181 p.

Mignon C., 1998 – L'axe de recherche sur les « territoires sensibles ». Problèmes de développement des campagnes en difficulté, *Revue d'Auvergne*, p. 15-34.

Piveteau V., 1995 – *Prospective et territoire : apports d'une réflexion sur le jeu*, Cemagref éditions, 298 p.

Polanyi K., 2013 [1944] – *La Grande transformation*, Éditions Gallimard.

Prost B., 2004 – Marge et dynamique territoriale, *Géocarrefour*, p. 175-182.

Reynaud A., 1981 – *Société, espace et justice*, Paris, Presses Universitaires de France, 263 p.

Reynaud A., 1992 – Centre et périphérie, *Encyclopédie de géographie*, Economica, p. 599-615.

Rolland-May C., 2000 – *Périphéries, bordures, marges territoriales : sous les mots, les concepts, Regards croisés sur les territoires de marge*, Ouvrage collectif de la MSH Strasbourg n° 27, p. 39-60.

Roth H., 2016 – Du déclin à la périphérisation : quand les courants constructivistes et critiques revisitent les différenciations spatiales en Allemagne, *Cybergeo: European Journal of Geography* [En ligne], document 758.

SEDES, 1981 – *Les zones fragiles en France*, Paris, La Documentation française (collection Travaux et recherches de prospective), n° 81, 56 p.

Vant André (dir.), 1986 – *Marginalité sociale, marginalité spatiale*, Paris, Éditions du CNRS, 265 p.

Wolff M., Fol S., Roth H., Cunningham-Sabot E., 2013 – Shrinking Cities, villes en décroissance : une mesure du phénomène en France, *Cybergeo: European Journal of Geography* [En ligne], document 661.

Annexe 1 : Choix des indicateurs

	Seuil retenu	Justifica-tion des seuils	Moyenne France	Valeur maxi France	Valeur mini France
Densités kilométriques 2012 (habitants par km²)	Moins de 20	Premier quartile (19)	103,6	27 080	0
Taux d'évolution de la population 1968-1999	< à 0 %	Perte			
Taux d'évolution de la population 1999-2008	< à 0 %	Perte	+ 6,34	+ 269,23	- 74,69
Taux d'évolution de la population 2008-2013	< à 0 %	Perte	+ 2,51	+ 150	- 68,49
Taux d'évolution de l'emploi au lieu de travail 1999-2012	< à 0 %	Perte			
Taux d'activité des femmes 15-65 ans 2013	< à 68 %	Premier quartile (68)	69,9	100	0,5
Part des emplois au lieu de travail dans l'agriculture	> à 33 %	Dernier quartile (33 %)	2,8	100	0
Part des emplois au lieu de travail dans l'industrie	> à 15 %	Dernier quartile (15 %)	12,7	100	0
Revenus fiscal médian 2013	< à 18 500 euros	Premier quartile (18 500)	20 185	46 251	10 021
Taux de chômage en 2013	> à 12 %	Dernier quartile (12,1)	11,9	100	0
Part des logements vacants 2012	> à 10 %	Dernier quartile (10,3)	8	63,1	0
Part de la population ayant accès en moyenne aux 12 équipements de la gamme intermédiaire en 15 minutes ou moins (par territoire de vie)	< à 85 %	Premier quartile (85,3)	94,4	100	31,8

Source : INSEE.

Espaces fragiles – Construction scientifique, dynamiques territoriales et action publique
Presses Universitaires Blaise Pascal, Territoires 1, 2017, p. 73-94

Les espaces ruraux défavorisés : une catégorie de l'aménagement du territoire en Allemagne

Structurally weak rural areas: a category of land-use planning in Germany

Guillaume Lacquement*

Résumé : Les régions rurales défavorisées constituent une catégorie spatiale de l'aménagement du territoire en Allemagne fédérale. Cette catégorie désigne les régions rurales de faibles densités, marquées par des processus récessifs de dépeuplement, de vieillissement structurel et de déprise socio-économique. Elle institue une discrimination territoriale qui oriente les politiques publiques d'intervention. Celles-ci se formulent en termes de soutien à l'innovation par la diffusion des principes et des pratiques du développement local. La contribution précise tout d'abord les différents critères mobilisés pour la construction de la catégorie spatiale. Elle étudie ensuite le contenu des politiques publiques et la manière de concevoir l'intégration des régions rurales défavorisées. Elle revient enfin sur la dichotomie Est-Ouest, qui marque le pays depuis la réunification en 1990, pour souligner la diversité des contextes locaux au regard des catégories instituées.

Abstract: Structurally weak rural areas constitute a spatial category of land-use planning in Germany. This category designates low-density rural areas, affected by processes of depopulation, structural aging and socio-economic abandonment. It establishes a territorial division that guides public intervention policies. These are enacted by supporting innovation through the application of the principles and practices of local development. This paper firstly specifies the various criteria on which is based the construction of the spatial category. It then examines the content of public policy and how to plan the integration of structurally weak rural areas. Finally, it reconsiders the East-West dichotomy that has marked the country since reunification in 1990 to highlight the diversity of local contexts compared with established categories.

Les régions rurales défavorisées (*strukturschwache ländliche Gebiete*) constituent une catégorie spatiale de l'aménagement du territoire en Allemagne fédérale. Cette catégorie désigne les régions rurales de faible densité, marquées par des processus récessifs de dépeuplement, de vieillissement structurel et de déprise

---

*Université de Perpignan Via Domitia, UMR 5281 CNRS Art-Dev.

socio-économique. Elle institue une discrimination territoriale qui oriente les politiques publiques d'intervention.

Depuis le milieu des années 2000, ces dernières tendent à se focaliser sur la situation de changement démographique et s'alertent de ses conséquences dans les régions rurales défavorisées (BBR, 2003 ; Gans, Schmitz-Veltin, 2004 ; Kemper, 2004 ; BBR, 2008 ; BBSR, 2009 ; BBSR, 2013). Cette situation retient tout particulièrement l'attention des pouvoirs publics car elle pose la question de la pérennité des infrastructures locales et de l'accès aux services de base pour les populations rurales (Lange, 2005 ; Schmitz-Veltin, 2006 ; BBR, 2008 ; BBSR, 2009 ; Schockemöhle, Born, 2012). Face à ce constat, les différents niveaux de gouvernement de la fédération formulent une politique d'intervention en termes de soutien à l'innovation par la diffusion des principes et des pratiques du développement local (Tränkner, 2004 ; Bieker, Orthengrafen, 2005 ; Segert, Zirke, 2007 ; Küpper, 2010). Cette orientation se traduit, concrètement, par la mise en œuvre de dispositifs qui procèdent à la redistribution des compétences et des prérogatives en matière d'aménagement du territoire, aux échelons infrarégionaux et locaux du système territorial. Ces dispositifs ont pour objectif de favoriser les initiatives locales, de susciter leur structuration sous la forme de partenariats de concertation, de décision et d'action, mais en les encadrant par des procédures de contractualisation avec les échelons supérieurs du système territorial, c'est-à-dire avec l'État fédéral (*Bund*) ou les États fédérés (*Länder*) (Lacquement, 2007).

Cette contribution propose une étude de la construction d'une catégorie spatiale de l'aménagement du territoire et des effets de son application au sein des politiques publiques en Allemagne fédérale. La discrimination spatiale d'une partie des régions rurales interroge, dans ce pays largement urbanisé, la manière dont les politiques d'intervention considèrent les processus d'intégration territoriale. L'étude se concentre tout d'abord sur la construction de la catégorie et précise comment la caractérisation par des critères morpho-fonctionnels des espaces considérés agrège aussi les relations aux autres espaces en termes de distance et d'accessibilité. Elle s'attache ensuite aux contenus des politiques publiques et examine les manières de concevoir l'intégration territoriale par la diffusion du paradigme du développement local. Enfin, l'étude revient sur les discontinuités Est-Ouest qui marquent le pays depuis la réunification en 1990, pour souligner la complexité des contextes territoriaux et décrire les formes différenciées de réception des politiques publiques à l'échelle locale

Les régions rurales défavorisées : une catégorie de la politique d'aménagement du territoire

En Allemagne fédérale, la formalisation d'une catégorie spatiale dédiée aux espaces ruraux défavorisés a été conçue au regard de l'un des objectifs fondamentaux de la politique d'aménagement du territoire, inscrit dans la Loi fondamentale de 1949, qui est de garantir l'équivalence des conditions de vie à l'ensemble de la population et sur l'ensemble du territoire.

On propose ici une vision rétrospective de la démarche de construction de cette catégorie afin de rendre compte de son évolution récente à la suite de la réorientation de la politique d'aménagement du territoire à la fin des années 1990[1]. Par rapport à la période précédente où les priorités se concentraient sur la modernisation de l'économie agricole, la nouvelle version de la loi d'aménagement adoptée en 1998 marque clairement le changement de paradigme de la politique rurale en faveur de la diversification fonctionnelle des campagnes (von Hirschhausen, Lacquement, 2007).

Niveaux de développement socio-économique et formes de structuration de l'économie régionale

Au tout début des années 2000, les exercices de prospective du gouvernement fédéral conservent les modèles d'analyse antérieurs et caractérisent la ruralité en fonction des différences de niveau de développement socio-économique et des formes de structuration de l'économie régionale. Dans le cadre de cette approche, la construction d'une catégorie spatiale particulière dédiée aux espaces ruraux défavorisés n'est pas considérée comme une fin en soi. Elle se justifie, au contraire, par la volonté politique de prendre en compte les effets du contexte spatial sur l'évolution des territoires régionaux. Dans cette intention, le contexte spatial est décliné en deux dimensions principales. La première retient la dichotomie entre villes et campagnes comme critère de différenciation spatiale. Cette dichotomie est mesurée par le niveau de densité démographique, la distance des localités aux villes-centres ainsi que par la densité du bâti, afin de définir un degré de ruralité. La seconde dimension se concentre sur la structuration de l'économie régionale. Pour évaluer le niveau d'emploi et de production de richesses, pour caractériser le profil d'activités, elle mobilise plusieurs indicateurs comme le taux de chômage, le taux de chômage de longue durée, le niveau de revenus, la répartition sectorielle des activités économiques, le niveau de ressources fiscales des communes (BBR, 2000).

L'analyse de ces deux séries de variables et de leur articulation aboutit à la construction d'une catégorie dédiée aux espaces ruraux défavorisés (*strukturschwache ländliche Räume*), hiérarchisée par un gradient de difficultés structurelles (Fig. 1). La catégorie différencie ainsi une partie des régions rurales du pays en retenant trois types de caractéristiques. Les premières concernent la situation démographique et soulignent la faiblesse des densités, le dépeuplement par déficit naturel et déficit migratoire ainsi que l'émigration de la population jeune et qualifiée. Les secondes renvoient au niveau jugé insuffisant des équipements et des services à la population, au déficit de l'offre en transports publics. Les dernières se concentrent sur la situation économique, le niveau et le potentiel de développement. Elles signalent le faible niveau des opportunités de reconversion des actifs agricoles dans les autres secteurs de l'économie et le faible niveau des possibilités d'investissement à l'échelle locale. La concentration de ces difficultés structurelles hypothèque le devenir des régions concernées au regard des fonctions socio-économiques et des formes d'occupation et de mise en valeur du sol (BBR, 2000). Le gradient distingue des zones de graves difficultés structurelles qui se localisent

---

1 – Nouvelle version de la Loi d'aménagement du territoire de 1998 (*Raumordnungsgesetz* 1998).

dans certaines régions rurales d'Allemagne occidentale comme la forêt de Bavière et la Franconie, ou encore la basse vallée de l'Ems en Basse-Saxe, mais qui affectent de manière plus étendue les régions rurales d'Allemagne orientale, depuis les bas plateaux du Mecklembourg jusqu'aux collines de Lusace et aux massifs de moyenne montagne en Thuringe.

Fig. 1 – Les régions rurales défavorisées d'après la politique d'aménagement du territoire de l'État fédéral en 2000

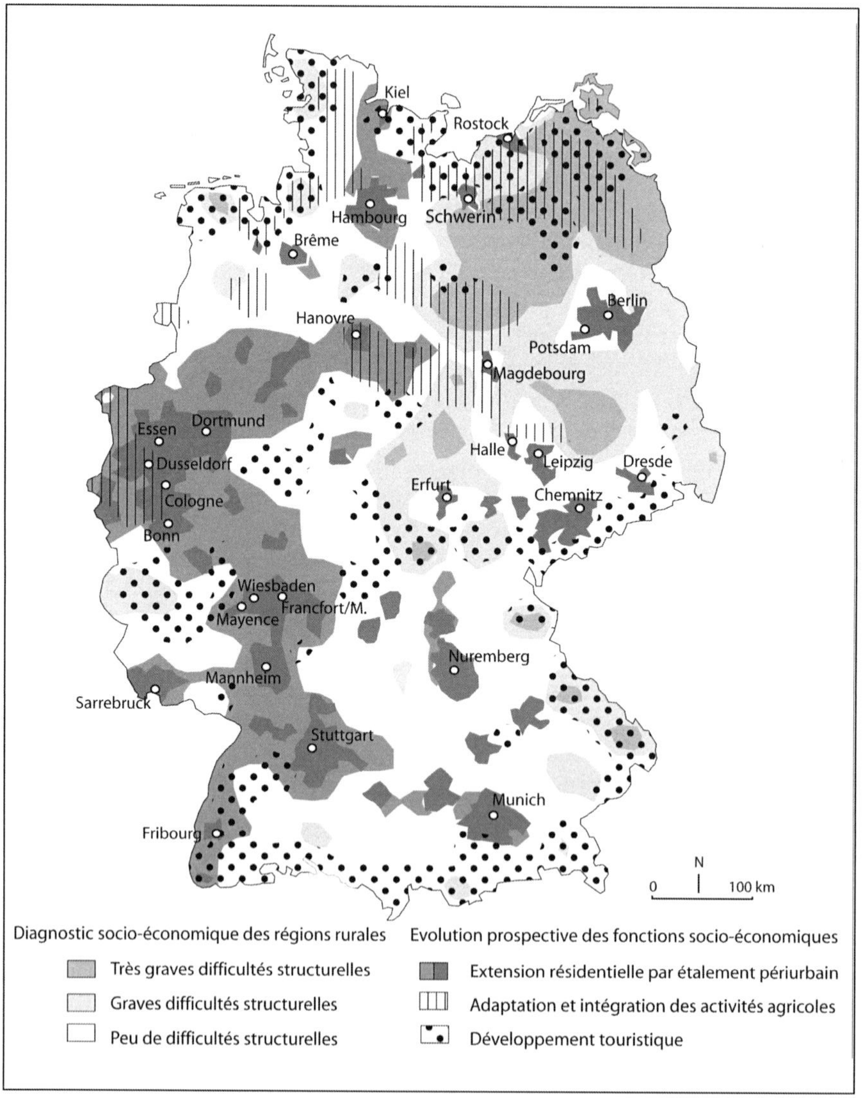

Source : D'après Bundesministerium für Raumordnung, *Raumordnungsbericht 2000*. Conception/réalisation : G. Lacquement.

**Fig. 2 – Les régions rurales périphériques d'après la politique
d'aménagement du territoire de l'État fédéral en 2005 et 2010**

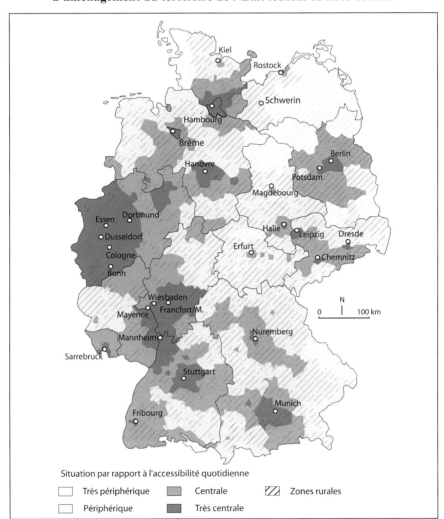

Source : D'après Bundesministerium für Raumordnung, *Raumordnungsbericht 2011.*
Conception/réalisation : G. Lacquement.

Situation géographique et accessibilité quotidienne

La réorientation de la politique d'aménagement du territoire s'accompagne cependant d'une évolution dans la manière de concevoir les catégories spatiales. À
partir de 2005, la prospective territoriale gomme puis redéfinit la ruralité et les régions rurales en fonction de la situation et de l'accessibilité régionale. La démarche
donne lieu à des typologies nouvelles. Dans une première étape, celles-ci sont éta-
blies sans référence à la distinction rural/urbain. Elles sélectionnent d'autres critères pour établir un diagnostic des différences territoriales, en se concentrant sur la

situation géographique et la distance des localités aux villes-centres des différents niveaux de la hiérarchie urbaine[2]. Pour cela, elles mesurent un niveau d'accessibilité quotidienne à la ville-centre qui distingue, au final, des régions périphériques et des régions centrales (BBR, 2012) (Fig. 2). Dans ce cadre conceptuel, les régions rurales défavorisées ne sont plus lues en fonction de leurs caractéristiques intrinsèques, mais relativement à leur situation et à la distance qui les sépare des pôles urbains. Cette manière d'extrapoler le modèle centre-périphérie a fait l'objet de nombreuses critiques (Leber, Kunzmann, 2006) soulignant la nécessité de prendre en compte les formes spatiales et leurs différences dans la construction des catégories.

Dans une seconde étape, les typologies régionales réintroduisent la distinction entre l'urbain et le rural en prenant en compte les formes du peuplement pour définir un degré de ruralité. Le niveau de densité et la part des surfaces bâties au sein des localités sont retenus comme indicateurs pour distinguer des régions principalement urbaines (*überwiegend städtisch*), des régions en partie urbaines (*teilweise städtisch*) et des régions rurales (*ländlich*). Combinant une densité inférieure à 75 hab./km^2 et une part de surfaces bâties inférieure à 10 %, les régions rurales représentent 60,6 % de la superficie totale du pays et 18,1 % de sa population (BBSR, 2009). Les catégories structurelles et morphologiques du peuplement sont ensuite exposées au gradient de situation géographique et d'accessibilité. Cette opération discrimine entre elles les régions rurales et isole un ensemble de régions rurales périphériques et très périphériques. Les premières concernent 17,5 % de la superficie du pays et 3,2 % de sa population, les secondes, respectivement, 31,9 % et 9,9 % (BBSR, 2009). En 2010, l'extension spatiale de ces deux catégories recoupe celle des régions rurales défavorisées du précédent exercice de prospective (BBR, 2012).

Incidence du changement démographique contemporain

La prise en compte du changement démographique dans la priorisation de l'action publique donne lieu à des typologies complémentaires. Celles-ci s'intègrent à des diagnostics territoriaux à partir desquels sont conçus des programmes spécifiques d'intervention. Le programme-pilote de redressement rural lancé en 2015 (*Modellvorhaben – Land(auf)schwung 2015 – Innovative für lebenswerte ländliche Räume*) (BMEL, 2015) reprend les catégories antérieures. Mais pour cibler le contenu de l'intervention publique, il considère la ruralité au regard de l'incidence du changement démographique. Le gouvernement fédéral s'est appuyé sur les travaux de l'Institut von Thünen de Braunschweig[3] pour définir une catégorie de régions rurales défavorisées, périphériques et affectées par le changement démographique, afin de déterminer les districts susceptibles de candidater au programme (Fig. 3).

---

2 – En Allemagne, la politique d'aménagement du territoire se fonde sur la théorie des places centrales de Walter Christaller (*Die zentrale Orte in Süddeutschland,* 1933) pour établir une hiérarchie de la distribution des fonctions urbaines entre des villes-centres de niveau supérieur (*Oberzentren*), des villes-centres de niveau intermédiaire (*Mittelzentren*) et des villes-centres de niveau de base (*Unterzentren*).

3 – Johann Heinrich von Thünen-Institut, Bundesforschungsinstitut für ländliche Räume, Wald und Fischerei.

Fig. 3 – Les régions du programme-pilote de redressement rural 2015 par l'État fédéral

Source : D'après *Bundesministerium für Ernährung und Landwirtschaft*, 2015.
Conception/réalisation : G. Lacquement.

Tab. 1 – Sélection des districts candidats au programme-pilote de l'Etat fédéral pour le redressement rural 2015 (*Modellvorhaben Land(auf)schwung 2015*)

Nom des districts	Nom des *Länder*	Indice	Rang
Coesfeld	Rhénanie du Nord Westphalie	0,025	237
Hochsauerlandkreis	Rhénanie du Nord Westphalie	0,137	252
Saarlouis	Sarre	0,173	258
Waldshut	Bade-Wurtemberg	0,183	261
Neunkirchen	Sarre	0,193	262
Höxter	Rhénanie du Nord Westphalie	0,224	264
Sigmaringen	Bade-Wurtemberg	0,302	272
Neckar-OdenWald-Kreis	Bade-Wurtemberg	0,331	277
Schwalm-Eder-Kreis	Hesse	0,445	289
Kusel	Rhénanie Palatinat	0,469	294
St. Wendel	Sarre	0,471	295
Vulkaneifel	Rhénanie Palatinat	0,474	297
Ostholstein	Schleswig-Holstein	0,578	312
Vogelsbergkreis	Hesse	0,642	320
Werra-Meissner-Kreis	Hesse	0,749	328
Tirschenreuth	Bavière	0,761	330
Südwestpfalz	Rhénanie Palatinat	0,837	334
Freyung-Grafenau	Bavière	0,861	338
Schleswig-Flensburg	Schleswig-Holstein	0,950	339
Kronach	Bavière	0,958	340
Nordfriesland	Schleswig-Holstein	1,015	344
Wittmund	Basse-Saxe	1,245	351
Lüchow-Dannenberg	Basse-Saxe	1,280	352
Osterode am Harz	Basse-Saxe	1,344	356
Mittelsachsen	*Saxe*	*1,636*	*365*
Bautzen	*Saxe*	*1,692*	*369*
Altenburger Land	*Thuringe*	*1,969*	*382*
Greiz	*Thuringe*	*2,046*	*385*
Görlitz	*Saxe*	*2,056*	*386*
Spree-Neisse	*Brandebourg*	*2,348*	*391*
Vorpommern-Rügen	*Mecklembourg-Poméranie*	*2,526*	*393*
Ludwigslust-Parchim	*Mecklembourg-Poméranie*	*2,529*	*394*
Elbe-Elster	*Brandebourg*	*2,545*	*395*
Kyffhäuserkreis	*Thuringe*	*2,572*	*396*
			.../...

Prignitz	*Brandebourg*	*2,580*	*397*
Wittenberg	*Saxe-Anhalt*	*2,582*	*398*
Stendal	*Saxe-Anhalt*	*2,614*	*399*
Mansfeld-Südharz	*Saxe-Anhalt*	*2,876*	*400*
Mecklenburgische Seenplatte	*Mecklembourg-Poméranie*	*3,018*	*401*

Districts des anciens Länder
Districts des nouveaux Länder
Indice min. = -2,285 (District urbain de Munich, Land de Bavière)
Indice max. = 3,048 (District rural de Uckermark, Land de Brandebourg)

Source : KÜPPER P. (2014), *Auswahl der Wettbewerbsregionen für das Modellvorhaben Land(auf)schwung*, Braunschweig, Thünen-Institut für ländliche Räume, 12 p., https:// www.bmel.de/SharedDocs/Downloads/Landwirtschaft/LaendlicheRaeume/las-thue- nen-auswahl-39Regionen.pdf;jsessionid=08BFC621AD4D4F1B2D6AB2FD48119B5C.2_ cid385?__blob=publicationFile

L'incidence du changement démographique sur les régions rurales est calcu- lée sur la base de trente-sept indicateurs statistiques sélectionnés pour construire un indice de mesure du défi démographique (*Demographischer Herausfor- derungsindex*). Les indicateurs ont été répartis en deux groupes de variables. Le premier vise à évaluer les besoins d'intervention dans le domaine des infrastruc- tures, des équipements et des services aux populations. À cette fin, il prend en compte la distribution du peuplement et le niveau d'accessibilité des localités pour les mettre en relation avec la situation de vieillissement structurel au cours de la période 1990-2010, puis avec son évolution prévisionnelle au cours de la période 2010-2030. Le second groupe de variables s'applique à estimer les be- soins d'intervention pour renforcer le potentiel de développement économique. Pour cela, il examine la structure de la population active, les niveaux de revenus et de formation ainsi que le niveau d'accessibilité des localités, pour les mettre en relation avec le vieillissement structurel, de la même manière que dans le groupe précédent (Küpper, 2014).

La valeur de l'indice synthétique distribue l'ensemble des districts (*Kreise*) du territoire fédéral sur une échelle à dix graduations, depuis l'indice -1,5 et moins à l'indice +2,5 et plus. Plus la valeur de l'indice est élevée, plus le district est en difficulté structurelle face au changement démographique et plus les besoins d'in- tervention sont importants. Le diagnostic ainsi établi souligne franchement la dif- férence Ouest-Est. Il affiche des indices majoritairement négatifs dans les districts des anciens *Länder* et des indices très majoritairement positifs dans les nouveaux *Länder*. En outre, les valeurs les plus fortes affectent les districts ruraux du pays et plus particulièrement les districts ruraux de la partie orientale. Parmi les districts retenus pour la candidature à l'application du programme-pilote (trois districts par *Land* par souci d'équité territoriale), les districts des nouveaux *Länder* forment un groupe discriminant (Küpper, 2014) (Tab. 1). Au-delà de ce constat, qui tend à confirmer une discontinuité marquante dans la structuration du territoire fédéral, la vision rétrospective des exercices de diagnostic révèle plusieurs manières de penser l'espace rural et les espaces ruraux défavorisés. Les catégories successives associent de diverses façons la caractérisation des structures et des fonctions spatiales. Mais elles aboutissent à une hiérarchisation et à une discrimination qui déterminent les objectifs et les formes d'intervention de la politique publique.

Les politiques d'intervention en faveur des régions rurales défavorisées

L'action publique se formule alors en termes d'objectifs d'intervention qui visent l'intégration socio-économique des espaces ruraux défavorisés au sein du territoire fédéral. Elle détermine et finance des processus d'innovation qui touchent à la fois les structures et les fonctions des espaces considérés. La prospective et les scénarios d'évolution repèrent des dynamiques, puis déterminent des contenus et des modes d'action.

Les trois premières décennies de l'après-guerre ont été placées, en Allemagne de l'Ouest, sous le signe de la modernisation rurale, sans que des catégories d'espaces ruraux n'aient été alors spécifiquement et systématiquement différenciées. L'objectif de l'intervention publique était de garantir l'équivalence des conditions de vie à l'ensemble des citoyens, comme le prescrivait, depuis 1949, la loi fondamentale de la RFA (Henkel, 2004). Ce principe constitue la base de la première loi fédérale d'aménagement du territoire. Adoptée en 1965, celle-ci fonde la naissance de la politique régionale à l'échelle de la fédération, alors que cette mission était principalement dévolue aux états fédérés. Les orientations de l'action publique d'aménagement sont alors prises en charge par deux grands programmes d'action concertée (*Gemeinschaftsaufgaben*) : le programme d'amélioration des structures économiques régionales et le programme d'amélioration des structures agricoles et de protection du littoral[4]. Avec le premier, l'État fédéral et les Länder financent, par des subventions aux collectivités locales, l'amélioration des infrastructures et, par des aides aux entreprises, la création et le maintien des activités économiques. Le second se concentre tout d'abord sur l'adaptation du secteur agricole en prévoyant les aides à l'installation et à l'investissement, les aides compensatoires aux handicaps naturels, le financement des opérations de remembrement et de restauration des chemins d'exploitation (Grajewski, Schrader, Tissen, 1994). Il intervient ensuite en faveur de l'amélioration des conditions de vie dans les espaces ruraux en prenant en charge les opérations de rénovation du bâti villageois et de reconstitution des réseaux (Henkel, 2000). L'action publique en faveur des espaces ruraux est conçue de manière à compenser les effets de la modernisation de l'économie globale : déprise des activités socio-économiques, dépeuplement par déficit migratoire et dégradation de l'offre de services. À ces processus de modernisation passive (*Passivsanierung*), la fédération oppose un principe de modernisation active (*Aktivsanierung*) (Henkel, 2004) et concentre l'intervention sur l'aide à la création d'emplois non agricoles,

---

4 – *Gemeinschaftsaufgabe für die Verbesserung der regionalen Wirtschaftsstruktur (GRW) et Gemeinschaftsaufgabe für die Verbesserung der Agrarstruktur und des Küstenschutzes (GAK).*

au renforcement des équipements et des services, à l'adaptation des infrastructures de communication.

En Allemagne de l'Est, la modernisation socialiste a fait l'économie d'une réelle acception de la ruralité car elle privilégiait les villes comme centres administratifs et pôles de concentration d'un développement économique fondé sur la prédominance de l'activité de production industrielle. La planification conférait certes à l'espace rural des fonctions productives, mais qu'elle limitait au secteur agricole (Gohl, 1976). Elle le considérait, en outre, comme hétérodoxe par rapport au modèle de modernisation socialiste porté par la transformation urbaine et industrielle. Elle tendait à stigmatiser un espace en retard de développement au regard de l'application des nouveaux principes de la division du travail. De ce fait, l'intervention de l'État favorisait l'équipement des lieux d'encadrement au niveau des centres urbains secondaires, choisis comme vecteur de la modernisation de l'espace rural ou, plus précisément, de l'espace de production agricole (Henkel, 2000). Ils exerçaient une fonction d'encadrement de la diffusion de la modernité socialiste, mais aussi de surveillance politique et de contrôle social, relayée dans les localités par les prérogatives des directeurs d'exploitations collectives. En termes d'aménagement, l'espace rural n'était considéré qu'à travers la trame des structures d'exploitation agricole. Les fermes d'État (*Volkseigene Güter* ou *VEG*), édifiées sur les anciens grands domaines nobiliaires expropriés par la réforme agraire de 1945, et les coopératives de production agricole (*Landwirtschaftliche Produktionsgenossenschaften* ou *LPG*), fondées dans les années 1950 à partir du regroupement forcé des exploitations paysannes, concentraient à la fois les fonctions de production agricole et les tâches d'aménagement rural sur des territoires locaux rassemblant plusieurs finages villageois (Lacquement, 2007).

Avec la réunification du pays en 1990, la question des disparités régionales prend une dimension inédite. La crise de transition à l'économie de marché dans les nouveaux *Länder*, la crise agricole et les transformations hétérogènes de l'économie rurale dans l'ensemble de l'Allemagne conduisent à la conception, en 1998, d'une nouvelle version de la loi fédérale d'aménagement du territoire. À partir des années 1990, les champs d'intervention retenus et les outils mobilisés par la politique publique expriment plusieurs manières de concevoir l'intégration des régions rurales défavorisées.

L'intégration par l'adaptation au changement fonctionnel

La construction d'une catégorie spatiale dédiée aux régions rurales défavorisées est contemporaine des changements rapides et profonds qui ont affecté les formes de structuration de l'économie rurale dans le dernier quart du XXᵉ siècle. L'adaptation du secteur agricole aux critères de performance et de rentabilité du système économique global a marginalisé l'activité agricole dans l'économie et la société rurales. La contribution de l'agriculture à la richesse nationale et la part des actifs agricoles se sont réduites au rythme de la mutation du système productif et de la tertiarisation générale de l'économie fédérale.

Dans ce contexte, la politique publique a voulu agir sur les formes d'intégration des régions marquées par les phénomènes récessifs de dépeuplement et de déprise socio-économique. Dès les années 1980, les travaux de prospective interrogent les conditions de l'attractivité des zones rurales défavorisées (Schäfer, 1985). La manière de penser les processus d'intégration au système d'ensemble suppose, dès cette époque, l'évolution des fonctions socio-économiques des régions rurales dans le contexte global de métropolisation du territoire. De ce fait, l'intervention publique se conçoit d'abord comme une politique d'accompagnement du changement fonctionnel. Cette dernière s'engage dans trois directions principales (BBR, 2000). Elle prescrit tout d'abord la valorisation de la fonction résidentielle des espaces ruraux, en prévoyant la mise à disposition du foncier dans les zones d'extension périurbaine, tout en concentrant l'implantation des équipements et des services dans les villes-centres du niveau inférieur et intermédiaire de la hiérarchie urbaine. Elle se concentre ensuite sur les fonctions de production et encourage l'adaptation des activités agricoles par l'optimisation de systèmes de production en fonction de la rente naturelle et par le renforcement des activités d'amont et d'aval créatrices de valeur ajoutée. Enfin, elle privilégie la diversification des activités rurales par le développement de la filière touristique sur la base de la valorisation des milieux naturels et des paysages agraires. Ce sont ici les fonctions de conservatoire qui contribuent à l'attractivité économique des régions rurales (Fig. 1).

L'intégration par la valorisation du potentiel de multifonctionnalité

Dès la réorientation des politiques rurales à la fin des années 1990, la prospective insiste sur l'objectif de valorisation du potentiel de multifonctionnalité des espaces ruraux. Mais c'est au cours des années 2000 que cet objectif est progressivement précisé dans le cadre de la préparation des nouveaux schémas d'orientation de la politique d'aménagement du territoire. Les diagnostics apprécient la dynamique potentielle des activités par un indice de multifonctionnalité calculé à l'aide de variables choisies pour caractériser les formes de structuration et le niveau des économies locales : prix du foncier, part du secteur primaire dans le PIB, niveau d'attractivité des paysages, part des superficies minières, capacités de traitement des eaux usées, part de l'éolien dans la production d'énergie. L'indice est cartographié à l'échelle fédérale afin de localiser et de différencier les potentiels de diversification des économies locales. Cette démarche renverse l'échelle des valeurs du diagnostic territorial, car plus l'indice est élevé, plus le potentiel est important. Elle modifie les critères de la typologie socio-économique en évitant la stigmatisation des phénomènes de dépeuplement et de déprise. Mais, dans le même temps, elle révèle les économies locales les moins avancées dans la dynamique de diversification. En outre, si l'on rapproche cette typologie fonctionnelle des catégories précédentes de classification des espaces ruraux, l'on constate que le potentiel de multifonctionnalité se concentre dans les régions rurales les moins densément peuplées et les plus éloignées des villes-centres. Les critères d'évaluation du potentiel de multifonctionnalité pointe donc les écarts, mesure les retards au regard d'un modèle de structuration des économies locales qui privilégie l'intégration socio-économique des régions rurales par la tertiarisation et l'extraversion des activités (services induits par l'extension résidentielle, tourisme rural, production d'énergies renouvelables, etc.) (Lacquement, 2007 ; von Hirschhausen, Lacquement, 2007) (Fig. 4).

Fig. 4 – Le potentiel de multifonctionnalité des espaces ruraux d'après la politique d'aménagement du territoire de l'Allemagne fédérale en 2005)

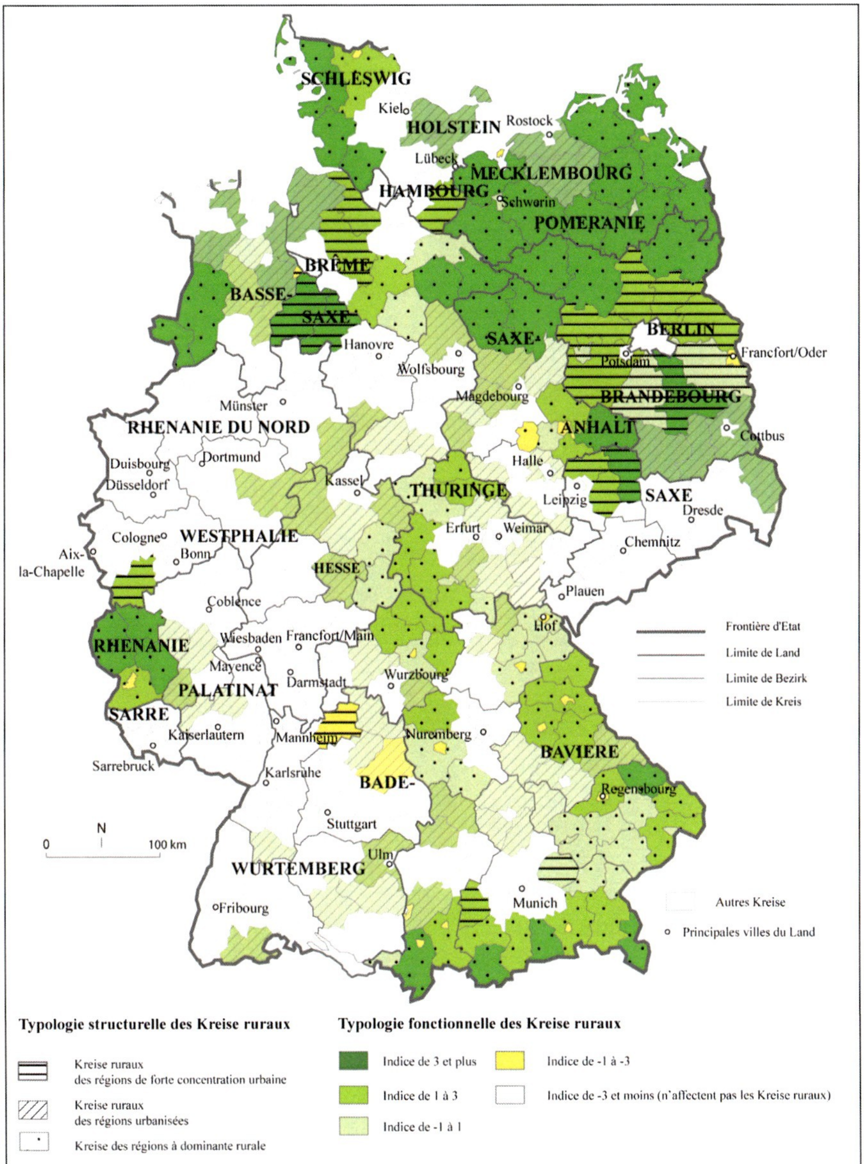

Calcul de l'indice de multifonctionnalité
- Niveau de prix du foncier constructible en Euros/m2 (2002)
- Part du secteur primaire dans le PIB en % (2002)
- Index d'attractivité du paysage (=Taux de couverture forestière (2000) + Energie du relief (2003) + Superficie des étendues d'eau et longueur des rivages (2003) + Nombre de nuitées touristiques (2001))
- Part des superficies minières dans la superficie totale en % (2002)
- Volume des eaux usées traitées en station d'épuration en m3/hab. (2001)
- Part de l'éolien dans la production énergétique en Mkw (2003)

Source : D'après Bundesministerium für Raumordnung, *Raumordnungsbericht 2005.*
Conception/réalisation : G. Lacquement.

Cet objectif est précisé, dès 2006, par la conception de trois grands schémas d'orientation qui fixent et encadrent la politique publique d'aménagement du territoire : « garantir les services à la population », soutenir la croissance et l'innovation », « favoriser la préservation des ressources naturelles et la gestion des paysages » (Schenk, 2012). Le troisième schéma incite à prendre en compte les paysages comme potentiel de développement socio-économique à l'échelle locale et régionale. Les actions de protection et de gestion paysagères sont ainsi proposées dans le but d'induire et de faciliter la fusion des approches sectorielles de l'aménagement dans le cadre d'une démarche intégrée de développement local. Le paysage et, plus largement, le patrimoine rural participent à l'innovation socio-économique par la construction de ressources nouvelles destinées à activer le potentiel d'attractivité résidentielle et touristique, ou encore le potentiel de valorisation des productions régionales (Lacquement, 2007 ; von Hirschhausen, Lacquement, 2007 ; Roth, 2007 ; Lacquement, Born, von Hirschhausen, 2012). Cet objectif est confirmé par les derniers schémas d'orientation de la politique d'aménagement du territoire de 2013. Leur formulation est en partie modifiée. Le premier conserve la même forme, le second devient « renforcer la compétitivité » et le troisième est intitulé « gouverner les usages du territoire », mais intègre toujours et, *a fortiori*, la valorisation paysagère comme démarche de développement territorial[5].

L'intégration par le « développement rural intégré » (*integrierte ländliche Entwicklung*)

La prise en compte des régions rurales défavorisées renvoie aux contenus des politiques publiques, mais également aux formes de leur mise en œuvre et donc aux modes d'action. Le développement rural intégré préconise de mobiliser et d'articuler les outils de la planification pour concevoir des projets d'aménagement sur une base territoriale et non simplement sectorielle, en considérant l'ensemble des potentialités de développement et en favorisant la diversification des activités rurales. Ce mode d'action a été expérimenté en faveur des espaces ruraux dès le lendemain de la seconde guerre mondiale par les institutions de planification ouest-allemande sous la forme de grands projets régionaux d'aménagement. Pilotés par les États fédérés, ces programmes avaient pour but d'accompagner la modernisation agricole de mesures d'opérations d'amélioration de l'habitat et des infrastructures rurales (Grabski-Kieron, 2012). Il s'agissait de coordonner, sur un territoire administratif donné, les outils de l'intervention publique pour atteindre les objectifs du programme d'aménagement. Dès les années 1950 donc, la puissance publique diagnostique l'existence de régions rurales en difficultés ou défavorisées. Dès cette époque, la politique d'aménagement conçoit en partie l'intervention publique sur une base territoriale et intersectorielle, intégrant à la fois des objectifs de modernisation agricole, d'amélioration de l'habitat et des infrastructures, mais aussi, de plus en plus, de diversification des activités rurales par la valorisation de ressources touristiques.

---

5 – *Leitbilder und Handlungstrategien für die Raumentwicklung in Deutschland* 2013, *MKRO-Beschluss vom 03.06.2013.*

La conception du développement rural intégré est donc ancienne. Mais, dans la pratique des années 1950 et 1960, l'intervention était prise en charge par la planification institutionnelle dans le cadre du maillage administratif du territoire, alors que la politique contemporaine encourage les initiatives endogènes dans le cadre de périmètres de coopération à l'échelle locale. L'inversion des politiques d'aménagement favorise les dispositifs incitant les collectivités territoriales et les acteurs de la vie économique et sociale à s'organiser en réseaux de coopération et à promouvoir des « territoires de projets ». Sollicitées et soutenues par la contractualisation avec les niveaux politiques supérieurs d'intervention, ces démarches de développement « par le bas » s'appuient sur des périmètres de différents types : les régions LEADER qui relèvent désormais du pilier rural de la politique agricole commune, les régions-modèles ou projets-pilotes (*Modellregionen ou Modellvorhaben*)[6] qui sont mis au concours sous la tutelle du gouvernement fédéral et les associations intercommunales ou micro-régions de développement intégré (*Regionale Entwicklungskonzepte* ou *REK-Gebiete*) qui sont pilotées par les États fédérés (Lacquement, 2007 ; von Hirschhausen, Lacquement, 2007 ; Segert, Zierke, 2007).

Le programme-pilote de redressement rural, lancé en 2015, s'inscrit pleinement dans cette démarche d'encadrement des formes nouvelles de gouvernance des territoires locaux. Il consacre le mode d'action à la recherche de solutions aux difficultés causées par le changement démographique. Il conçoit l'innovation dans les formes de valorisation économique des ressources locales, de pérennisation des équipements et des infrastructures ainsi que dans la réorganisation des services aux populations. Il renforce les structures réticulaires de gouvernance en prescrivant la coordination des dispositifs existants de coopération et de développement local. Il fait de l'expérience acquise et du transfert d'expériences, un facteur d'innovation du développement rural intégré dans les régions rurales défavorisées.

Intégration socio-économique et discontinuités territoriales

Les dispositifs de développement local sont-ils appropriés à l'intégration socio-économique des régions rurales défavorisées, en particulier des régions en situation de dépeuplement et de vieillissement structurel (Bieker, Othengrafen, 2005) ? La diffusion de l'innovation dépend des possibilités des sociétés locales de se saisir des dispositifs contractualisés par les niveaux supérieurs du système territorial et d'appliquer les principes de la gouvernance locale. La dynamique de diffusion a produit, sur l'ensemble du territoire, un maillage dense de périmètres dédiés aux réseaux de coopération locale et aux initiatives endogènes de développement (Lacquement, 2007 ; Lacquement, Raynal, 2013). Mais, dans le même temps, les travaux de diagnostic et de prospective continuent de rendre compte des discontinuités territoriales qui, en Allemagne, soulignent la dichotomie Est-Ouest, la différence entre anciens et nouveaux *Länder*.

---

6 – Le programme fédéral est intitulé *Regionen Aktiv – Land gestaltet Zukunft* [Des régions actives – des campagnes au service de l'avenir], *cf.* www.modellregionen.de .

Inerties et dynamiques régressives : la différence Est-Ouest

Au regard des critères d'analyse retenus par la prospective fédérale, les régions rurales des nouveaux *Länder* apparaissent plus défavorisées que celles des anciens *Länder*. C'est la faible densité qui caractérise les structures de peuplement d'Allemagne orientale. Mises à part les montagnes volcaniques de l'Eifel en Rhénanie et les monts du Palatinat en Bavière, les districts de faibles densités rurales se localisent principalement dans l'est du pays, avec une moyenne de 88 hab./km² contre 128 à l'Ouest[7]. Le dépeuplement des régions occidentales par déficit naturel (-3,1 pour mille) est ralenti par l'excédent migratoire (1,7 pour mille), mais il se creuse dans les régions orientales où le déficit migratoire (-3 pour mille) se conjugue au déficit naturel (-5 pour mille) pour accentuer le vieillissement structurel (les plus de 65 ans représentent 23,5 % de la population totale). Les campagnes orientales sont aussi plus pauvres (PIB de 21 900 euros par habitant à l'Est contre 28 900 à l'Ouest), davantage marquées par le chômage rural (taux de chômage de 11 % à l'Est contre 4,7 % à l'Ouest) et par les transferts financiers qui reflètent les inégalités de développement socio-économique (550 euros par habitant à l'Est contre 48 à l'Ouest pour le montant de l'aide à la création d'activité pendant la période 2006-2011[8]).

De la même façon, la distribution de l'indice de réponse au changement démographique, établie par l'Institut von Thünen pour le programme-pilote de redressement rural de 2015 (voir plus haut), place les districts orientaux dans les derniers rangs du classement. Le premier district oriental est un district urbain (Jena en Thuringe) qui se trouve en 122ᵉ position, tandis que le premier district rural des nouveaux Länder n'apparaît qu'à la 285ᵉ place (Havelland en Brandebourg). Plus significatif encore, les cinquante-cinq dernières places du classement sont occupées par des districts des nouveaux Länder (Küpper, 2014).

Norme et écarts à la norme, rattrapage et adaptation

Dans le même temps, certains indicateurs présentent une situation moins dichotomique et surtout expriment de manière plus complexe les effets de la transformation et de l'adaptation socio-économiques depuis vingt-cinq ans. Sur le plan agricole, les districts ruraux de l'est du pays ont atteint un niveau élevé de productivité. Les performances du secteur se sont affirmées au moyen de la spécialisation des systèmes de cultures et de formes diverses de valorisation de la rente naturelle qui distinguent les systèmes intensifs de grandes cultures des plaines loessiques de l'Allemagne moyenne et les systèmes plus extensifs des bas plateaux et des basses terres septentrionales et insulaires. La taille moyenne des exploitations agricoles est largement supérieure à l'est (236,7 ha) par rapport à l'ouest (42,9 ha). L'agriculture

---

7 – Les données statistiques de ce paragraphe sont issues de *Bundesamt für Bauwesen und Raumordnung, Indikatoren und Karten zur Raum- und Stadtentwicklung*, 2013.

8 – Programme d'action concertée pour l'amélioration des structures économiques régionales, financé par l'État fédéral et les Länder (*Gemeinschaftsaufgabe für die Verbesserung der regionalen Wirtschaftsstruktur - GRW*)

biologique s'étend sur 7,1 % des superficies cultivées à l'Est contre 4,3 % à l'Ouest, traduisant la diffusion rapide d'une forme d'innovation économique. De la même manière, les indicateurs de l'activité touristique nuancent l'expression des discontinuités. La capacité et la fréquentation touristique des espaces ruraux restent globalement faibles, que ce soit à l'Est ou à l'Ouest. Par contre, l'activité se concentre fortement sur des sites privilégiés, d'une part de haute et de moyenne montagne (Allgäu et forêt de Bavière, forêt Noire en Wurtemberg, Eifel en Rhénanie), d'autre part de régions lacustres, littorales ou insulaires (Frise orientale et septentrionale, mais aussi îles et littoraux des baies de Mecklembourg et de Poméranie).

Les lectures statistiques montrent que le gradient de développement socio-économique entre les espaces ruraux de l'est et l'ouest du pays reste significatif. *A priori*, ce gradient exprime les écarts à la norme socio-économique ouest-allemande transférée dans les nouveaux Länder au lendemain de la réunification. Il pourrait être interprété comme le résultat d'un processus de rattrapage engagé par la transition à l'économie de marché il y a vingt-cinq ans, mais inachevé en raison des difficultés structurelles contemporaines liées notamment au changement ou à la transition démographique. Cependant, la configuration complexe des lignes de discontinuités permet de nuancer l'interprétation du rattrapage de la norme transférée et d'avancer l'hypothèse d'un processus d'adaptation des structures héritées et d'interprétation différenciée par les sociétés locales des politiques publiques. Cette hypothèse interroge les pratiques du développement local qui concourent à la diffusion de l'innovation et à l'adaptation socio-économique.

Pratiques du développement local et formes d'intégration territoriale

Depuis le début des années 1990, le maillage des périmètres d'application des dispositifs de développement local s'est progressivement densifié sur l'ensemble du territoire fédéral. Il compte des régions du programme européen LEADER, des micro-régions de développement intégré, des régions-pilotes, mais il s'applique également aux parcs naturels régionaux (*Naturparke*) et aux parcs nationaux (*Nationalparke*) (Lacquement, 2007 ; Depraz, 2007 ; Lacquement, 2008 ; Lacquement, Raynal, 2013). Ce maillage exprime la diffusion des pratiques nouvelles de gouvernance territoriale, de coopération réticulaire et de valorisation des ressources locales. Néanmoins, les pratiques diffèrent d'un périmètre à l'autre selon les formes d'interprétation de la politique publique par les réseaux de coopération organisés à l'échelle locale. Les différences tiennent à la manière de concevoir et de mettre en œuvre les stratégies de développement. Le nombre et la nature des projets varient selon la composition des réseaux de coopération et l'implication des acteurs locaux dans la dynamique de construction endogène (Tränkner, 2004 ; Queva, 2007). Les types de ressources mobilisées s'approchent plus ou moins de la diversification fonctionnelle attendue pour l'intégration des espaces ruraux à l'économie globale.

On peut distinguer trois grandes catégories de ressources inventoriées et valorisées dans ce sens. La première concerne l'accroissement du potentiel de développement touristique et son renforcement par des démarches de préservation du patrimoine local. Les actions entreprises s'attachent à multiplier les hébergements de plein air, les aires de jeu et de loisirs, les routes et les sentiers de découverte thématique. Ces actions vont souvent de pair avec des opérations de valorisation du patrimoine rural appliquées à des lieux et à des objets divers. C'est ainsi que de nombreux projets de développement intègrent la protection des milieux naturels et la préservation des paysages agraires, la réfection des édifices religieux et la réhabilitation du bâti villageois selon les canons de l'architecture régionale, la labellisation des savoir-faire et des produits locaux. Une seconde catégorie de ressources se concentre sur la promotion de l'économie productive. Les actions ciblent la modernisation des unités de production, l'innovation technique et la formation professionnelle en lien avec l'évolution du marché de l'emploi. Il s'agit, tout d'abord, de renforcer les filières agricoles et sylvicoles dans le but de diversifier la fourniture de matières premières pour la transformation agro-industrielle, mais aussi pour la production d'énergies renouvelables. Une troisième catégorie se détache de l'ensemble et tend à caractériser davantage les espaces ruraux situés dans les nouveaux *Länder*. Dans l'Est de l'Allemagne, la rénovation des infrastructures locales, la rénovation du bâti villageois et, d'une manière générale, l'amélioration des conditions de la vie sociale, sont considérées comme des conditions déterminantes de la réduction des disparités régionales et de l'intégration socio-économique des espaces ruraux. L'intervention publique prend en charge la démolition de maisons abandonnées par leurs propriétaires ainsi que l'aménagement de friches villageoises produites par la déprise du commerce de proximité ou celle des activités artisanales. Elle investit dans la création de nouveaux lieux de sociabilité villageoise comme les terrains de sport, les aires de jeu et les abords des écoles, les places publiques et les salles polyvalentes. Le nombre des actions de ce type est significatif des conséquences du dépeuplement et de la déprise des activités rurales autant sur la morphologie villageoise que sur la vie sociale.

La dynamique d'ensemble reste ainsi sensible aux discontinuités Est-Ouest et aux trajectoires d'évolution territoriale. Dans les nouveaux *Länder*, les grandes exploitations agricoles issues de la restructuration du secteur agricole socialiste (Lacquement, 1996 ; Maurel, 1995 ; Maurel, 2012) jouent un rôle important dans les nouvelles structures de gouvernance. Elles interviennent dans les projets de diversification des filières agro-alimentaires, mais également dans les projets de gestion et de valorisation du patrimoine naturel et paysager ainsi que dans les projets de production d'énergies renouvelables (Lacquement, 2007 ; Lacquement, 2008 ; Lacquement, Raynal, 2013). Les formes d'implication des communes sont tout aussi significatives quand elles se traduisent par la priorité accordée aux projets de rénovation des infrastructures locales et du bâti villageois. Elles expriment à la fois l'héritage de la transition socio-économique des années 1990 et les difficultés d'adaptation au changement démographique contemporain.

Conclusion

Les régions rurales défavorisées constituent une catégorie de l'aménagement du territoire en Allemagne fédérale. En caractérisant les structures et les fonctions spatiales, les exercices de diagnostic opèrent une hiérarchisation des formes de structuration du territoire, repèrent les discontinuités territoriales et discriminent l'action publique d'intervention. La situation de difficulté structurelle (*struktur-schwach*) est vue comme une entrave à l'intégration régionale. Dans le contexte contemporain de changement démographique, elle fait craindre la généralisation de spirales dépressives conjuguant, au dépeuplement, la déprise socio-économique et la dégradation des infrastructures et des services.

Face à cette situation, la politique d'intervention se formule en termes de soutien à l'innovation par la diffusion des paradigmes et des pratiques du développement local. De ce fait, elle conçoit et diffuse des dispositifs de contractualisation des initiatives locales de coopération et de valorisation des ressources territoriales. La multiplication des dispositifs forme à ce jour un maillage dense de périmètres dédiés à l'application du développement rural intégré. Ceux-ci ont modifié en profondeur la manière de conduire la diversification fonctionnelle des espaces ruraux et leur adaptation aux situations de rupture et de changement. Dans le même temps, ils procèdent de pratiques locales qui demeurent sensibles aux effets de lieu et de contexte géographique.

Les catégories spatiales fondent et justifient les dispositifs d'intervention des politiques publiques. Mais elles tendent également à une sorte d'injonction et contraignent à une forme de standardisation des diagnostics de la situation de marge ou de difficulté, afin de pouvoir bénéficier des procédures de contractualisation. Elles produisent des maillages et des dispositifs d'intervention qui encadrent les modes d'intégration des régions rurales, qui induisent les leviers du développement socio-économique, mais qui, d'une certaine manière, gomment aussi la complexité des trajectoires d'évolution territoriale.

Références bibliographiques

Bieker S. und Othengrafen F., 2005 – Organising capacity – Regionale Handlungsfähigkeit von Regionen im demographischen Wandel, *Raumforschung und Raumordnung*, vol. 63, n° 3, p. 167-178.

BMEL – Bundesministerium für Ernährung und Landwirtschaft, 2015 – *Modellvorhaben Land(auf)schwung, Innovativ für lebenswerte ländliche Räume*, http://www.bmel. de/SharedDocs/Downloads/Broschueren/Land-auf-schwung-Leitfaden.pdf?__blob=publicationFile [consulté en avril 2015].

BBR – Bundesamt für Bauwesen und Raumordnung, 2000 – Raumordnungsbericht 2000, Bonn, *Selbstverlag des Bundesamtes für Bauwesen und Raumordnung*, n° 7, 320 p.

BBR – BUndesamt für Bauwesen und Raumordnung, 2003 – Demographischer Wandel und Infrastruktur im ländlichen Raum - von europäischen Erfahrungen lernen?, Informationen zur Raumentwicklung, Bonn, *Selbstverlag des Bundesamtes für Bauwesen und Raumordnung*, n° 12, p. 709-787.

BBR – Bundesamt für Bauwesen und Raumordnung, 2008 – Infrastruktur in der Fläche, Informationen zur Raumentwicklung, Bonn, *Selbstverlag des Bundesamtes für Bauwesen und Raumordnung*, n° 1, p. 1-140.

BBSR – Bundesinstitut für Bau-, Stadt- und Raumforschung im Bundesamt für Bauwesen und Raumordnung, 2013 – Der demografische Wandel. Eine Gefahr für die Sicherung gleichwertiger Lebensbedingungen ?, Bonn, *BBSR-Online-Publikation,* n° 2, 154 p.

BBSR – Bundesinstitut für Bau-, Stadt- und Raumforschung im Bundesamt für Bauwesen und Raumordnung, 2009 – Ländliche Räume im demografischen Wandel, Bonn, *BBSR-Online-Publikation,* n° 34, 131 p.

BBSR – Bundesinstitut für Bau-, Stadt- und Raumforschung im BUndesamt für Bauwesen und Raumordnung, 2012 – *Raumordnungsbericht 2011,* Bonn, Selbstverlag des Bundesamtes für Bauwesen und Raumordnung, 249 p.

Depraz S., 2007 – Campagnes et naturalité : la redéfinition d'un rapport à la nature dans les espaces ruraux des nouveaux Länder, *Revue d'études comparatives Est-Ouest,* von Hirschhausen B., Lacquement G. (eds.), Le développement rural en Allemagne réunifiée : modèles, contextes, enjeux, vol. 38, n° 3, p. 135-152.

Gans P., Schmitz-Veltin A., 2004 – Räumliche Muster des demographischen Wandels in Europa, *Raumforschung und Raumordnung,* vol. 62, n° 2, p. 83-95.

Gohl D., 1976 – Bevölkerungsverteilung und Strukturen der Wirtschaftsräume der DDR, *Geographische Rundschau,* n° 8, p. 262-269.

Grabski-Kieron U., 2012 – Le développement rural intégré en Allemagne : une démarche de planification et d'action prise entre ambitions et réalités, *in* Lacquement G., Born K.-M., von Hirschhausen B. (eds), *Réinventer les campagnes en Allemagne,* Lyon, ENS Editions, p. 185-198.

Grajewski R., Schrader H., Tissen G., 1994 – Entwicklung und Förderung ländlicher Räume in den neuen Bundesländern, *Raumforschung und Raumordnung,* n° 4/5, p. 270-278.

Henkel G., 2000 – Dorferneuerung in Deutschland, Bilanzen und Perspektiven eines erfolgreichen Programms, Bericht über Landwirtschaft, *Zeitschrift für Agrarpolitik und Landwirtschaft,* n° 213, Sonderheft : Johann Heinrich von Thünen, Gesellschaftspolitische Aspekte seines Werkes und ihre Bedeutung für die Entwicklung des ländlichen Raumes, p. 101-107.

Henkel G, 2004 – *Der ländlichen Raum. Gegenwart und Wandlungsprozesse seit dem 19. Jahrhundert in Deutschland, 4. Auflage,* Gebrüder Borntraeger Verlagsbuchhandlung, Berlin – Stuttgart, 419 p.

von Hirschhausen B., Lacquement G., 2007 – Modèles de l'Ouest, territoires de l'Est : le développement local et la valorisation du patrimoine dans les campagnes d'Allemagne orientale, *Revue d'études comparatives Est-Ouest,* von Hirschhausen B., Lacquement G. (éds.), Le développement rural en Allemagne réunifiée : modèles, contextes, enjeux, vol. 38, n° 3, p. 5-29.

Kemper F.-J., 2004 – Regionale Bevölkerungsentwicklung zwischen Wachstum und Schrumpfung, *Geographische Rundschau,* vol. 56, n° 9, p. 20-25.

Küpper P., 2010 – Regionalen Reaktionen auf den demographischen Wandel in dünn besiedelten, peripheren Räumen. Ergebnisse einer deutschlandweiten Befragung, *Raumforschung und Raumordnung,* vol. 68, n° 3, p. 169-180.

Küpper P., 2014 – *Darstellung und Begründung der Methodik zur Auswahl vom demografischen Wandel besonders betroffener Landkreise für das Modellvorhaben Land(auf) schwung,* Braunschweig, Thünen-Institut für ländliche Räume, 15 p. http://www.bmel. de/SharedDocs/Downloads/Landwirtschaft/LaendlicheRaeume/las-thuenen-methodenpapier.pdf?__blob=publicationFile [consulté en avril 2015].

Lacquement G., 1996 – *La décollectivisation dans les nouveaux Länder allemands, acteurs et territoires face au changement de modèle agricole*, Paris, L'Harmattan, 256 p.

Lacquement G., 2007 – Le développement local comme processus politique endogène dans les nouveaux Länder allemands : modèles et acteurs à l'épreuve de la réunification, *Revue d'études comparatives Est-Ouest,* von Hirschhausen B., Lacquement G. (eds.), Le développement rural en Allemagne réunifiée : modèles, contextes, enjeux, vol. 38, n° 3, p. 97-116.

Lacquement G., Born K.-M., von Hirschhausen B., 2012 – *Réinventer les campagnes en Allemagne*, Lyon, ENS Editions, 279 p.

Lacquement G., 2008 – Le développement local dans les nouveaux Länder allemands : acteurs et territoires des programmes d'initiative communautaire LEADER+, *Revue d'études comparatives Est-Ouest*, von Hirschhausen B., Lacquement G. (eds.), De la décollectivisation au développement local en Europe centrale et orientale, vol. 39, n° 4, p. 81-112.

Lacquement G., Raynal J.-C., 2013 – Acteurs et ressources du développement local en Allemagne orientale : le territoire rural au prisme des projets du programme européen LEADER, *Annales de Géographie*, n° 692, p. 393-421.

Lange B., 2005 – Demographischer Wandel und neue Disparitäten, *ARL-Nachrichten*, n° 2, p. 33-34.

Maurel M.-C., 1995 – La filiation du modèle agricole soviétique : rétrospective sur les grands tournants agraires, *Historiens & Géographes*, n° 351, p. 231-240.

Maurel M.-C., 2012 – La grande maille agraire en Europe centrale, un invariant spatiotemporel ?, *Études rurales*, vol. 2, n°190, p. 25-47.

Mose I., 2016 – Ländliche Räume in Deutschland zwischen Multifunktionalität und Polarisierung, *Praxis Geographie*, vol. 46, n° 5, p. 4-10.

Queva C., 2007 – Acteurs et territoires du développement rural en Allemagne orientale. L'exemple de projets de développement régional dans la Thuringe du Sud-Ouest, *Revue d'études comparatives Est-Ouest,* von Hirschhausen B., Lacquement G. (eds.), Le développement rural en Allemagne réunifiée : modèles, contextes, enjeux, vol. 38, n° 3, p. 117-134

Roth H., 2007 – Espace rural et héritages industriels : entre mise en friche et mise en patrimoine, *Revue d'études comparatives Est-Ouest*, von Hirschhausen B., Lacquement G. (eds.), Le développement rural en Allemagne réunifiée : modèles, contextes, enjeux, vol. 38, n° 3, p. 175-192.

Schäfer D., 1985 – Strukturförderung in ländlichen/peripheren und strukturschwachen Regionen, *Raumforschung und Raumordnung*, vol. 43, n° 4, p. 156-161.

Schenk W., 2012 – De l'espace résiduels aux paysages culturels : les nouvelles conceptions de la ruralité et de ses ressources dans les politiques territoriales en Allemagne, Lacquement G., Born K.-M., von Hirschhausen B. (eds.), *Réinventer les campagnes en Allemagne*, Lyon, ENS Editions, p. 43-58.

Segert A., Zierke I., 2007 – Regionalinitiativen, Entwicklungsressource strukturschwacher ländlicher Räume, *Raumforschung und Raumordnung*, vol. 65, n° 5, p. 421-434.

Schmitz-Veltin A., 2006 – Lebensbedingungen im demographischen Wandel. Konsequenzen von Alterung und Schrumpfung für Bildungschancen und medizinische Versorgung im ländlichen Räumen, *Raumforschung und Raumordnung*, vol. 64, n° 5, p. 343-354.

Schokemöhle J., Born K, 2012 – Gehen oder bleiben? Sozialräumliche Analyse der demographischen Wandels im ländlichen Räumen, *Geographie heute*, vol. 33, n° 301/302, p. 58-67.

Tränkner S., 2004 – Regionalmanagement als Option für die kooperative Entwicklung strukturschwacher Regionen in Ostdeutschland?, *Hallesches Jahrbuch für Geowissenschaften,* vol. 26, p. 163-178.

L'invention d'un territoire fragile
Richesse et misère des arrière-pays en tant qu'espace géographique

The invention of a fragile territory
Wealth and Poverty of hinterlands as a geographical area

André Suchet*

Résumé : Cet article interroge la construction scientifique du concept d'arrière-pays et son rapport au principe géographique de fragilité d'un territoire tel que formulé par les auteurs du CERAMAC. Il s'agit, plus précisément, d'une littérature anglophone et francophone dont on s'attache à démêler convergences, relations et divergences, auteurs de référence et conceptualisations contradictoires. Ce travail montre, au final, trois sens différents du terme qui vont d'une zone productive riche en amont d'un port et de ses avant-pays, à une zone fragile plus ou moins distante du littoral et/ou subordonnée à un centre.

Abstract: *This chapter looks at the scientific construction of the concept of hinterland and its relation to the geographical principle of a territory's frailty as formulated by the authors of the CERAMAC. With particular reference to publications in French and English, an attempt was made to identify convergences, divergences and relationships, key authors and conflicting conceptualizations. Three different meanings of the term emerged from the work: a rich productive area upstream of a port and its foreland, and fragile areas more or less remote from the coast and/or dependent upon a central hub.*

Zone fragile, marge sèche, zone périphérique, territoire en difficulté ou espace agricole productif et paysage emblématique sont autant de qualificatifs attribués à cet espace dénommé arrière-pays. La littérature géographique ne semble pas cohérente à ce sujet, si ce n'est pour montrer, au final, qu'il s'agit d'une zone au croisement de dynamiques territoriales, économiques et paysagères. Qu'en est-il exactement de cette dénomination et conceptualisation géographique entre ville et campagne, entre intérieur et littoral, mais surtout entre richesses et difficultés ? Dans quelle mesure s'agit-il d'une zone fragile ?

En Europe, cette question des arrière-pays est tout particulièrement débattue à propos des rives nord de la Méditerranée qui constituent des zones de centralités industrialo-portuaires et de très forte emprise du tourisme sur la base d'arrière-pays

---

* Université Rovira i Virgili, GRATET, Tarragone (Espagne).

montagnards et agricoles (Ayadi, Dabrowski et De Wulf, 2015 ; Nouschi, 2008 ; Bethemont, 2008 ; Lozato-Giotart, 1990), mais on a pu lire paradoxalement des études à propos des Alpes du Nord ou du Massif central à partir de ce même concept (Mignon, 2001, 1997b ; Giraut, 1997, Hoggart, 2005). Cet article[1] a pour objectif d'interroger la construction scientifique de cette notion géographique et son rapport au principe de fragilité d'un territoire (au sens de Diry, 1992 ; Mignon, 1997a ; Couturier, 2007). Il s'agit dès lors principalement de discuter d'une littérature anglophone et francophone dont on s'attachera à démêler convergences, relations et divergences, auteurs de référence et conceptualisations contradictoires. Les enjeux scientifiques d'une telle clarification ne sont pas négligeables, s'agissant d'un concept au cœur des relations entre zones urbaines littorales et monde rural ou montagnard en Europe comme en Afrique ou en Amérique du Sud.

Le sens premier d'arrière-pays en géographie des transports : un espace productif riche et actif

Au plan théorique, le terme d'arrière-pays – qui se dit *hinterland* en anglais –, est issu de la géographie économique des transports ou, plus exactement, de la géographie portuaire. On l'attribue à Chisholm (1889). Selon cet auteur, et d'autres après lui, un arrière-pays désigne l'aire d'attraction et de desserte d'un port (généralement maritime, exceptionnellement fluvial ou lacustre), c'est-à-dire l'espace continental qu'un port approvisionne et, inversement, dont il retire les marchandises qu'il expédie. Il s'agit donc, fondamentalement, d'un concept de géographie humaine qui ne doit pas être considéré en tant que dénomination statique. Un espace situé en arrière d'une zone littorale ne constitue pas nécessairement un arrière-pays.

Il s'agit clairement d'un espace agricole riche qui produit également les biens manufacturés expédiés par la mer au niveau du port et d'un espace actif qui alimente le port en marchandises destinées à l'expédition. Les publications à ce sujet, notamment anglo-saxonnes, discutent des rapports entre capacité d'accueil d'un port (infrastructures, services, organisation), densité de population et richesse de l'arrière-pays. Fidèles à une géographie des transports, les auteurs estiment que l'étendue d'un arrière-pays dépend surtout de la densité et de la qualité des voies de communication qui convergent vers le port. Selon une approche économique, les ports sont en concurrence pour agrandir leur arrière-pays et augmenter leur importance maritime. Parfois aussi, un même *hinterland* peut être desservi par plusieurs ports qui sont alors en concurrence au sein d'un même espace et se partagent les marchandises (Charlier, 1981 ; Vigarié, 1979, 2004 ; Bird, 1980). Les auteurs séparent même un arrière-pays d'un avant-pays, ou *foreland* en anglais, qui constitue les destinations desservies par ce port à travers le monde (Robinson, 1970 ; Marcadon, 1988). Plus encore, à la suite de différentes études qu'ils résument, Notteboom et Rodrigue (2005) formalisent une théorie des systèmes de port dans

1 – Ce travail accompagne une série d'enquêtes de terrain et d'études documentaires dans le cadre d'un séjour post-doctoral à l'université Rovira i Virgili en Espagne (Suchet, 2014). Remerciements à Salvador Anton Clavé, référent de ce travail pour son accueil et son implication scientifique. Financement Explora CMIRA (attribution 006384-01).

un espace régional qui sépare notamment les arrière-pays continus des arrière-pays discontinus. On peut citer aussi le travail de Ducruet (2008) qui détaille ces liens entre économie portuaire et régions dans les pays de l'OCDE (Fig. 1). Cette première définition du concept d'arrière-pays reste d'ailleurs toujours utilisée en géographie portuaire (Debrie et Guerrero, 2008 ; Zondag, Bucci, Gützkow et Jong de, 2010 ; Garcia-Alonso et Sanchez-Soriano, 2010) en dépit d'une moindre pertinence depuis les années 1980 en raison des mutations du transport de marchandises et notamment la conteneurisation (Slack, 1993 ; Foggin et Dicer, 1985).

**Fig. 1 – Le port de pêche et de commerce de Sète,
centralité portuaire du Languedoc entre Marseille
pour la vallée du Rhône et Barcelone en Catalogne**

Photo : A. Suchet.

L'arrière-pays comme une zone continentale pauvre et parfois qualifiée de fragile (seconde définition)

Par extension, vraisemblablement à partir des années 1950, le vocable d'arrière-pays devient couramment assimilé à une zone continentale rurale ou montagnarde située en arrière d'une côte. On parle d'arrière-pays atlantiques, d'arrière-pays méditerranéens ou encore d'arrière-pays baltiques. À l'inverse du sens premier en géographie portuaire, le mot s'apparente, dès lors, à une dénomination fixe presque physique d'un espace : l'arrière-pays de la Côte d'Azur, l'arrière-pays catalan, les arrière-pays méditerranéens. Les dictionnaires français mentionnent ainsi les deux sens : « Aire d'attraction ou de desserte commerciale d'un port » et « Intérieur d'une région par opposition à la côte » (*Dictionnaire Larousse*, 2013). Tout un ensemble d'études régionales sur la période des années 1950, puis de géographie rurale autour des années 1980, se situe par défaut dans cette seconde définition. Autiero (2000) et Mascellani (2001), qui ont chacun consacré une thèse de doctorat au concept d'arrière-pays dans le développement régional en France, affirment, à juste titre, une difficulté à retenir une définition du mot. Chez les auteurs des années 1950, vidaliens ou non (Blanchard, 1952 ; Kayser, 1958 ; Carrère et Dugrand, 1960), cette définition se mêle à bas-pays, moyen-pays et haut-pays, à partir de critères plus ou moins physiques, notamment s'agissant d'un espace supposé agricole. Pour les approches ruralistes des années 1980, on pense au travail de Marié (1982) ou Catanzano (1987), puis Dérioz (1994) et Rouzier (1990), mais aussi à de très nombreuses études qui mobilisent seulement ponctuellement ce vocabulaire dénominatif au cours de leur analyse. Entre ces deux périodes et au cours de sa longue carrière, de Réparaz (1978, 2007) se situe également dans cette seconde définition.

Cette dénomination géographique, devenue péjorative, stigmatise alors un moindre développement, des niveaux d'activité plus faibles et un effet de déprise ou de déclin (Tab. 1). On pense souvent à un certain type de paysages « moyens » qui se définissent « par défaut » : ni montagne, ni métropole, ni désert. Cette représentation scientifique et socialement partagée de l'arrière-pays en fait surtout un espace rural vallonné, caractérisé par une ancienneté des modes de vie. Certains auteurs en arrivent même à discuter l'idée d'une population plus ou moins arriérée comparativement à celle du littoral urbanisée (Méjean, 1995). Contrairement à la définition précédente, qui correspondait à une étendue de forme plus ou moins triangulaire partant du port en tant que point d'interface maritime, il n'est pas question pour Marié (1982), Dérioz (1994) ou Méjean (1995) de faire commencer l'arrière-pays au dernier mur des constructions littorales. Dans la majorité des cas, cette approche envisage une certaine discontinuité entre la zone littorale et son arrière-pays. Plus encore, cette version du concept d'arrière-pays forge l'idée qu'il s'agit d'un espace plus ou moins identifié et identifiant. Les études concernées montrent que les personnes qui habitent en ces terres se considèrent elles-mêmes « de l'arrière-pays » et « partagent un sentiment d'appartenance ». Dans le cadre de cette approche dénominatoire, Autiero (2000) et, dans une moindre mesure, Mascellani (2001) formalisent une démarche afin de localiser et de cartographier ces arrière-pays. À partir de certains critères (niveau d'équipement, densité du peuplement, activités économiques…), ces auteurs tentent ainsi d'objectiver une méthode de mesure et de délimitation des arrière-pays plus ou moins transposable au plan international.

La majorité des auteurs en géographie du tourisme se situe dans cette seconde définition du terme. On pense notamment aux études de Bachimon (1997), Daligaux (1997, 1998) ou Batchvarov (1984)[2]. Le mérite de ces recherches – à mettre en parallèle avec celles menées par Urbain (2002), Hervieu et Viard (1996) – est de mettre en évidence la nouvelle attractivité permanente ou temporaire de ces marges intérieures après un siècle d'exode rural et de déprise agricole dans un monde en forte métropolisation. La beauté des paysages, la douceur du climat, la singularité des traditions locales et des vieux villages sont autant de qualités discutées à propos de ces espaces. Dès lors, quelques auteurs se risquent à qualifier ces arrière-pays de zones fragiles, plus ou moins au sens des auteurs du CERAMAC (Diry, 1992 ; Mi-

---

2 – Et voir à ce sujet : Suchet et Anton Clavé (2017).

**Tab. 1 – Traitement sémantique et lexicographique de la notion
d'arrière-pays dans les études universitaires**

Auteur(s) et références du texte	Synonymes et variantes de l'arrière-pays dans le texte	Locutions qui décrivent l'arrière-pays
Blanchard, 1952	Préalpes	Une des régions les plus sèches des Alpes, les plus désolées, rudesse du relief, balafres, montagnes éventrées, effroyables coupures, paysage funèbre, étroits, capricieux, larges dépressions, terrible garrigue, réseau hydrographique extravagant, désert qui sépare, bassins exigus, […] dépeuplement effroyable, ruines, silence absolu
Kayser, 1958	Cantons intérieurs, montagne, campagne, marges, périurbain, suburbain, monde rural	Pauvre et dépeuplé, dégradé, isolé, circulation mal aisée, vieille civilisation rurale, […] antiques méthodes de travail, divagation des troupeaux de moutons…
Carrère et Dugrand, 1967	Pays attardés, pays de la montagne et de la frange littorale, marge sub-littorale, arrière-pays montagneux, zones rurales, pays montagnards	Natalités extrêmement basses, déficits naturels alarmants, revenus dérisoires, milieux pauvres, en voie d'abandon, vidé de toute substance, terres difficiles, trop déshéritées, isolement, dépeuplement, archaïsme des productions, rigueur du climat… *Ensembles riches pas encore valorisés*
Aune, 1977	Montagne	Moins peuplée, relativement ignoré, accès malaisé, manque d'équipement touristique. *Se transforme, complétement indispensable au bas pays*
Marié, 1982	Haut-pays, terres, abandonnées, intérieur	Hémorragie, dépeuplement, petit peuple rural, bourg exsangue, appel au vide, terres que désertent, lente pénétration de la mort, mort des communautés villageoises, « mise en deuil »
Noin, 1992	« déserts » de l'intérieur	Presque abandonné, assez profond, sec, montagneux, très peu animé, dépend de
de Réparaz, 1978	Préalpes du sud, Haute-Provence, moyenne montagne, hautes vallées	Des structures physiques défavorables aux structures foncières généralement étriquées, archaïques et contraignantes ; de dures conditions climatiques aux formes d'exploitation et de production agricole disparates et trop souvent médiocres ; des conditions démographiques désastreuses aux insuffisances structurelles d'un élevage ovin inégal ; les Préalpes de Haute-Provence un arrière-pays en difficulté

Source : adapté de Autiero, 2000.

gnon, 1997a ; Couturier, 2007) et, au sein même de ce centre de recherche majeur sur l'identification des fragilités territoriales basé à Clermont-Ferrand, la plus jeune génération s'est plusieurs fois intéressée directement aux espaces proches des littoraux. Grison, Ricard et Rieutort (2013) détaillent, par exemple, les fragilités des Alpes orientales de Haute-Provence, l'Asses-Verdon-Vaïre-Var « assurément une sorte d'archétype d'arrière-pays méditerranéen de faible densité humaine ». Les auteurs traitent, dès lors, des zones proches du littoral d'avant-pays par opposition à cet arrière-pays.

De fait, une profonde contradiction caractérise le concept d'avant-pays : selon les auteurs de géographie des transports déjà cités en première définition du terme (tout particulièrement Marcadon, 1988 ; Vigarié, 1979 et la littérature anglo-saxonne), l'avant-pays, ou *foreland* désigne l'ensemble des régions (souvent étrangères) desservies par les lignes maritimes régulières d'un port, tandis que, pour une majorité des auteurs de cette seconde définition plutôt francophone du concept d'arrière-pays (Autiero, 2000 et Mascellani, 2001, compris), l'avant-pays, au sens de bas-pays, correspond au littoral avec ses villes portuaires.

L'arrière-pays, périphérie passive et plus ou moins fragile d'un pays central (troisième définition)

Enfin, partant de ce détachement des préoccupations portuaires, et en reprenant des propriétés actives du sens premier de *hinterland*, mais teinté d'une certaine péjoration héritée de la seconde définition, un certain nombre d'auteurs redéfinissent l'arrière-pays comme étant un espace subordonné à un autre totalement indépendamment d'un littoral. Brunet, Ferras et Théry (1992), dans *Les mots de la géographie*, affirment ainsi qu'un arrière-pays est une « localisation idéologico-géographique qui désigne une sorte de complément spatial en forme de faire-valoir pour qui n'en n'est pas, arrière par rapport à l'avant, se doublant généralement d'un haut par rapport à un bas, d'une périphérie ruralisante par rapport à un centre généralement urbain ». De même, après avoir mentionné le sens premier de *hinterland* en géographie portuaire, l'auteur de cette notice, dans le *Dictionnaire de la géographie* dirigé par Lévy et Lussault (Bernard, 2013, p. 497), assure qu'il s'agit, par extension, de « tout espace fournissant des ressources à un nœud » et considère ce concept comme pouvant décrire « toutes les situations où des relations s'établissent entre deux espaces distincts et complémentaires […] : notamment l'espace polarisé par un lieu central, [et/ou] l'aire d'influence d'un établissement particulier localisé dans ce lieu central ».

Plus encore, Giraut (1997) méconnaît l'opposition entre avant-pays et arrière-pays au profit d'une opposition entre pays et arrière-pays. Ce pays pouvant être un massif de montagnes très touristique, une vallée industrielle active, ou encore une zone urbaine, bref un espace développé qui occupe une position centrale mais pas nécessairement littorale. Une nouvelle définition qui fait dire à Roux (1997) que la vallée de la Haute-Bléone est un arrière-pays d'un pays dignois en construction ou à Fesnau (1997) que le Queyras peine à devenir un pays et reste un arrière-pays du Guillestrois. Hoggart (2005), un auteur anglophone, ne pense pas autrement lorsqu'il affirme que le rural est un arrière-pays par rapport au monde urbain et surtout que les zones périurbaines sont des arrière-pays de la ville ! Effectivement, le portail lexical du CNRTL[3] indique depuis peu : « Arrière-pays, *subst. masc.* – Intérieur des terres d'une région, par opposition à la bande du littoral et qui vu de la mer paraît situé en arrière de celui-ci. L'arrière-pays méditerranéen d'Europe occidentale. – *par ext.* Région proche d'une ville. L'arrière-pays de Grenoble ». Le choix de cette ville des Alpes du Nord, que nous avons déjà étudié par ailleurs, est assez significatif d'une mise à distance de toute question maritime dans cette troisième définition du mot et du concept d'arrière-pays.

Dans un premier temps, cette troisième définition du couple pays/arrière-pays s'apparente au concept de centre/périphérie dont il devient, en quelque sorte, un concurrent, mais généralement cette conceptualisation en pays/arrière-pays se focalise davantage sur les images et les significations subjectives de ces portions d'espace (en comparaison au couple centre/périphérie davantage objectivant). Le texte, maintes fois cité, de Gumuchian (1997), fondateur du CERMOSEM, centre de recherche sur les montagnes méditerranéennes de l'Institut de géographie alpine[4], est un appel en ce sens. La première génération des auteurs du CERAMAC, préoccupée surtout du Massif central et assez peu des questions littorales, se situe majoritairement dans cette troisième définition. Par exemple, Mignon (2001, p. 38) distingue, à propos des fragilités démographiques, « les bourgs en perdition (Ardes-sur-Couze, Allanche, La Chaise-Dieu), qui subissent à la fois leur propre insignifiance démographique et celle de leur arrière-pays, ainsi que les bourgs vivants qui bénéficient, en même temps, d'une population nombreuse au chef-lieu et d'un arrière-pays encore relativement dense (comme le Bocage bourbonnais) ». De même, on peut citer Vitte (1992, 1995) à propos de l'emprise du tourisme en zone rurale du Centre et du Sud de la France que cet auteur qualifie parfois d'arrière-pays fragile au cours du texte.

Mais classer les auteurs par génération à propos de la définition adoptée du concept d'arrière-pays n'a pas tant de sens. Au cours de sa carrière, Mignon (1997b, p. 18) s'aventure à traiter des « montagnes du soleil, Préalpes de Provence et de Nice, Pyrénées orientales », arrière-pays méditerranéens dont il explique la « fragilité inégale » selon les massifs et les vallées, tandis que Férérol (2001), alors tout juste doctorante au CERAMAC, commence par traiter de « l'arrière-pays de La Bourboule » dont elle dit que « deux bourgs semblent mieux se porter que les autres : Rochefort-Montagne et Bourg-Lastic, qui concentrent le plus de services privés, commerciaux et médicaux ». Autant dire que les auteurs se répartissent surtout en deux catégories quant à la fragilité de cet espace : les géographes économistes du transport qui considèrent les arrière-pays en tant que zone productive (espace agricole actif vis-à-vis d'un port), et les géographes préoccupés du monde rural et du tourisme qui perçoivent plus ou moins distinctement une fragilité dans cet espace secondaire (vis-à-vis d'un centre urbain ou d'une centralité littorale).

---

3 – Centre National de Ressources Textuelles et Lexicales (http://www.cnrtl.fr/definition/arri%C3%A8re-pays).

4 – Texte rédigé en avant-propos d'un colloque sur ce thème organisé en mai 1997 auquel beaucoup des auteurs cités dans le paragraphe participaient, et dont le numéro de *Montagnes Méditerranéennes* concerné constituait les actes.

Une question d'échelle et de discontinuité

Ces enjeux de définition posent aussi une question d'échelle. À quel moment commence l'arrière-pays et se termine le littoral ? Peut-on parler de littoral à cinq ou dix kilomètres des côtes, ou s'agit-il déjà de l'arrière-pays ? De même, peut-on parler d'un arrière-pays vis-à-vis d'un littoral à quelque cent cinquante kilomètres de distance ? Sans formuler de réponse définitive à ce sujet, la notion de discontinuité semble apporter un certain nombre d'éléments tangibles, du moins intéressants et, dès lors, les enjeux deviennent aussi affaire de paysage (Fig. 2 et 3). Premièrement, le respect de cette notion de discontinuité permet de ne pas traiter des questions d'aménagement urbain en station balnéaire ou des situations de métropole littorale, avec les phénomènes d'étalement immobilier caractérisant certaines de ces zones. Au contraire, on peut dire à ce sujet que l'urbanisation remontante du littoral fait reculer l'arrière-pays. Il ne s'agit pas de dire, par exemple, que les derniers immeubles des quartiers Nord de Marseille constituent un arrière-pays du vieux port, dont ils sont distants pourtant de dix à douze kilomètres. De même, on ne considère pas les multiples *pueblos* absorbés par l'agglomération de Málaga (jusqu'à parfois perdre l'autorité administrative au profit du district) comme un arrière-pays de son port ou de ses quartiers résidentiels en front de mer. Deuxièmement, s'accorder d'une certaine discontinuité permet de ne pas s'enfermer dans un calcul de distance et de s'attacher qualitativement à une étude des situations locales, voire de renouer avec une géographie de terrain, mais cela est un autre débat.

Conclusion

Le détail de ces trois définitions, difficilement conciliables *stricto sensu*, pour ne pas dire contradictoires (Suchet, sous presse), permet de préciser un certain nombre d'éléments au sujet de ce concept géographique et, surtout – dans le cadre de cet ouvrage –, montre comment cette dénomination construite pour décrire la richesse d'un territoire apparaît tout autant mobilisée scientifiquement à propos de sa dite misère. L'une de ces définitions n'est pas supérieure à l'autre, et nous avions même tenté d'en donner une approche intégrée dans le cas du tourisme[5]. Mais quels que soient le terrain d'étude et l'objet de recherche, le respect d'une définition clairement annoncée apparaît la condition *sine qua non* d'une approche valable des dynamiques territoriales entre villes et zones rurales, maritimes ou non, à partir de ce concept.

De fait, l'arrière-pays, en géographie des transports ou en géographie économique, est une zone productive, un espace agricole actif vis-à-vis d'un port, une zone active qui perd son statut d'arrière-pays si elle cesse de remplir sa fonction ; tandis que cet arrière-pays est une dénomination presque fixe d'un espace secondaire en géographie rurale, secondaire et parfois qualifié de fragile vis-à-vis d'un

---

5 – On a proposé, récemment, une définition *a minima* du concept d'arrière-pays, intégrative et fonctionnelle pour une approche géographique du tourisme (Suchet et Anton Clavé, 2017), mais on peut tout autant admettre de se situer strictement dans une de ces trois définitions à condition d'en faire acte initialement.

**Fig. 2 – Les premières hauteurs du massif
des Albères au-dessus de Collioure, vallonnement littoral
ou début d'un arrière-pays ?**

Photo : A. Suchet.

**Fig. 3 – Le Pradel en Ardèche méridionale,
arrière-pays de montagnes méditerranéennes
ou moyenne montagne du Massif central ?**

Photo : A. Suchet.

centre urbain ou d'une centralité littorale. À partir de ces précisions, sur la base de ces acquis et au-delà des visions de terrain, le chemin de l'analyse reste à poursuivre au cas par cas.

Références bibliographiques

Aune L., 1977 – L'arrière-pays de Grasse : une région qui tend à se restructurer, *Cahiers de la Méditerranée*, 15, p. 17-47.

Autiero S., 2000 – *Un espace à étudier : l'arrière-pays, un espace d'étude : Provence-Alpes-Côte d'Azur. Une analyse spatiale de l'arrière-pays,* Thèse de Doctorat, Université de Nice Sophia Antipolis, Nice.

Ayadi R., Dabrowski M., De Wulf, L. (eds.) 2015 – *Economic and Social Development of the Southern and Eastern Mediterranean Countries*, Berlin, Springer, 368 p.

Bachimon P., 1997 – Les mutations du tourisme dans les arrière-pays méditerranéens, *in* M. Wolkowitsch (ed.), *Tourisme et milieux*, Paris, CTHS, 166 p., p. 55-62.

Batchvarov M., 1984 – Les relations tourisme et arrière-pays sur le littoral de la Bulgarie. *Méditerranée*, 52, p. 3-10.

Bernard A.J.M., 2013 – Hinterland, *in* J. Lévy et M. Lussault (eds.), *Dictionnaire de la géographie*. Paris, Belin, 1128 p., p. 497-498.

Bethemont J., 2008 – *Géographie de la Méditerranée. Du mythe à l'espace fragmenté*, Paris, Armand Colin, 314 p.

Bird J., 1980 – Seaports as a Subset of Gateways for Regions. A Research Survey, *Progress in Human Geography*, 4(3), p. 360-370.

Blanchard R., 1952 – *Les Alpes françaises*, Paris, Armand Colin, 218 p.

Brunet R., Ferras R. et Théry H., 1992 – *Les mots de la géographie*, Paris/Montpellier, La documentation Française/Reclus, 518 p.

Carrère P. et Dugrand R., 1960 – *La région méditerranéenne*, Paris, Presses universitaires de France, 160 p.

Catanzano J., 1987 – Retour vers l'arrière-pays, migrations en Languedoc-Roussillon, Numéro monographique de la *Revue de l'Économie Méridionale*.

Charlier J., 1981 – *Contribution méthodologique à l'étude des arrière-pays portuaires,* Thèse de Doctorat, Université catholique de Louvain, Louvain-la-Neuve.

Chisholm G.G., 1889 – *Handbook of Commercial Geography*, London, Longman, Green & Co, 824 p.

Couturier P., 2007 – Espaces ruraux marginaux ou fragiles : les catégories analytiques à l'épreuve des pratiques socio-spatiales dans le Haut-Forez, *Norois*, 202, p. 21-33.

Daligaux J., 1997 – Arrière-pays touristique : quel développement au-delà de l'urbanisation ? Le cas de l'arrière-pays tropézien, *Montagnes Méditerranéennes*, 6, p. 83-90.

Daligaux J., 1998 – Intercommunalité entre littoral et arrière-pays : cohérence territoriale et logiques politiques. Le cas du SIVOM pays des Maures-golfe de Saint-Tropez, *Méditerranée*, 89, p. 63-70.

Debrie J. et Guerrero D., 2008 – (Re)spatialiser la question portuaire : pour une lecture géographique des arrière-pays européens, *L'Espace Géographique*, 37(1), p. 45-56.

Dérioz P., 1994 – Arrière-pays méditerranéen entre déprise et reprise : l'exemple du Haut-Languedoc Occidental, *Économie rurale*, 223, p. 32-38.

Diry J.-P. (ed.), 1992 – *Des régions paysannes aux espaces fragiles (Mélanges André Fel),* Clermont-Ferrand, CERAMAC, 768 p.

Ducruet C., 2008 – Régions portuaires et mondialisation. *Méditerranée*, 111, p. 15-24.

Férérol M.-E., 2001 – La Bourboule, centre de commerces et de services, *in* C. Mignon (éd.), *Commerces et services dans les campagnes fragiles*, Clermont-Ferrand, Presses Universitaires Blaise Pascal, CERAMAC, 15, 292 p., p. 147-160.

Fesnau V., 1997 – Le Queyras : entre pays et arrière-pays, *Montagnes Méditerranéennes*, 6, p. 91-95.

Foggin J. et Dicer G., 1985 – Disappearing hinterlands: the impact of the logistics concept on port competition, *Proceedings of the 26th Annual Transportation Research Forum*, Washington, DC, 527 p., p. 385-389.

Garcia-Alonso L., Sanchez-Soriano J., 2010 – Analysis of the Evolution of the Inland Traffic Distribution and Provincial Hinterland Share of the Spanish Port System, *Transport Reviews*, 30(3), p. 275-297.

Giraut F., 1997 – Pays et arrière-pays. Quelques hypothèses sur la nature et les fonctions contemporaines des arrière-pays de montagnes méditerranéennes, *Montagnes Méditerranéennes*, p. 15-17.

Grison J.-B., Ricard D., Rieutort L., 2013 – Le foncier agricole et sa gestion dans le Pays « Asses-Verdon-Vaïre-Var » (Alpes de Haute-Provence), *Méditerranée*, 120, p. 13-24.

Gumuchian H., 1997 – À propos de quelques notions : marges, périphéries et arrière-pays, *Montagnes Méditerranéennes*, 6, p. 9-14.

Hervieu B. et Viard J., 1996 – *Au bonheur des campagnes (et des provinces)*, La Tour d'Aigues, L'Aube, 160 p.

Hoggart K., 2005 – *The City's Hinterland: Dynamism and Divergence in Europe's Peri-Urban Territories*, Burlington, Ashgate, 186 p.

Kayser B., 1958 – *L'arrière-pays rural de la Côte d'Azur (Étude sur les conséquences du développement urbain)*, Thèse de Doctorat, Faculté des Lettres de la Sorbonne, Université de Paris.

Lozato-Giotart J.-P., 1990 – *Méditerranée et tourisme*, Paris, Masson, 216 p.

Marcadon J., 1988 – *L'avant-pays des ports français : géopolitique des échanges maritimes entre la France et le monde*, Paris, Masson, 208 p.

Marié M., 1982 – *Un territoire sans nom. Pour une approche des sociétés locales*, Paris, Méridiens, 176 p.

Mascellani S., 2001 – *Pertinence de la notion d'arrière-pays dans l'organisation des espaces de la façade méditerranéenne française*, Thèse de Doctorat, Université d'Avignon et des Pays de Vaucluse, Avignon.

Méjean C., 1995 – *Les Alpes d'Azur : arrière pays ou pays arriéré ?*, Nice, Editions Serre, 110 p.

Mignon C. (éd.), 1997a – *Gestion des espaces fragiles en moyenne montagne. Massif Central–Carpates polonaises*, Presses Universitaires Blaise Pascal, CERAMAC, 9, 312 p.

Mignon C., 1997b – Le rôle de l'agriculture dans les moyennes montagnes françaises, *Gestion des espaces fragiles en moyenne montagne. Massif Central–Carpates polonaises*, Clermont-Ferrand, Presses Universitaires Blaise Pascal, CERAMAC, 9, 312 p., p. 11-26.

Mignon C., 2001 – Évolution récente des équipements tertiaires : les bourgs-centres entre fragilité et résistance, *in* C. Mignon (éd.), *Commerces et services dans les campagnes fragiles*. Clermont-Ferrand, Presses Universitaires Blaise Pascal, CERAMAC, 15, 292 p., p. 15-48.

Noin D., 1992 – *L'espace français*, Paris, Armand Colin, 256 p.

Notteboom T. E. et Rodrigue J.-P., 2005 – Port regionalization: towards a new phase in port development. *Maritime Policy & Management*, 32(3), p. 297-313.

Nouschi A., 2008 – *El Mediterráneo en el siglo XX*, Granada/València, Editorial Universidad de Granada/Publicacions de la Universitat de València, 480 p.

Réparaz de A., 1978 – *La Vie rurale dans les Préalpes de Haute-Provence*, Thèse de Doctorat d'État, Université d'Aix-Marseille II.

Réparaz de A., 2007 – Terroirs perdus, terroirs constants, terroirs conquis : vigne et olivier en Haute-Provence XIXe-XXIe siècles, *Méditerranée*, 109, p. 55-62.

Robinson R., 1970 – The Hinterland-Foreland Continuum: Concept And Methodology, *The Professional Geographer*, 22(6), p. 307-310.

Roux E., 1997 – La vallée de la Haute-Bléone, arrière-pays d'un « pays dignois » en construction ?, *Montagnes Méditerranéennes*, 6, p. 77-82.

Rouzier J., 1990 – La mutation de l'arrière-pays méditerranéen ou un modèle pour la revitalisation des communes rurales, *Revue d'Économie Régionale et Urbaine*, 13(5), p. 695-713.

Slack B., 1993 – Pawns in the Game: Ports in a Global Transportation System. *Growth and Change*, 24(4), 579-588.

Suchet A., Anton Clavé S., 2017 – A-t-on vraiment besoin du concept d'arrière-pays en géographie du tourisme ?, *in* N. Bernard, C. Blondy et P. Duhamel (éd.), *Tourisme et périphéries. La centralité des lieux en question*, Rennes, Presses universitaires de Rennes, 326 p., p. 255-268.

Suchet A., 2014 – *Vers un nouveau modèle de prise en compte des arrière-pays de marge dans le développement par le tourisme. Étude à partir des relations entre zones urbaines littorales et zones rurales de moyenne montagne en Costa Dorada, Catalogne, Espagne*, Rapport d'études post-doctorales CMIRA au Département de géographie de l'Université Rovira i Virgili, Tarragone.

Suchet A., sous presse – Le concept d'arrière-pays en géographie : une promenade dans la littérature, *Ería*, 37(2).

Urbain J.-D., 2002 – *Paradis verts. Désirs de campagne et passions résidentielles*, Paris, Payot, 392 p.

Vigarié A., 1979 – *Ports de commerce et vie littorale*, Paris, Hachette, 492 p.

Vigarié A., 2004 – L'évolution de la notion d'arrière-pays en économie portuaire, *Transports*, 428, p. 372-387.

Vitte P. (éd.), 1995 – *Le tourisme rural*, Numéro du *Bulletin de l'association de géographes français*, 72(1).

Vitte P., 1992 – Tourisme et moyennes montagnes en France : mythes et réalités, *Moyennes montagnes européennes (Mélanges André Fel)*, Clermont-Ferrand, Presses Universitaires Blaise Pascal, CERAMAC, 11, 648 p, p. 621-636.

Zondag B., Bucci P., Gützkow P., Jong de G., 2010 – Port competition modeling including maritime, port, and hinterland characteristics, *Maritime Policy & Management*, 37(3), p. 179-194.

Espaces fragiles – Construction scientifique, dynamiques territoriales et action publique
Presses Universitaires Blaise Pascal, Territoires 1, 2017, p. 107-122

Construction et trajectoire scientifiques de la notion allemande de *Stadtschrumpfung* (décroissance urbaine)

Scientific construction and trajectory of the German concept of Stadtschrumpfung *(urban shrinkage)*

Hélène Roth*

Résumé : L'article s'intéresse à la notion allemande de *Stadtschrumpfung* (décroissance urbaine), à sa construction scientifique, sa diffusion internationale et sa trajectoire. Il repose sur un travail bibliographique et sur une méthode bibliométrique originale, portant sur un large *corpus* trilingue (allemand, anglais, français). Dans un premier temps, la notion de « ville décroissante », terme importé et adapté de l'anglais et de l'allemand, est située dans la palette de nuances qui désignent et qualifient des villes « fragiles » et qui révèlent des enjeux théoriques et territoriaux différenciés. Le succès international récent de cette notion renvoie à la question du transfert et de l'autonomisation conceptuels, dont il s'agit d'étudier les ressorts et les modalités. Enfin, le reflux que connaît aujourd'hui le concept de ville décroissante dans son pays d'origine, l'Allemagne, est confronté aux actuels processus et enjeux des villes fragiles et à l'émergence d'autres concepts dans les études urbaines et régionales allemandes.

Abstract: *This article examines the German concept of* Stadtschrumpfung *(urban shrinkage), how it was scientifically constructed, its trajectory and international dissemination. It is based on a literature search and a novel bibliometric method involving a wide-ranging trilingual corpus (German, English, French). First, the notion of the shrinking city, an expression initially borrowed from German then adapted from English into the French speaking litterature, will be placed on the spectrum of terms that are used to designate and qualify so-called "*fragile*" cities and which reveal diverse theoretical and territorial issues. The recent international circulation of this notion raises the question of conceptual transfer and empowerment, the modes and means of which need to be studied. The reflux that the concept of the "shrinking city" is now undergoing in Germany, its country of origin, is due to new processes and challenges of fragile cities and the emergence of other concepts in German urban and regional studies.*

Parmi les nombreuses notions qualifiant les espaces fragiles, l'une d'elle tend à se répandre en France depuis la fin de la décennie 2000 : celle de décroissance

---

*Université Clermont Auvergne, AgroParisTech, INRA, Irstea, VetAgro Sup, Territoires, F-63000 Clermont-Ferrand, France.

(Baron *et al.*, 2010 ; Fol *et al.*, 2010 ; Miot, 2012 ; Wolff *et al.*, 2013 ; Cauchi-Duval, 2016). Appliquée à des objets géographiques, des régions mais plus souvent des villes, elle désigne non pas un courant idéologique, ni même une dynamique de déclin relatif, mais un processus de perte *nette* de population et de fonctions qui affecte des espaces sur un assez long terme et les confronte à des enjeux défiant les politiques publiques. Si la notion est nouvelle, le phénomène de fragilité qu'elle désigne s'inscrit dans une histoire longue en Europe (Lampen, Owzar, 2008) et renvoie à des questionnements jusqu'alors davantage explorés dans le champ des études rurales (Cornu, 2001 ; Béteille, 1981) que dans celui des études urbaines.

Le terme de décroissance urbaine, qui désigne un processus, et celui de villes décroissantes, qui renvoie à un objet spatial – deux termes apparus récemment en France –, sont non pas l'adaptation à un contexte urbain des courants et théories de la décroissance, mais la traduction imparfaite de la notion allemande de *Stadtschrumpfung / schrumpfende Städte*, qui s'est diffusée dans la littérature académique internationale sous le vocable de *shrinking cities*, et qui, après quelques hésitations et de nombreuses discussions, s'est donc posée en France sous le vocable de décroissance urbaine. Cet article a pour objectif d'interroger la construction, la diffusion et la trajectoire scientifiques d'un concept forgé dans un contexte géographique particulier – celui de dynamiques urbaines allemandes au tournant des années 2000 – et dont le succès renvoie à des préoccupations politiques, sociétales autant qu'à des enjeux académiques.

L'article repose sur un travail bibliographique et sur une méthode bibliométrique originale, portant sur un large *corpus* trilingue (allemand, anglais, français) constitué de plus de 1 300 références. Dans un premier temps, la notion de « ville décroissante », terme importé et adapté de l'anglais et de l'allemand, sera située dans la palette de nuances qui désignent et qualifient des villes « fragiles » et qui révèlent des enjeux théoriques et territoriaux différenciés. Le succès international récent de cette notion renvoie à la question du transfert et de l'autonomisation conceptuels, dont il s'agira d'étudier les ressorts et les modalités. Enfin, le reflux que connaît aujourd'hui le concept de ville décroissante dans son pays d'origine, l'Allemagne, sera confronté aux actuels processus et enjeux des villes fragiles et à l'émergence d'autres concepts dans les études urbaines et régionales allemandes.

Les mots de la décroissance urbaine : nuances et concurrences

Approche bibliographique et lexicale – Diversité et nuances des mots de la décroissance urbaine

Une recherche bibliographique classique sur la question de la décroissance urbaine aboutit au constat de la diversité des termes employés pour désigner les processus de décroissance urbaine et les villes sujettes à ces processus. Cette diversité est chargée de nuances sémantiques, mais elle est inégale selon les langues.

La littérature scientifique anglophone privilégie, dès les années 1960, le terme de *urban decline*, qui recouvre aussi bien la dimension économique que les aspects démographiques et morphologiques du processus, et qui est principalement appliqué aux grandes villes industrielles d'Amérique du Nord et d'Europe occidentale. L'idée de *urban decline* / déclin urbain – déclin intervenant après une phase de croissance, voire un apogée – ancre ces recherches dans une conception linéaire des trajectoires de villes. Déclin urbain peut être compris comme déclin de ville(s) mais aussi comme déclin *de* l'urbain, du fait urbain, voire de l'urbanité : du fait de cette ambiguïté, ce terme s'inscrit plus largement dans une pensée occidentale judéo-chrétienne de la ville, symbole de civilisations que l'on sait mortelles (Musset, 2014).

Le terme *urban decay*, très négatif, insiste plus spécifiquement sur la dégradation du tissu urbain, mais ne renvoie pas nécessairement à la dimension démographique du déclin. L'expression *urban degrowth* insiste sur la rupture avec les dynamiques générales de croissance urbaine. *Shrinking city*, plus récente, est une expression qui traduit conjointement l'idée de rétraction et celle de diminution.

En français, de nombreux termes, parfois des néologismes, sont proposés pour nommer ces processus et ces villes. Villes en crise est une des expressions les plus anciennes, mais le terme de crise est polysémique et peut renvoyer aussi bien à une crise sociale en contexte de croissance qu'à une crise socio-économique dans une ville de tradition industrielle.

« Déclin urbain » ou « villes en déclin » sont les termes généralement employés pour désigner ces villes industrielles, dont la structure économique monofonctionnelle les a condamnées au déclin de leurs activités, de l'emploi, puis au déclin démographique et au développement de friches industrielles.

L'expression « rétraction urbaine », courante en archéologie (Galinié, 2000), est privilégiée par les chercheurs francophones travaillant sur les villes japonaises (Ducom *et al.*, 2006), au même titre que le terme de « désétalement urbain » (Ducom, 2008). Ces expressions mettent l'accent sur la dimension morphologique du processus de décroissance : dans un contexte de vieillissement démographique avancé, celle-ci rogne les périphéries des agglomérations japonaises à la faveur du retour vers les centres des populations. Les formes d'abandon qui caractérisent ces périphéries urbaines peuvent rappeler celles décelées par les archéologues étudiant les variations d'emprise au sol des villes, à qui l'expression de rétraction urbaine (caractéristique notamment des évolutions urbaines au bas-Empire – Galinié, 2000) est empruntée.

Les expressions « villes rétrécissantes » et « rétrécissement urbain » ont été un temps retenues pour désigner, en particulier, les dynamiques urbaines et les villes est-allemandes, afin de tenter de traduire les trois idées contenues dans l'allemand « *Schrumpfung* » (Roth, 2011) : à l'image d'un ballon de baudruche dégonflé, une « ville rétrécissante » se caractérise par une perte de contenu (perte de fonctions et de population), une diminution du volume et une altération du tissu urbain (friches, dents creuses, dégradation).

Le lemme « décroissance » (villes décroissantes, décroissance urbaine) est plus récent. Utilisé une première fois par Dominique Rivière en 1989 pour désigner deux villes italiennes (Rivière, 1989), son utilisation a percé au tournant des années 2010, sous l'influence des recherches d'Emmanuèle Cunningham-Sabot et Sylvie Fol d'une part, des travaux collectifs dirigés par l'équipe PARIS de l'UMR Géographie-Cités d'autre part (Grasland *et al.*, 2008). Plusieurs raisons motivent le choix de ce terme : par rapport à rétraction ou rétrécissement, il comporte un caractère multidimensionnel (non seulement morphologique, mais aussi économique et démographique) ; il s'oppose clairement à celui de croissance urbaine ; contrairement à déclin urbain, il est dénué de l'idée d'inéluctabilité.

Enfin, d'autres termes sont parfois proposés, comme « désertification urbaine », en référence à la désertification (humaine) des espaces ruraux, ou bien « ville fantôme » (Ducom, 2006).

Dans la littérature scientifique germanophone, en revanche, on ne retrouve pas cette diversité des termes employés pour désigner la décroissance urbaine. Les termes *Stadtschrumpfung* (désignant le processus) ou *schrumpfende Städte* (désignant les villes en décroissance) font l'unanimité. Les mots *Niedergang* ou *Untergang*, correspondant au français *déclin* et à l'anglais *decline*, sont rarement employés, voire évités de façon explicite (Lampen, Owzar, 2008, p. XVI) du fait de leur charge trop négative et déterministe. Seules quelques expressions plus imagées, comme « *die perforierte Stadt* » (la ville perforée, en référence aux dents creuses dans le bâti urbain) ont vu le jour, parfois avec un certain succès médiatique, mais sans avoir su s'imposer dans le champ des sciences sociales.

Approche bibliométrique – *Urban decline* et *shrinking cities* en concurrence

Méthode

Une fois repérés ces différents termes à travers une recherche bibliographique classique, une analyse bibliométrique permet de comparer le poids respectif de chaque terme ou expression (*urban decline*, *shrinking cities*, ville décroissante, etc.) et surtout de mesurer l'évolution de la production scientifique utilisant l'un ou l'autre terme.

L'outil utilisé pour cette recherche est le logiciel libre *Publish or Perish*, qui permet des analyses bibliométriques sur *Google Scholar*. Si *Google Scholar* n'est pas à proprement parler une base de données, mais un moteur de recherche, il constitue dans le cadre de notre recherche la meilleure (ou la moins mauvaise) source, parce qu'il permet de recenser un grand nombre de travaux en sciences humaines et sociales, de diverses natures (articles de revues, ouvrages, rapports) et en plusieurs langues (Pumain, Kosmopoulos, 2008). Le test préalable effectué sur *Web of Science* n'a en effet pas été concluant, puisque cette base ne recense que très partiellement les revues de SHS, que les autres types de production scientifique y sont ignorés et que les revues non anglophones y sont marginales.

La mesure de la production scientifique par la combinaison *Google Scholar / Publish or Perish* présente néanmoins plusieurs limites. Cet outil ne permet pas de lancer une requête spécifique sur les mots-clés des travaux scientifiques. Une recherche par lemme dans les corps de textes a été exclue, car elle génère un trop grand nombre de résultats non pertinents. Les recherches par mot ou expression ont donc été effectuées sur les titres, publiés entre 1970 et 2014. Cette limite est importante : à défaut de mots-clés, peut-on considérer le titre et les mots employés dans le titre comme indicateur synthétique de contenu du texte ? Cette contrainte conduit à exclure certains articles de référence sur le sujet : par exemple, l'article de Turok et

Mykhnenko, intitulé *The trajectories of European Cities 1960-2005*, n'est pas pris en compte, puisque le titre ne comporte aucun des lemmes recherchés. De même, l'article de Cottineau (2012) intitulé *Un système intermédiaire. Les trajectoires des villes russes entre dynamiques générales et histoires spécifiques* est ignoré, alors que l'auteure propose notamment une classification des trajectoires de villes russes, dont une classe est nommée « villes décroissantes », une autre « villes en déclin ». En dépit de cette limite, on peut considérer que, à partir d'un effectif important, le nombre de titres recensés est un indicateur de la production scientifique et de son évolution. En revanche, quand l'effectif est peu important, comme dans le cas des travaux scientifiques francophones (voir Tab. 1), il ne peut être considéré comme significatif et est donc exclu de l'analyse ultérieure.

Les résultats des requêtes ont ensuite été scrutés très finement, titre par titre, pour exclure les doublons, les travaux non datés, les titres ne correspondant pas à des travaux scientifiques proprement dit (programme de colloques, cours en ligne…), mais aussi les titres non pertinents. Ainsi, par exemple, une recherche « *urban + decline* » sur les titres recensés par *Google Scholar* fait apparaître de nombreux travaux scientifiques sur le déclin de l'érable dans les villes d'Amérique du Nord, qui ne présentent aucun intérêt dans le cadre de notre recherche. Une fois réalisé ce travail de « nettoyage » manuel, l'analyse de l'évolution de la production scientifique sur la question des villes décroissantes a été réalisée.

Résultats : *shrinking cities* supplante *urban decline*

Le tableau 1 montre que la production scientifique sur la décroissance urbaine est plus abondante dans la littérature anglophone que dans les sphères francophones et germanophones. Mais ce constat est peu étonnant, la langue anglaise étant devenue aussi, dans les SHS, une *lingua franca*. C'est plutôt la comparaison des termes utilisés au sein d'une même langue de publication et plus encore l'évolution des notions utilisées, de 1970 à 2014, qui sont riches d'enseignements.

Dans la littérature scientifique anglophone sur les villes en décroissance, le lemme dominant est « *shrink-* » (441 titres), suivi de près par « *decline* » (415 titres). Dans le premier cas, les titres font plus référence à l'objet géographique qu'est la ville décroissante (*shrinking city/cities* : 324 titres), plutôt qu'au processus (*urban shrinkage* : 117 titres). Inversement, l'emploi du terme de déclin est utilisé moins pour qualifier les objets géographiques (villes) que pour désigner le processus de déclin en tant que tel (*urban decline* : 324 titres).

L'évolution des notions employées dans les travaux sur la décroissance urbaine et les villes décroissantes (Fig. 1) montre que la publication de travaux sur *urban decline* et *urban decay* est assez constante depuis la fin des années 1970 (entre 5 et 20 titres par an). Les travaux sur les *shrinking cities* ou *urban shrinkage* sont, en revanche, beaucoup plus récents : le premier titre est recensé en 1977, mais c'est dans les années 2000 que l'emploi de ce lemme s'est développé, et à partir de 2010 qu'il s'est très clairement affirmé par rapport à *urban decline* et *urban decay*, avec plus de cinquante titres en 2010, en 2012, 2013 et 2014. Si l'utilisation des termes *urban decline* ou *urban decay* n'est pas obsolète, ils se trouvent ainsi concurrencés, depuis le milieu des années 2000, par *urban shrinkage* et surtout *shrinking cities*.

Tab. 1 – Nombre de titres recensés par *Google Scholar* en fonction de l'expression retenue

Travaux anglophones		Travaux francophones		Travaux germanophones	
Expression	Nombre de titres	Expression	Nombre de titres	Expression	Nombre de titres
Decline	**415**	**Déclin**	**18**	**Schrumpf-**	**279**
Urban decline (Glaeser et Gyourko, 2001 ; Van den Berg *et al.*, 1982 ; Friedrichs, 1993)	392	Déclin urbain (Fol et Sabot-Cunningham, 2010)	8	*Stadtschrumpfung* (Hannemann, 2000)	170
Cities/towns in decline, decline of cities/towns (Beauregard, 2003)	23	Villes en déclin (Béal *et al.*, 2010)	10	*Schrumpfende Stadt(¨e)* (Häußermann et Siebel, 1988 ; Oswalt, 2002)	109
Urban decay (Andersen, 2003)	**189**	**Rétréciss-** Rétrécissement urbain, villes rétrécissantes (Florentin *et al.*, 2011)	**5**	**Perforierte Stadt(¨e)** (Daldrup, 2001)	**5**
Shrink-	**441**	**Décroiss-**	**11**	**Niedergang**	**13**
Shrinking cities (Oswalt, 2006 ; Schilling et Logan, 2008 ; Bontje, 2005)	324	Décroissance urbaine (Fol et Sabot-Cunningham, 2010)	4		
Urban shrinkage (Wiechmann, 2012)	117	Villes en décroissance (Baron *et al.*, 2011 ; Sabot-Cunningham, 2012)	7		
Urban degrowth	0	Rétraction urbaine	0		

Entre parenthèses figure, pour chaque expression, la référence la plus citée.
En grisé figurent les expressions retenues pour la suite de l'analyse ; en blanc, celles exclues de la suite de l'analyse du fait de l'effectif réduit de titres recensés.

Fig. 1 – Évolution des notions employées dans les titres de travaux scientifiques anglophones recensés par *Google Scholar* (1970-2014)

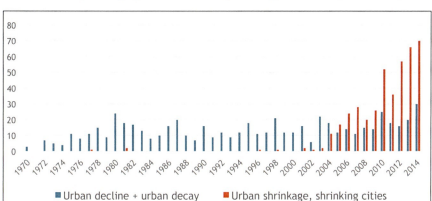

Fig. 2 – Évolution des notions employées dans les titres de travaux scientifiques recensés par *Google Scholar* (1977-2015)

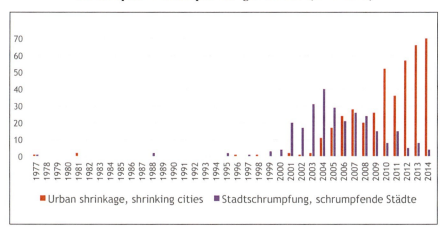

La figure 2 montre que l'anglais *shrinking city* et l'allemand *schrumpfende Stadt* sont apparus dans la littérature scientifique la même année (1977). Mais il révèle surtout que l'essor spectaculaire des travaux anglophones sur les *shrinking cities / urban shrinkage* est de cinq ans postérieur à celui des travaux germanophones sur la *Stadtschrumpfung* et les *schrumpfende Städte*.

Dans la littérature germanophone, en effet, la première occurrence du vocable *Stadtschrumpfung* date de 1977, et l'année 1988 est celle de la publication d'un article de référence par Häußermann et Siebel. Mais c'est au tournant des années 2000 que les travaux sur cette question se sont développés, atteignant un maximum en 2004 (40 titres référencés). La figure 2 suggère ainsi un effet de diffusion de la sphère des études urbaines germanophones vers la sphère anglophone (objet de la seconde partie), ainsi qu'un déclin des travaux germanophones sur la *Stadtschrumpfung* depuis 2005 (troisième partie).

Transfert et autonomisation : des *schrumpfende Städte* aux *shrinking cities*

La spectaculaire augmentation du nombre de travaux scientifiques publiés en anglais sur les *shrinking cities* et *urban shrinkage* est postérieure d'environ cinq années à la vague de publications germanophones sur les *schrumpfende Städte*. Ce décalage dans le temps confirme le caractère pionnier des études urbaines allemandes sur les questions de décroissance urbaine[1]. Il invite surtout à s'interroger sur les modalités de la diffusion d'une notion de la sphère scientifique germanophone vers la sphère anglophone et plus largement internationale.

La diffusion de la notion de *schrumpfende Stadt* à partir du foyer est-allemand

L'émergence et le succès en Allemagne de la notion de *schrumpfende Stadt* (ville décroissante) a déjà fait l'objet d'un article en français (Florentin *et al.*, 2009). L'article de Häußermann et Siebel (1988), consacré aux processus à l'œuvre dans les villes industrielles de la Ruhr, fait aujourd'hui référence dans ce domaine thématique. Pourtant, ce n'est que plus de dix ans après la publication de cet article que les études urbaines allemandes se sont emparées de cette notion, multipliant, à partir de 2000, les publications sur les villes est-allemandes. Celles-ci étaient alors presque toutes affectées par le déclin démographique, les pertes de fonctions économiques et par des taux de vacance élevés et le gouvernement fédéral lança, en 2002, un vaste programme de rénovation urbaine spécifiquement dédié aux villes décroissantes, le programme *Stadtumbau Ost*. Ce programme consistait de fait principalement, à démolir des immeubles dans les périphéries des villes et à densifier les centres-villes, mais ne se focalisait guère que sur le logement, négligeant d'autres domaines, tels que les infrastructures techniques et la dimension sociale et symbolique.

Le succès de la notion de *schrumpfende Stadt* aurait pu se cantonner aux études urbaines germanophones. Au lieu de cela, il s'est diffusé bien au-delà en Europe et dans le monde, non pas sous le vocable *urban decline*, mais à travers sa traduction littérale en anglais, *shrinking cities*. Cette traduction littérale est justifiée par le besoin d'une nouvelle terminologie, permettant de souligner le rôle du changement démographique dans ces processus et de distinguer ces derniers du déclin urbain, dont le facteur premier serait économique (Oswalt, 2005 ; Wiechmann, Grossmann, 2008). Au regard de la trajectoire de l'allemand *Schrumpfende Stadt* dans le débat scientifique allemand, cette justification est étonnante. En effet, ce besoin de distinction n'existe pas en allemand, puisque *schrumpfende Stadt* renvoie aussi bien aux villes subissant restructurations économiques et désindustrialisation (comme dans l'article de référence de Haüßermann et Siebel, publié en 1988 et portant sur les villes de la Ruhr) qu'aux villes est-allemandes, dans lesquelles le moteur du

---

1 – Ce caractère pionnier des évolutions urbaines est-allemandes en termes de décroissance fut au centre des questionnements du programme de recherche « Urbanisation et urbanités européennes : l'Allemagne aux avant-postes ? » organisé à Lyon de 2009 à 2011.

déclin serait le changement démographique (très faible fécondité et vieillissement). La traduction littérale de *schrumpfende Stadt* en *shrinking cities* (le distinguant de *urban decline*) s'apparente en fait moins à une nécessité de différenciation sémantique qu'à une stratégie de distinction académique.

Le contexte académique allemand se caractérise à la fois par une forte concurrence entre centres de recherche, très dépendants des programmes de recherche financés par des tiers, et par une tension extrême sur le marché du travail académique. Dans ce contexte, l'internationalisation a été utilisée par certains chercheurs – en particulier Oswalt, Wiechmann et Pallagst – comme stratégie d'affirmation sur la scène académique allemande, parfois comme tremplin de carrière pour accéder à une chaire universitaire.

Les vecteurs de la diffusion internationale de la recherche sur les villes décroissantes ne sont en effet pas toujours les chercheurs qui ont marqué le débat allemand sur la question (en premier lieu est-allemande) des *schrumpfende Städte*. Les recherches de Müller et Siedentop, de Lang, de Bürkner, de Hannemann, ou encore de Pohlan, Wixforth, publiées en allemand et les plus citées dans cette langue, se sont peu exportées, faute de traduction, peut-être aussi de réseaux ou de volonté d'exportation. En revanche, Oswalt, dont les travaux publiés en allemands puis traduits en anglais comptent parmi les plus cités dans les deux langues (Tab. 1), est le principal artisan de la traduction littérale de l'allemand *schrumpfende Stadt* en anglais *shrinking city*. L'ouvrage en deux tomes qu'il a coordonné a connu un retentissement certain dans le monde de l'urbanisme et de l'architecture (Oswalt, 2005, 2006). Les travaux en anglais de Wiechmann ou de Pallagst, deux chercheurs allemands, sont les plus cités sur les *shrinking cities*, alors qu'ils ont peu publié en allemand. Ces deux chercheurs comptent parmi les fondateurs et les leaders du réseau SCiRN (*Shrinking Cities international Research Network*) qui regroupe des scientifiques de pays très divers consacrant leurs recherches à la décroissance urbaine. Ce réseau est très actif depuis le milieu des années 2000 dans l'organisation de sessions dans des conférences scientifiques internationales, qui donnent souvent lieu à des dossiers thématiques dans des revues anglophones ou à des ouvrages collectifs en anglais. La partie européenne (et très secondairement, australienne) de ce réseau s'est organisée en 2010 pour lancer l'action COST *Cities Regrowing Smalller*, dirigée par l'Allemand Th. Wiechmann de la *Technische Universität Dortmund*. Ce programme (2009-2013) a constitué l'un des deux volets de la structuration et de l'affirmation de la recherche européenne sur les villes décroissantes, l'autre volet étant le programme européen *Shrink Smart* (2009-2012), piloté par Dieter Rink du centre *Helmholtz – Zentrum für Umweltforschung* à Leipzig. Ces deux programmes ont largement participé à la diffusion et à la banalisation de la notion de *urban shrinkage* dans les études urbaines et régionales européennes.

Transfert, traduction et confusion

La difficile traduction de la notion de *schrumpfende Stadt / shrinking city* dans d'autres langues témoigne du fait que le transfert de cette idée dans d'autres contextes géographiques et linguistiques ne va pas de soi. Ainsi, l'anglais *shrinking city* apparaît parfois dans des travaux pourtant publiés en tchèque, en français ou en espagnol :

• Karel Schmeidler, 2014, Fenomén shrinking cities, *Lidé města* (1-16), p. 125-147.

• Manuel Wolff, Sylvie Fol, Hélène Roth et Emmanuèle Cunningham-Sabot, 2013, « *Shrinking Cities*, villes en décroissance : une mesure du phénomène en France », *Cybergeo : European Journal of Geography*, Aménagement, Urbanisme, document 661. URL : http://cybergeo.revues.org/26136

• Simon Sanchez-Moral, Ricardo Mendez, José Prada Trigo, 2012, « *El fenómeno de las shrinking cities en España: una aproximación a las causas, efectos y estrategias de revitalización a través del caso de estudio de Avilés* », *Nuevos aires en la Geografía Española del siglo XX*, p. 252-266.

En français, la difficulté du transfert de cette notion se lit également dans les diverses traductions de ce terme, en fonction du contexte d'application (France, Allemagne, Japon…), en fonction de la dimension que l'on souhaite accentuer (spatiale, démographique…), ou en fonction de l'intensité du phénomène.

Quelle qu'en soit la traduction, le transfert d'une notion à d'autres contextes s'accompagne nécessairement d'une altération, voire une dilution de son sens. La confrontation à des contextes différents pose des problèmes de définition et de mesure, à commencer par les critères spatio-temporels de définition d'une *shrinking city*.

La définition de la décroissance urbaine pose les mêmes questionnements méthodologiques que celle de la croissance urbaine. Quel(s) indicateur(s) est susceptible de résumer des phénomènes de décroissance urbaine ? Sur quelle durée peut-on considérer une ville comme décroissante ? Quel périmètre retenir (ville centre, unité urbaine, aire urbaine…) ? Doit-on mesurer la décroissance à périmètre constant ou à périmètre variable (Paulus, Guérois, 2002) ? Ces deux derniers points sont cruciaux car, de la réponse apportée, dépend notamment la relation entre décroissance et étalement urbain. En fonction des auteurs, de leurs compétences, mais aussi des données statistiques disponibles, les réponses à ces problèmes méthodologiques sont très variables.

Une comparaison internationale systématique et rigoureuse du phénomène s'avère extrêmement difficile, du fait de l'hétérogénéité des critères et des données statistiques (Baron *et al.*, 2011).

Ces problèmes ont pu être contournés en proposant une définition extrêmement vague et inclusive d'une shrinking city : « *a densely populated urban area with a minimum population of ten thousand residents that has faced population losses in large parts for more than two years and is undergoing economic transformations with some symptoms of a structural crisis* » (Wiechmann, 2008). Le critère temporel extrêmement réduit (deux années consécutives) permet d'inclure dans cette définition de nombreuses villes, sans distinction du caractère structurel ou conjoncturel de la diminution de population. Ainsi, selon Karina Pallagst, deux années de variation négative de population (2001-2003) suffisent à faire de San Jose, dans la Silicon Valley, une *shrinking city*. Le critère temporel de deux années consécutives semble d'ailleurs plus adapté à certains contextes statistiques (allemand, états-unien), où les données statistiques de population sont issues de registres annuels, qu'à d'autres pays où elles sont issues de recensements décennaux.

L'hétérogénéité des méthodes de mesure introduit ainsi une certaine confusion : il est extrêmement difficile de saisir l'importance et l'intensité des phénomènes de décroissance urbaine. Cette confusion est plus soutenue encore lorsque les expressions *urban shrinkage* ou *shrinking cities* sont utilisées à très grande échelle, pour désigner des quartiers ou communes déclinants au sein d'agglomérations en pleine croissance (Albecker, 2013).

Lors de ce transfert notionnel, les spécificités du contexte d'émergence de la notion se diluent. Une des spécificités est-allemandes, le poids des déficits naturels dans le processus de décroissance urbaine, disparaît, de même que celle de l'importance de la vacance et des friches. Cette dilution des spécificités est-allemandes dans une notion qui s'internationalise, voire se mondialise, est regrettée par certains, qui plaident pour réserver le terme de *urban shrinkage* aux contextes post-socialistes, et pour préférer le plus classique *urban decline* aux contextes ouest-européens et nord-américains (Haase, Rink, 2008 ; Olsen, 2013). Elle est contournée par d'autres qui proposent de s'appuyer notamment sur le critère des facteurs pour dresser une typologie des villes décroissantes européennes (Cunningham-Sabot *et al.*, 2010).

Finalement, *shrinkage* devient souvent synonyme de déclin, avec la dimension d'inéluctabilité en moins, mais la nuance entre les deux devient un peu plus théorique, grâce à des efforts de conceptualisation de la notion de *shrinking city*.

Transferts et autonomisation conceptuelle

Pourtant, malgré la confusion engendrée par les problèmes de définition et de méthode, le transfert notionnel de l'allemand vers l'international a pour corollaire des études comparatives et des tentatives de conceptualisation qui diluent naturellement les spécificités du contexte est-allemand initial. Deux directions sont proposées, aux portées différentes.

Certains plaident pour réserver le terme de *urban shrinkage* aux contextes post-socialistes, et pour préférer le plus classique *urban decline* aux contextes ouest-européens et nord-américains. Dans les actes d'un colloque germano-polonais, des universitaires est-allemands proposent ainsi de distinguer *urban shrinkage*, processus au cœur duquel se trouve un déclin démographique de long terme, de *urban decline*, processus avant tout socio-économique, où le déclin démographique n'est que secondaire (Grossmann, Haase, Steinführer, Rink, 2008). Cette proposition n'a rencontré que peu d'échos hors d'Allemagne, de sorte que les mêmes auteurs ont plus récemment proposé une modélisation des processus de décroissance urbaine (Haase *et al.*, 2014), qui avalise le caractère descriptif de la notion.

Les travaux du SCiRN, basés sur des études de cas internationales, témoignent d'efforts plus récents de conceptualisation et de mises en perspective théorique, qui permettent de se démarquer des théories linéaires et cycliques dont est chargé le terme *urban decline* (Fol, Cunningham-Sabot, 2010). Il s'agit d'inscrire les *shrinking cities* dans un discours scientifique sur la globalisation et les inégalités territoriales qu'elle engendre, parfois même dans un discours plus critique et très en vogue se référant à Castells, Soja, Harvey, Sassen ou Smith. Dans un chapitre introductif sur les approches théoriques des villes décroissantes, Cunningham-Sabot, Audirac, Fol et Martinez-Fernandez considèrent ainsi les « *shrinking cities as the outcome of degenerative forces resulting from crises in capitalist production* » (Cunningham-Sabot *et al.*, 2014). Ce faisant, la dimension initialement descriptive et neutre de l'allemand *schrumpfende Stadt* s'atténue, alors que l'inscription des *shrinking cities* dans un discours sur la globalisation met en exergue l'interaction des processus de croissance et de décroissance, tout du moins en Amérique du Nord et en Europe : des villes sont en proie à des processus de décroissance parce que d'autres sont en pleine croissance (métropolisation) ; les migrations sélectives de main-d'œuvre très qualifiées des unes vers les autres sont régulièrement invoquées pour illustrer ces interactions. Les *shrinking cities* deviennent les perdantes des processus de globalisation, et on en vient ainsi à un concept plutôt interprétatif.

Dans les deux cas, la réflexion sur les jeux d'échelle – échelles d'analyse et d'intervention – est beaucoup plus riche que dans la littérature allemande trop focalisée sur l'échelle de la ville. Cette limite explique partiellement que le foyer d'émergence de cette notion se détourne actuellement de la question.

La *Stadtschrumpfung*, notion en voie de disparition ?

Les études urbaines allemandes ont lancé la mode du terme de *shrinking city*, qui est venu concurrencer celui de *urban decline* (Fig. 1). Pourtant, la vague germanophone de recherches sur la *Stadtschrumfung*, très vigoureuse au début des années 2000, est vite retombée. Après un pic à quarante titres parus sur cette question en 2004, les premières années de la décennie 2010 – celles du succès phénoménal des travaux sur les *shrinking cities* – se caractérisent par un étiage dans les études urbaines publiées en allemand (Fig. 2). Plusieurs raisons peuvent être invoquées pour comprendre ce reflux. Le fait que les chercheurs allemands publient de plus en plus en anglais est peut-être la première d'entre elles, mais nous préférons ici développer des fondements plus significatifs du changement de regard sur les villes décroissantes allemandes.

La décroissance urbaine en Allemagne n'est plus ce qu'elle était !

Les dynamiques de la décroissance en Allemagne sont désormais beaucoup plus différenciées qu'elles ne l'étaient au début des années 2000. À l'époque, en effet, la quasi-totalité des villes est-allemandes étaient affectées par un déclin démographique (Herfert, 2002) et plus généralement par une décroissance multidimensionnelle (Gatzweiler *et al.*, 2003). Seules les plus grandes (Berlin et sa couronne, Dresde, Leipzig, Erfurt, Jena) faisaient figure d'exception dans cet espace de déclin, inspirant à Herfert le terme de *Wachstumsinsel*, enclave de croissance (Herfert, 2004). À l'Ouest, les régions urbaines de vieille tradition industrielle (Ruhr et Sarre), de même que des régions plus rurales de Hesse, de Basse-Saxe et de Franconie étaient également touchées par la décroissance. On a ainsi pu croire à une tendance à la généralisation des phénomènes de décroissance urbaine, à un moment où le changement démographique est devenu une préoccupation politique de premier plan.

Depuis la seconde moitié des années 2000, en revanche, les grandes villes (*Oberzentren*) est-allemandes connaissent soit une stabilisation démographique, soit un regain plus général, autant de dynamiques qui alimentent les travaux sur la ré-urbanisation (Brake, Herfert, 2011)[2]. Ainsi, Leipzig, Chemnitz, Zwickau, Magdebourg, Rostock ou même Greifswald – bien étudiées sous l'angle de la décroissance urbaine dans les années 2000 – ont renoué avec la dynamique de croissance, selon une typologie de référence proposée et régulièrement actualisée par l'Office fédéral de l'aménagement du territoire.

La décroissance n'affecte aujourd'hui plus que les régions rurales et leurs villes petites et moyennes, tant à l'Est qu'à l'Ouest, dans une logique de polarisation très forte de la croissance démographique et économique (Milbert, 2015). Néanmoins, les villes décroissantes sont encore très nombreuses, particulièrement dans les strates inférieures et intermédiaires de la hiérarchie urbaine.

La décroissance urbaine : une catégorie dépassée de l'action publique ?

Le terme de *schrumpfende Stadt* / *Stadtschrumpfung* connaît un reflux en Allemagne, car il s'agit d'une notion trop large, qui a vécu en tant que catégorie de l'action publique. L'heure n'est plus, en Allemagne, à l'invention et à la mise en œuvre de politiques publiques spécifiquement dédiées aux villes décroissantes, comme ce fut le cas dans les années 2000 avec le grand programme *Stadtumbau Ost*. La décroissance urbaine est désormais conçue comme une modalité du changement urbain, au même titre que la croissance urbaine. Elle est ainsi devenue un simple cadre (parmi d'autres) des politiques urbaines, dont les objectifs ne sont plus systématiquement l'attractivité et la croissance, et dont les outils sont désormais mieux ajustés à la diversité des contextes. Pour partie, les études urbaines s'intéressent alors désormais davantage à des problématiques beaucoup plus ciblées, comme, par exemple, à la question de l'adaptation des villes au vieillissement très prononcé de leurs populations, ou à celle de la gestion des réseaux d'infrastructures techniques, des enjeux de la transition énergétique, etc.

Un concept uniscalaire et descriptif

Le reflux de la production scientifique germanophone sur les villes décroissantes renvoie, *last but not least*, à une prise de distance critique de chercheurs initialement impliqués dans ce champ de recherche. Ces prises de distance vont bien au-delà des réserves formulées quant à l'altération et à l'autonomisation conceptuelles des *shrinking citi*es par rapport au contexte d'émergence du concept.

Les critiques formulées reposent sur la conception de la ville qui a longtemps présidé dans les recherches consacrées aux *schrumpfende Städte*, conçues comme de simples « conteneurs » (de population, de bâtiment, de réseaux, etc.), sans envisager leur inscription dans un système plus vaste de relations. Dans un article partiellement autocritique, Matthias Bernt (2015) déplore que les chercheurs alle-

---

2 – Cette nouvelle mode des études urbaines outre-Rhin coïncide, d'ailleurs, avec une période de bonne santé et de confiance économique et d'attractivité migratoire du pays.

mands sur les villes décroissantes aient trop longtemps eu le tort de considérer la ville comme un « container » coupé du reste du monde, ignorant étonnamment le *spatial turn* des études urbaines et la question de l'interaction des échelles dans la production d'espaces en décroissance.

Le glissement du terme de décroissance à celui de périphérisation est emblématique de cette remise en question épistémologique. Lorsque des chercheurs de l'IRS s'emparent du terme de périphérisation pour analyser les processus à l'œuvre dans des villes petites et moyennes allemandes en déclin, c'est pour mieux souligner le processus de fabrication de périphéries dont elles sont la proie, dans une perspective constructiviste et parfois radicale (Roth, 2016). C'est aussi pour mieux dénoncer le changement de paradigme de l'aménagement du territoire en Allemagne dans les années 2000 et les discours sur le soutien aux régions métropolitaines en pleine croissance (Hesse, Leick, 2016).

Conclusion

Avec un certain nombre de limites méthodologiques, on peut retracer l'évolution de la production scientifique autour d'une notion et montrer, avec cette méthode, des dynamiques, des effets de décalage dans le temps qui permettent de prouver – et non de seulement postuler –, ici une antériorité (antériorité de la vague allemande sur la vague anglophone de travaux sur les *shrinking cities*), là un effet de reflux, et ainsi de questionner le rôle des contextes (géographique, historique, académique, épistémologique) dans la construction scientifique d'une notion ou d'un concept et de son transfert. Ainsi, les enjeux académiques, plus que scientifiques et théoriques, ont joué un rôle moteur dans la diffusion de l'allemand *Stadtschrumpfung* vers l'anglais *Urban shrinkage*.

Pour autant, malgré une certaine confusion entre *urban shrinkage* et *urban decline*, qui n'a pas été clairement résolue, la diffusion de cette notion et son succès au tournant des années 2010 dans la littérature anglophone et plus modestement francophone, renvoient à des préoccupations sociétales plus larges quant à l'avenir de ces villes fragilisées et quant aux politiques publiques à mettre en œuvre. La vogue des études sur les villes décroissantes s'est traduite en Allemagne par un changement de regard dans les années 2000, qui tend à se diffuser en France aujourd'hui : la décroissance urbaine n'est plus nécessairement considérée comme une anomalie, mais comme une modalité des dynamiques urbaines, avec laquelle on doit composer. Partant, c'est maintenant moins le processus et la diversité des processus de décroissance urbaine qui sont intéressants pour le chercheur, que les processus d'acceptation, d'adaptation et d'ajustement des politiques urbaines, des systèmes et des outils d'aménagement urbain, à la décroissance.

Références bibliographiques

Albecker M.-F., 2013 – The Restructuring of Declining Suburbs in the Paris Region, *in* Pallagst K., Martinez-Fernandez C., Wiechmann T. (eds.), *Shrinking Cities - International Perspectives and Policy Implications*, London, Routledge, 78-98.

Baron M., Cunningham-Sabot E., Grasland C., Rivière D., Van Hamme G., 2010 – *Villes et régions européennes en décroissance. Maintenir la cohésion territoriale*, Paris, Hermès science, 345 p.

Bernt M., 2015 – The limits of shrinkage: Conceptual Pitfalls and Alternatives in the Discussion of urban Population Loss, *International Journal of Urban and Regional Research*, DOI: 10.1111/1468-2427.12289

Bernt M., Bürk T., Kühn M., Liebmann H., Sommer H., 2010 – *Stadtkarrieren in peripherisierten Räumen*, *Working paper 42*, Erkner, Leibniz-Institut für Regionalentwicklung und Strukturplannung, 40 p.

Béteille R., 1981 – *La France du vide*, Paris, Librairie technique, 256 p.

Brake K., Herfert G. (dir.), 2012 – *Reurbanisierung. Materialität und Diskurs in Deutschland*. Wiesbaden, Springer, 422 p.

Cauchi-Duval N., Béal V. et Rousseau M., 2016 – La décroissance urbaine en France : des villes sans politique, *Espace populations sociétés* [En ligne], 2015/3-2016/1 | 2016, mis en ligne le 20 mars 2016, consulté le 09 juin 2016. URL : http://eps.revues.org/6112

Cornu P., 2001 – La forteresse vide. Une histoire des hautes terres du Massif central entre déprise humaine et emprise symbolique (XIXᵉ-XXᵉ siècles). Thèse pour le doctorat en histoire, *Revue d'histoire du XIXᵉ siècle*, 23 | 2001, p. 297-304.

Cottineau C., 2012 – Un système intermédiaire. Les trajectoires des villes russes entre dynamiques générales et histoires spécifiques, *L'Espace géographique* 3/2012 (Tome 41), p. 266-284.

Cunninghaam-Sabot E., Jaroszewska E., Fol S., Roth H., Stryjakiewicz T. et Wiechmann T., 2010 – Processus de décroissance urbaine (chapitre 7), *in* Baron M., Cunnigham-Sabot E., Grasland C., Rivière D., Van Hamme G. (eds.), *Villes et régions en décroissance : maintenir la cohésion territoriale ?*, Paris : Hermès-Sciences, Collection « Traités IGAT », 346 p.

Cunningham-Sabot E., 2012 – *Villes en décroissance, Shrinking Cities, Construction d'un objet international de recherche*, Habilitation à diriger des recherches, Université Paris 1 Panthéon-Sorbonne, 468 p.

Ducom E., 2008 – Quand les processus s'inversent : étalement et désétalement urbains au Japon, manifestations et enjeux, *in* Zaninetti J.-M., Mareti I. (dir), *Etalement urbain et ville fragmentée à travers le monde, des opinions aux faits*, Presses Universitaires d'Orléans, p. 229-242.

Ducom E., Yokohari M., 2006 – L'involution démographique et urbaine dans l'aire tokyoïte, *Les Annales de la Recherche Urbaine*, n° 100, 2006, p. 23-27.

Florentin D., Fol S., Roth H., 2009 – La 'Stadtschrumpfung' ou 'rétrécissement urbain' en Allemagne : un champ de recherche émergent, *Cybergeo: European Journal of Geography,* article 445, URL : http://www.cybergeo.eu/index22123.html. DOI : 10.4000/cybergeo.22123

Fol S., Cunningham-Sabot E., 2010 – Déclin urbain et Shrinking Cities : une évaluation critique des approches de la décroissance urbaine, *Annales de Géographie,* n° 674, p. 359-383. DOI : 10.3917/ag.674.0359

Galinié H., 2000 – *Ville, espace urbain et archéologie*, Presses universitaires François-Rabelais, 136 p.

Gatzweiler H.-P., Meyer K., Milbert A., 2003 – Schrumpfende Städte in Deutschland ? Fakten und Trends, *Informationen zur Raumentwicklung*, n° 10/11, p. 557-574.

Grasland C., Ysebaert R., Corminboeuf B., Gaubert N., Lambert N., Salmon I., Baron M., Baudet-Michel S., Ducom E., Rivière D., Schmoll C., Zanin C., Gensel J., Vincent J., Plumejeaud C., Van Hamme G., Holm E., Strömgren M., Coppola P., Salaris A., Groza O., Muntele I., Turcanasu G., Stoleriu O., 2008 – *Shrinking Regions. A new regional and territorial paradigm*, Rapport pour le Parlement Européen, URL : http://www.europarl.europa.eu/meetdocs/2004_2009/documents/dv/pe408928_ex_/pe408928_ex_fr.pdf.

Guérois M., Paulus F., 2002 – Commune centre, agglomération, aire urbaine : quelle pertinence pour l'étude des villes ?, *Cybergeo: European Journal of Geography*, article 212 ? URL : http://cybergeo.revues.org/3491. DOI : 10.4000/cybergeo.3491

Haase A., Rink D., Großmann K., Bernt M., Mykhnenko V., 2014 – Conceptualizing Urban Shrinkage, *Environment and Planning A*, 46, p. 1519-1534.

Herfert G., 2002 – Disurbanisierung und Reurbanisierung. Polarisierte Raumentwicklung in der ostdeutschen Schrumpfungslandschaft, *Raumentwicklung und Raumplanung*, Vol. 6, n° 5, p. 334-344.

Hesse M., Leick A. (eds.), 2016 – *Wachstum vs. Ausgleich – Zur Rekonstruktion des jüngeren Leitbildwandels in der deutschen Raumentwicklungspolitik*, Hannover, Forschungsberichte der Akademie dür Raumforschung und Landesplanung, 5, 160 p.

Kosmopoulos C., Pumain D., 2009 – Révolution numérique et évaluation bibliométrique dans les sciences humaines et sociales, *Revue européenne des sciences sociales*, XLVI-141. DOI : 10.4000/ress.151

Lampen A., Owzar A. (dir.), 2008 – *Schrumpfende Städte. Ein Phänomen zwischen Antike und Moderne*, Köln, Weimar, Wien, Böhlau Verlag, 356 p.

Milbert A., 2015 – *Wachsen oder schrumpfen?*, BBSR-Analysen KOMPAKT 12/2015, 24 p.

Miot Y., 2012 – *Face à la décroissance urbaine, l'attractivité résidentielle ? Le cas des villes de tradition industrielles de Mulhouse, Roubaix et Saint-Étienne*, Thèse de Doctorat, Université de Lille 1.

Roth H., 2011 – Les « villes rétrécissantes » en Allemagne, *Géocarrefour*, vol. 62, n° 2, p. 75-80.

Roth H., 2016 – Du déclin à la périphérisation : quand les courants constructivistes et critiques revisitent les différenciations spatiales en Allemagne, *Cybergeo : European Journal of Geography* [En ligne], Espace, Société, Territoire, document 758, mis en ligne le 04 janvier 2016, consulté le 09 juin 2016. URL : http://cybergeo.revues.org/27389 ; DOI : 10.4000/cybergeo.27389

Turok I., Mykhnenko V., 2007 – The Trajectories of European Cities, 1960-2005, *Cities*, vol. 24, n° 3, 165-182. DOI : 10.1016/j.cities.2007.01.007

Wiechmann T., 2008 – Errors expected – aligning urban strategy with demographic uncertainty in shrinking cities, *International Planning Studies* 13(4), p. 431-446.

Wolff M., Fol S., Roth H. et Cunningham-Sabot E., 2013 – Shrinking Cities, *villes en décroissance : une mesure du phénomène en France*, *Cybergeo: European Journal of Geography* [En ligne], Aménagement, Urbanisme, document 661, mis en ligne le 08 décembre 2013, consulté le 09 juin 2016. URL : http://cybergeo.revues.org/26136 ; DOI : 10.4000/cybergeo.26136

Des marges à la résilience :
le référentiel systémique des
études sur les espaces
fragiles

Deuxième partie

Espaces fragiles – Construction scientifique, dynamiques territoriales et action publique
Presses Universitaires Blaise Pascal, Territoires 1, 2017, p. 125-140

Les très petites communes sont-elles fragiles ?

Are very small communes fragile?

Jean-Baptiste Grison*

Résumé : Cet article pose la question de l'insertion particulière des très petites communes (celles de moins de cinquante habitants) dans la trame administrative française. Les quelque 900 entités concernées en 2013 représentent un cas marginal mais persistant au sein du système territorial français. L'évolution depuis 1990 montre une diminution de leur nombre (beaucoup regagnent de la population) et cette diminution peut s'observer dans des départements aux tendances démographiques variables. En somme, l'évolution spécifique des plus petites communes n'est que partiellement liée aux dynamiques plus générales de leurs territoires d'appartenance. Il existe bien des logiques spécifiques aux très petites entités, et ces particularités se retrouvent aussi dans les formes de gouvernance qui les animent. Finalement, la fragilité des petites communes réside davantage dans une pression normative exogène que dans une incapacité d'action supposée qui peut parfaitement être contredite sur le terrain.

Abstract: This article addresses the question of the integration of very small communes (those with fewer than 50 inhabitants) into the French administrative network. The some 900 entities concerned in 2013 constituted a marginal case but remain a constant within the French territorial system. There has been a steady decrease in their number since 1990 as many of them have regained population, a trend observed across departments with varying demographics. The specific development of these small communes is only partially related to the wider dynamics of the territories to which they belong. These very small entities each have their own specific nature which is reflected in their different forms of governance. Their fragility derives from outside normative pressure rather than from any supposed inability to take action, a fallacy commonly belied in their day to day running.

Les dernières décennies ont consacré une différenciation croissante des espaces ruraux, entre des territoires en voie de périurbanisation et en croissance rapide, d'autres en voie de spécialisation dans des domaines d'activités divers, tandis que certains espaces restent en marge du développement (Perrier-Cornet, 2002 ; Jean et Vanier, 2008 ; Oliveau et Doignon, 2016).

En outre, nous traversons une période au cours de laquelle les recompositions territoriales sont importantes au niveau local avec, d'une part, la double réforme, en quelques années, du maillage intercommunal (lois de 2010 et 2015) et, d'autre part, la mise en place de plusieurs centaines de communes nouvelles en janvier 2016.

*Université Clermont Auvergne, AgroParisTech, INRA, Irstea, VetAgro Sup, Territoires, F-63000 Clermont-Ferrand, France.

Dans ce contexte, il est inévitable de se poser un certain nombre de questions relatives aux plus petites structures municipales françaises. Malgré la croissance démographique de la majeure partie des communes rurales, malgré la réforme d'un certain nombre de ces communes, plusieurs centaines d'entre elles comptent toujours moins de cinquante habitants. Que représentent ces petites communes ? Dans quelle mesure peuvent-elles être considérées comme l'expression d'une fragilité territoriale accrue ? Sont-elles condamnées à court ou moyen terme ?

Des questions se posent aussi quant à la gouvernance de ces communes, entendons par-là la capacité des organisations collectives qu'elles supportent à mobiliser des moyens d'action sur leur territoire. Les plus petites municipalités, qui constituent à l'évidence un cas de figure marginal au sein de la trame administrative française, sont-elles en mesure d'être des leviers d'action pour leur territoire ? Cette capacité d'action est-elle plus fragile, ou tout simplement différente ?

Notre approche croise ainsi plusieurs questionnements. À l'échelle nationale, l'analyse cartographique des données démographiques relatives aux très petites communes et à leurs évolutions permet de dessiner une géographie contrastée, entre des territoires de forte et de faible présence, d'apparition ou de disparition des entités étudiées. À l'échelle des territoires locaux, le fonctionnement de la gouvernance associée aux municipalités de moins de cinquante habitants permet de saisir leur potentiel d'action et d'innovation spécifique, mais aussi de caractériser leurs fragilités. À ce sujet, la place prise par ces localités dans les réformes territoriales récentes nous donne l'occasion d'estimer dans quelle mesure les recompositions en cours apportent des solutions ou, au contraire, des menaces à l'existence et au dynamisme des plus petites entités.

Les très petites communes et la fragilité des territoires : quelles relations ?

À l'heure où les incitations aux fusions de communes côtoient le regroupement imposé de nombreuses intercommunalités et la réduction du nombre de régions, le législateur a clairement acté une conviction dominante, celle que les territoires de l'action publique sont plus forts et pèsent davantage lorsqu'ils sont plus grands. Cela signifie, par opposition, que les plus petites structures sont à considérer comme des espaces fragiles. Cette fragilité a, en outre, été soulignée depuis longtemps par nombre de publications scientifiques. Au cours du vingtième siècle, trois éléments fondamentaux qualifiant cette fragilité peuvent être soulignés dans les publications de référence sur le sujet.

- Durant la première moitié du vingtième siècle, trois thèses de droit ont été soutenues sur la problématique des très petites communes franc-comtoises. Dans le contexte de la Troisième République, les difficultés pointées alors portaient avant tout sur des problématiques de gestion et, alors que les femmes ne pouvaient voter, d'extrême faiblesse numérique du corps électoral (Brun, 1919 ; Richard, 1928 ; Herrenschmidt, 1936).
- Dans les années 1970 et 1980, alors que l'exode rural battait encore son plein dans les régions les plus fragiles, Larrère et Roussel se sont posés la question de seuils de dépopulation, respectivement en Limousin et Au-

vergne. L'idée était alors que la fragilisation du tissu socio-économique des plus petites communes était telle que tout regain d'attractivité devenait impossible (Larrère, 1976 ; Roussel, 1987).

• À la toute fin du vingtième siècle, la fragilité des très petites communes s'est davantage posée en matière de capacité à assumer leurs compétences, plus particulièrement dans le contexte de la décentralisation. Elles étaient alors perçues comme incapables de faire face aux nouvelles exigences d'équipement des territoires (Diry, 1992 ; Dafflon, 2000). L'idée était alors que la commune traditionnelle ne pouvait plus s'adapter aux cadres de vie contemporains.

À l'aune de ces constats, on peut considérer, *a priori*, le morcellement de la trame municipale et, par extension, la fréquence des très petites communes comme un indicateur de fragilité territoriale. L'accroissement ou, au contraire, le recul du nombre d'entités de moins de cinquante habitants peut ainsi être vu comme, respectivement, une accentuation ou une atténuation de la fragilité.

Un « effet plancher » qui semble se confirmer : le spectre de la dépopulation totale s'éloigne

Les communes de moins de cinquante habitants paraissent parfois dans une extrême fragilité. Le spectre d'une dépopulation totale est évoqué dans certains raisonnements scientifiques (Larrère, 1976 ; Roussel, 1987). Pourtant, il est extrêmement rare que l'on puisse l'observer, du moins au cours des dernières décennies.

Si une série de dépopulation totale de communes a été observée au milieu du vingtième siècle dans les Alpes du Sud où l'on compte quelques dizaines de villages ruinés (ce qui ne signifie pas nécessairement que le finage dans son ensemble ait été dépeuplé), le phénomène ne semble pas en voie de se reproduire, sinon, peut-être, à une ou deux exceptions près.

À titre d'exemple, les quelques dizaines de communes ou anciennes communes de moins de dix habitants peuvent être observées plus en détail.

Il y a, d'une part, vingt communes comptant entre un et neuf habitants en 2013. Parmi celles-ci, la moitié (10) ont connu un minimum démographique antérieur, suivi d'un léger rebond. Une seule d'entre elles a connu, officiellement, la dépopulation totale : il s'agit de Caunette-sur-Lauquet, dans les Corbières, recensée à huit habitants aujourd'hui après en avoir compté zéro en 1990. On peut considérer que deux autres municipalités françaises sont réellement fragilisées aujourd'hui, les deux moins peuplées :

• Rochefourchat (Drôme) compte un habitant depuis le recensement de 1999, mais il semblerait, à dire d'enquête, qu'il s'agisse d'une résidence alternée et qu'aucune habitation locale ne soit réellement permanente ;

• Majastres (Alpes-de-Haute-Provence) compte deux habitants dans les années 2000, son plus bas niveau historique au terme d'une chute démographique qui semble inexorable. Il faut alors souligner que la localité se trouve dans une situation géographique exceptionnelle par son isolement, et entourée de plusieurs villages abandonnés au début du vingtième siècle.

D'autre part, une quarantaine de communes, soit deux fois plus que dans l'effectif précédemment considéré, ont compté moins de dix habitants au moins une fois depuis les années 1960, avant de regagner de la population, parfois de manière proportionnellement significative. Il faut donc retenir de ces observations que les très petites communes, dans leur immense majorité, parviennent à se maintenir et, très souvent, à regagner de la population. Il n'y a pas de fatalité démographique. Dès lors, la fragilité apparaît comme relative : leurs moyens apparaissent très limités, de même que leur rôle dans l'animation et la dynamique du territoire. Pour autant, leur existence à long terme n'a pas été remise en question.

Cependant, bien que les menaces de disparition des communautés locales soient bien moins fortes qu'au milieu du vingtième siècle, la fragilité accrue de certains pôles territoriaux, ainsi que la persistance d'angles morts dans la dynamique territoriale continuent à faire peser sur certaines localités un risque de rupture tangible. De par leur caractère périphérique, les entités les moins peuplées peuvent être particulièrement sensibles à l'allongement des distances d'accès aux services lorsque ceux-ci se restructurent et disparaissent dans les pôles du voisinage immédiat. Les zones de montagne déjà peu denses sont plus fragiles de ce point de vue.

Anciens et nouveaux territoires des très petites communes : permanences et discontinuités

À l'échelle nationale, le nombre de communes françaises de moins de cinquante habitants tend à diminuer, au fil des recensements de la population, depuis 1990, date à laquelle il avait atteint son maximum (autour de 1 100 entités concernées). Cependant, cette baisse n'est pas tout à fait homogène et montre quelques disparités régionales et territoriales.

La figure 1 montre que les communes de moins de cinquante habitants en France concernent avant tout le Nord-Est, les Pyrénées, certains départements alpins et la Corse (voir aussi Grison, 2012).

Dans leurs grandes lignes, les disparités régionales liées à cette répartition n'ont pas été bouleversées entre 1990 et 2013, mais certaines évolutions doivent être relevées. Ainsi, les très petites communes normandes sont en voie d'effacement, tandis qu'elles concernent de plus en plus d'entités au sud du Massif central, où elles sont tardivement restées inexistantes. Elles sont aussi de moins en moins nombreuses dans les Alpes, en Franche-Comté et en Corse. La comparaison avec la figure 2 permet d'appréhender ces évolutions.

Les figures 1 et 2 montrent que, dans l'ensemble, la plupart des départements, à commencer par ceux qui comptent beaucoup de très petites communes, ont tendance à voir leur nombre diminuer, la Haute-Marne et l'Aude étant les seuls départements du « top 10 » à déroger à cette règle.

En somme, c'est avant tout dans de larges franges du Massif central que les municipalités de moins de cinquante habitants ont progressé en nombre, alors que la relative lâcheté du maillage fait qu'elles y étaient peu présentes jusqu'à la fin du vingtième siècle.

La figure 3 présente le détail des apparitions et disparitions de communes de moins de cinquante habitants entre 1990 et 2013. Cette donnée est mise en regard avec l'évolution démographique des communes rurales (hors unités urbaines) de

Fig. 1 – Répartition des très petites communes françaises en 1990

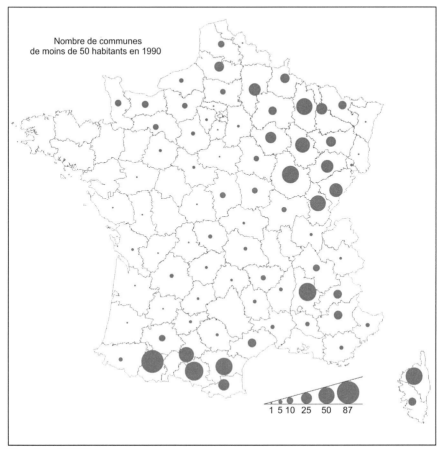

Données : INSEE.

chaque département, afin de répondre à la question suivante : dans quelle mesure la progression ou le recul du nombre de très petites communes sont-ils liés à l'évolution générale des territoires dans lesquels elles se trouvent ?

Tout d'abord, l'évolution démographique des communes rurales par département fait ressortir l'écart déjà connu (Oliveau et Doignon, 2016) entre, schématiquement, une « diagonale du vide » au déclin persistant et des régions dynamiques au Sud-Est, sur la façade ouest et dans l'aire urbaine de Paris.

Ensuite, la figure 3 et le tableau 1 nous donnent une idée du lien entre la strate d'évolution démographique rurale et l'évolution du nombre de très petites communes. Apparaissent ainsi quelques conclusions évidentes :

    • Le nombre de communes de moins de cinquante habitants diminue quelle que soit la catégorie considérée, y compris dans l'ensemble des départements où l'ensemble de la population rurale stagne ou diminue.

    • Ce recul est toujours le solde d'un double mouvement croisant « apparitions » et « disparitions » (par évolution démographique) de communes

**Fig. 2 – Variation du nombre de communes de moins de 50 habitants
(1990-2013)**

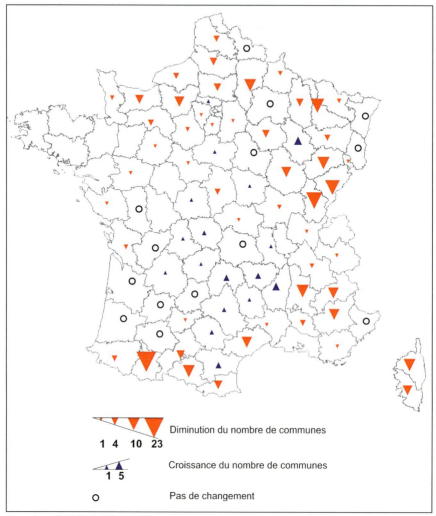

Données : INSEE 2016.
NB. Les disparitions de très petites communes par fusion concernent moins d'une dizaine
d'entités sur la période ; l'essentiel de la variation résulte donc d'un regain démographique.

de moins de cinquante habitants : y compris dans les territoires ruraux les
plus dynamiques, certaines communes, à l'inverse de la tendance générale,
franchissent vers le bas le seuil de cinquante habitants.
• Il y a néanmoins une logique de progression bien visible dans le tableau 1 :
le ratio entre franchissement « vers le haut » et « vers le bas » du seuil de
cinquante habitants est plus grand dans les départements en plus forte croissance rurale.

Fig. 3 – Anciennes et nouvelles communes de moins de cinquante habitants

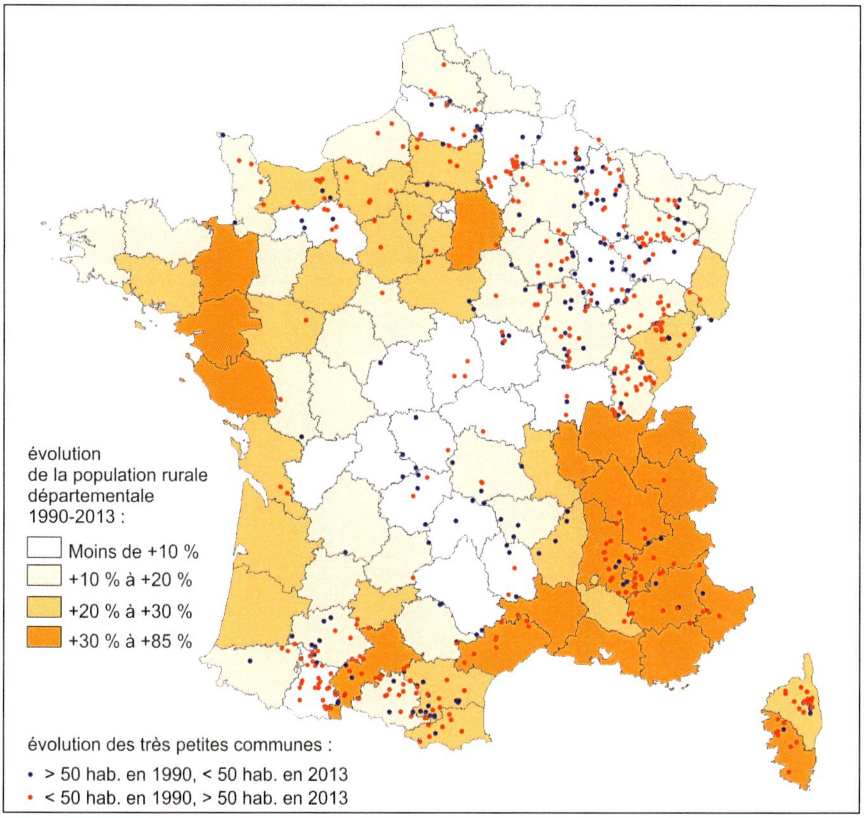

Données : INSEE 2016.
NB. Sont prises en compte les communes existant au 1er janvier 2013 ; population rurale départementale : communes hors unités urbaines d'après le zonage INSEE de 2010

Tab. 1 – Anciennes et nouvelles communes de moins de 50 habitants selon la démographie des espaces ruraux départementaux

Évolution de la population rurale départementale (1990-2013)	Nombre de communes de moins de 50 hab. en 1990 et de plus de 50 hab. en 2013	Nombre de communes de plus de 50 hab. en 1990 et de moins de 50 hab. en 2013	Nombre de communes de moins de 50 hab. en 1990 et en 2013
Inférieure à +10 %	98	64	221
De +10 à +20 %	125	61	226
De +20 à +30 %	83	33	150
De +30 à +85 %	65	14	129
TOTAL	371	172	726

Source : INSEE 2016.

À partir de ces éléments d'analyse, on peut émettre, en conclusion, l'hypothèse d'une « plasticité » accrue de la démographie des plus petites entités. En effet, elles sont souvent sujettes à des évolutions contraires aux tendances générales, soumises à des conjonctures ou à des contextes particuliers.

Un marqueur de fragilité dans certains contextes : quels sont les territoires des très petites communes ?

Les très petites communes sont présentes dans la plupart des régions françaises et dans des territoires de natures diverses (Grison, 2010, 2012). La tendance évolutive 1990-2013 (« apparition » / « disparition » de communes de moins de cinquante habitants), mise en regard de l'évolution démographique de leurs territoires (Fig. 3), permet de distinguer quelques cas de figure caractéristiques.

Effet d'accentuation

La présence de très petites communes est une marque historique d'un déclin démographique de longue haleine, lequel s'est généralement produit dans le contexte de l'exode rural entre le milieu du XIXe siècle et le troisième quart du XXe siècle. Ainsi, la quasi-totalité des actuelles municipalités de moins de cinquante habitants avaient une population beaucoup plus importante en 1850.

L'apparition régulière de nouvelles entités passant sous le seuil de la cinquantaine d'habitants dans plusieurs départements du sud du Massif central correspond bien à un déclin démographique généralisé et prolongé (Creuse et Cantal en particulier). Le cas de la Haute-Marne semble similaire (Fig. 3). Il s'agit là de poches de persistance de l'exode rural (dans des régions où il a souvent été plus tardif qu'ailleurs).

Les communes concernées correspondent souvent à des localités très isolées au sein de territoires où les pôles eux-mêmes sont en difficulté. On peut considérer qu'il s'agit alors de marges extrêmes, très fragiles. L'entité de moins de cinquante habitants est alors, bien souvent, une coquille vidée de sa substance originelle par un exode rural persistant et sans compensation migratoire. En l'espace d'un siècle, la population y a parfois été plus que décimée.

Effet de relativisation

Il est particulièrement intéressant de relever que tous les territoires ruraux considérés comme « fragiles » ne sont pas concernés par un accroissement du nombre de communes très peu peuplées. Il faut souligner, par exemple, que des départements qui perdent régulièrement de la population comme les Hautes-Pyrénées, l'Aisne, la Meuse ou la Haute-Saône connaissent une diminution parfois sensible du nombre de très petites communes.

Ici, on peut remarquer que l'isolement relatif des plus petites communes, qui sont souvent aussi de petites surfaces, est moins marqué que dans la catégorie précédente. Dans ces territoires où les distances entre localités sont souvent faibles,

les entités périphériques peuvent être plus attractives que les bourgs-centres, exprimant ainsi une forme de « micro-périurbanisation ».

En quelque sorte, dans ces territoires, la présence de très petites communes résulte davantage du fort morcellement administratif que de la fragilité intrinsèque des territoires. Leurs évolutions expriment dès lors une lecture plus fine des dynamiques territoriales. L'évolution de ces entités sur le temps long confirme cette hypothèse : il s'agit de municipalités qui n'ont jamais été très peuplées, et n'ont que rarement accueilli une palette élémentaire de services de proximité. L'identité locale s'est construite sur d'autres bases et, par conséquent, la fragilité est relative dans la mesure où le processus de fragilisation observé dans le cas précédent n'a pas été aussi marqué.

Il est intéressant de constater que, lors de l'enquête passée en 2007 auprès de plus de 500 maires de très petites communes[1], la réponse positive à la question « êtes-vous optimiste quant à l'avenir de la commune » était surreprésentée dans les territoires du Grand-Est et de Franche-Comté, alors que les édiles du sud du Massif central étaient les seuls à répondre majoritairement par la négative. L'évolution constatée confirme ainsi, d'une certaine manière, le ressenti des acteurs locaux.

Effet de clivage

Dans quelques départements comme l'Ardèche ou la Haute-Loire, les très petites communes sont de plus en plus nombreuses alors que ces départements sont globalement en croissance démographique depuis les années 1960 ou 1970. Cela traduit en réalité de fortes disparités internes entre l'Est et l'Ouest de chacune de ces deux entités. L'isolement du haut val d'Allier, pour l'un, le cloisonnement de la montagne ardéchoise, pour l'autre, favorisent la marginalisation de certains finages restés isolés.

La présence de très petites communes traduit alors un clivage important interne aux territoires, où subsistent des poches de déclin persistant. On a affaire, finalement, à une mosaïque de dynamiques locales parfois opposées, dans des espaces généralement cloisonnés par des reliefs qui favorisent la relégation de portions résiduelles.

La carte détaillée (Fig. 3) montre d'autres secteurs où cet effet peut aussi être observé. On relèvera ainsi le cas de la Drôme, dans lequel la concentration de très petites communes entre le Diois et les Baronnies se renforce au centre, tandis qu'elle tend à diminuer sur les marges des massifs, où les municipalités regagnent généralement de la population. Ici encore, la diminution globale du nombre de très petites entités masque une accentuation des divergences internes.

C'est dans cette catégorie de très petites communes que l'on retrouve les plus fragiles, celles qui ne parviennent pas à retrouver une dynamique démographique positive lorsque les pôles environnants redémarrent.

---

1 – Questionnaire envoyé par courrier à 1 640 maires de communes ayant compté moins de cinquante habitants au moins une fois lors d'un recensement entre 1962 et 1999 ; 547 réponses reçues et traitées (Grison, 2012).

Effet de blocage

Plus marginalement, des très petites communes se dépeuplent et sont « apparues » récemment en tant que communes de moins de cinquante habitants dans des territoires à la démographie plus dynamique. Le cas le plus symptomatique à ce sujet est sans doute celui du Vexin français, en pleine aire urbaine de Paris, où la commune de Theuville ne compte plus qu'une trentaine de résidents.

Les blocages peuvent correspondre à deux types de situation :

  • Un blocage foncier ou immobilier local et conjoncturel imposé par la présence d'une infrastructure, une organisation spécifique de la propriété foncière… Le cas de Celles (Hérault), exproprié avant la mise en eau du barrage du Salagou dont la retenue n'a finalement pas atteint le village, est bien représentatif de cette situation.

  • Des politiques que nous pouvons qualifier d'« inertie dynamique » (Grison, 2012-2), c'est-à-dire un refus politique de toute progression de l'habitat, refus qui intervient généralement dans un contexte de pression périurbaine.

Dans de telles configurations, le blocage n'a pas forcément vocation à durer sur le long terme. Le maintien de la commune en deçà de seuils démographiques très bas dépend davantage d'une volonté politique que de conjonctures socio-économiques.

Ces observations montrent bien que les dynamiques des très petites communes sont révélatrices de trajectoires territoriales différenciées d'espaces périphériques aux facettes multiples. Tantôt exacerbée, tantôt relativisée, la fragilité des localités les moins peuplées révèle l'impact nuancé du morcellement territorial. Les variations spatio-temporelles de la présence ou de l'absence des plus petites communes apparaissent, en outre, comme un moyen d'appréhender les divergences dans leur gouvernance.

Gouvernance et fragilités : les postures spécifiques des très petites communes

Les effets géographiques observés précédemment nous conduisent à nous poser la question du rôle de l'action des exécutifs locaux dans la spécification des dynamiques locales. Dans un premier temps, plusieurs particularités fortes de la gestion des petites municipalités doivent être soulignées. Ensuite, nous pouvons nous interroger sur les facteurs qui contribuent à une fragilisation accrue de la gouvernance des très petites communes.

La gouvernance des très petites communes : des spécificités remarquées

Des collectivités qui reposent davantage sur des bases identitaires que sur un besoin d'équipement

La cellule municipale est souvent celle où s'articulent, initialement, les services élémentaires : paroisse, école, commerces de proximité. Les compétences de base des municipalités sont d'ailleurs, outre l'entretien des espaces publics, centrées sur ces services : écoles primaires, église, cimetière, action sociale. Dans les communes les moins peuplées, ces services élémentaires sont très peu présents et, assez souvent, ne l'ont jamais été. On compte ainsi plusieurs centaines de communes sans église dans le Nord-Est de la France, et beaucoup d'entre elles n'ont jamais eu d'école. Dans la plupart des régions de forte fréquence des communes de moins de cinquante habitants, les commerces sont traditionnellement concentrés dans les seuls bourgs-centres et n'ont jamais été un attribut des communes de base. Ces localités n'ont donc pas connu la disparition de ces équipements au cours des dernières décennies, si bien que leur absence n'est pas révélatrice de déprise ou de crise, comme cela peut être vécu ailleurs.

En clair, les très petites communes reposent, d'une part, sur des bases identitaires et, d'autre part, sur le souci de la gestion de l'espace public, un peu à la manière d'une copropriété. Si ces entités ne peuvent pas (plus) se justifier par des besoins d'équipement, si elles ne correspondent pas non plus aux espaces vécus des individus, elles n'en incarnent pas moins autant de communautés locales parfois bien identifiées, et souvent porteuses d'une certaine idéologie, comme l'entend G. Di Méo (1993) : « L'idéologie territoriale d'une société localisée ne se réduit jamais à un pur produit historique ou à une mémoire inerte. Elle fonctionne toujours au contraire comme une mémoire vive, en continuelle évolution (…). Capable d'autonomie, elle peut survivre à la base économique ou géographique morte qui l'avait secrétée, puis s'adapter à de nouvelles logiques, tantôt matérielles, tantôt purement idéelles ». Dès lors, ne peut-on pas avancer que les très petites communes constituent un archétype de l'entité qui, ayant perdu tout fondement économique, se construit aujourd'hui, en tant que « mémoire vive », sur des bases essentiellement conceptuelles, peu influentes sur le développement rationnel du territoire mais répondant à une communautarisation locale persistante ?

De la gestion administrative à l'inertie dynamique

Nous avons déjà eu l'occasion d'analyser (Grison, 2012, 2013) le fait que les conseils municipaux des très petites communes assurent en majorité des actions relevant de la sphère administrative (entretien, mise aux normes), tandis que la sphère véritablement politique est peu présente dans les discours des édiles. Ces derniers se perçoivent plus souvent comme des représentants de l'État que comme des élus, et il est vrai que le maire possède cette particularité d'endosser le double rôle. La petite municipalité serait restée, davantage que les autres, dans le modèle de la Troisième République que Hervieu et Viard (2001) appelaient la « République des petits propriétaires », impliqués dans la gestion du bien commun à la manière d'une copropriété. La notion de service public est peu présente dans cette conception de la collectivité locale et pourrait expliquer le décalage entre la persistance des petites entités et leur faiblesse avérée en matière d'équipement. Il s'agirait avant tout de divergences dans la vision fonctionnelle de l'exécutif local.

En réalité, il existe des nuances dans cette situation, et une minorité des collectivités locales étudiées mettent en avant de véritables stratégies d'aménagement et de développement. C'est ainsi que, dans certaines des municipalités étudiées, une croissance, même modérée, est à mettre au crédit de la politique municipale. On peut citer, par exemple, le cas d'une commune de Lorraine qui a fait considérablement évoluer son espace public à la faveur de candidatures successives au concours des villages fleuris. D'autres sont parvenues à accueillir une ou deux familles à travers une politique ponctuelle d'investissement immobilier. Dans d'autres cas, plus nombreux, l'autonomie locale permet à la commune de se singulariser par des projets innovants (Grison, 2012). On peut citer, à titre d'exemple, la municipalité de Peyrolles (Gard), qui a développé dans les années 2000 un projet pilote associant un chantier de réhabilitation d'anciens ouvrages hydrauliques et un suivi scientifique permettant de réfléchir à de nouvelles façons d'exploiter la ressource en eau dans un contexte de montagne cévenole marquée par une forte irrégularité des précipitations.

Enfin, l'inertie est parfois clairement revendiquée. Le discours anti-urbanisation, déjà ancien dans certaines communes périurbaines, existe aussi dans un nombre significatif de très petites municipalités. L'exemple de Gadancourt, commune du Vexin qui comptait moins de cinquante habitants dans les années 1980 avant de dépasser la centaine au début des années 2000, illustre bien cette tendance : en 2008, un changement radical de majorité a été poussé, en grande partie, par le refus de la poursuite des nouvelles constructions, et s'est traduit par une baisse sensible (et volontaire) du nombre d'habitants dans les années suivantes (retour en deçà de 90 résidents).

Une école de la diversité

L'autonomie municipale de très petites communautés leur confère nécessairement une très grande diversité. En effet, la petite taille conduit nécessairement à une forte typicité de la communauté locale, qui repose sur la personnalité de quelques acteurs seulement. La capacité d'initiative et l'imagination des édiles locaux, qui ne peuvent pas s'entourer de l'ingénierie dont bénéficient les plus grandes collectivités, sont déterminantes.

La diversité de la gouvernance des très petites communes est observable à plusieurs titres, déjà analysés dans des travaux antérieurs (Grison, 2012, 2013). On peut retenir en particulier les deux éléments suivants :

• Le profil des élus. Il a été observé que le profil socioprofessionnel et l'âge des maires de municipalités de moins de cinquante habitants couvre un spectre particulièrement large. On y trouve les maires les plus jeunes et les plus âgés, une proportion d'ouvriers et d'employés plus importante qu'au plan national, une plus grande part de femmes…

• La diversité des politiques menées. Les communes les moins peuplées mettent parfois en place des innovations sur mesure, adaptées à des problématiques micro-locales et découlant de la personnalité d'un édile ou d'une petite communauté.

Une fois encore, ces points sont à la fois source de richesse et signe de fragilité. Si l'on peut se réjouir de la diversité des profils des élus, elle n'en résulte pas moins de la difficulté à composer un conseil municipal, cette difficulté étant apparue de manière plus saillante lors du scrutin de 2014, lors duquel le dépôt des candidatures a été obligatoire pour la première fois dans toutes les municipalités. De même, si l'on se félicite de l'originalité des politiques menées, elles sont souvent très dépendantes de l'investissement (et de capacités d'ingénierie souvent bénévole) d'une personne ou d'un groupe restreint d'acteurs locaux, ce qui en compromet facilement la pérennité.

En quelque sorte, la fragilité est aussi le contrepied de la liberté des communautés locales. Le plus souvent, les moyens sont très limités, mais l'engagement bénévole des habitants est plus fort. Quand elles existent, les initiatives de fleurissement, de mise en valeur du patrimoine ou les actions culturelles reflètent directement l'expression de la population qui s'y investit au-delà des ressources humaines institutionnelles. Le conseil municipal conserve un rôle de stimulateur.

Des incertitudes particulièrement sensibles

À l'instar de l'essentiel des collectivités rurales françaises, celles de moins de cinquante habitants sont soumises à des évolutions exogènes qui font peser sur l'avenir de leur gouvernance des menaces susceptibles de les fragiliser davantage. Ces évolutions exogènes sont de deux grands ordres :
  • Le renforcement des contingences administratives.
  • L'ampleur des recompositions territoriales des années 2010.

Les contingences administratives et l'irruption contrainte du politique dans les très petites communes

Comme cela a été évoqué plus haut, l'évolution du mode de scrutin municipal, qui a rendu obligatoire, à partir des élections de 2014, la déclaration préalable des candidats en préfecture, a contribué à faire légèrement évoluer la situation politique des plus petites communes. La déclaration de candidature est un acte politique qui conduit à renforcer la posture de l'élu au détriment (ou en plus) de celle de représentant de l'État. Dans les communes les moins peuplées, elle a eu tendance à fragiliser le processus électoral, le nombre de candidats ayant souvent été inférieur, au premier tour, à celui des places à pourvoir. On soulignera, en revanche, que, sur les 64 communes privées de candidats au premier tour du scrutin de 2014, une seule compte moins de cinquante habitants, ce qui signifie que les communautés locales les moins nombreuses ne sont pas forcément celles qui ont le plus de difficultés à mettre en place un encadrement.

De manière plus large, des craintes très souvent exprimées par les élus des petites communes (et généralement relayées par l'association des maires ruraux de France) concernent l'accroissement des contraintes légales et administratives. Les années 1990 et 2000 ont ainsi connu une succession de durcissements des normes en matière d'assainissement, de sécurité incendie, d'accessibilité, etc., qui ont parfois rendu difficile l'exercice d'édiles locaux dépourvus d'ingénierie.

L'ampleur des recompositions territoriales

Les années 2010 auront impulsé des évolutions considérables dans l'organisation locale des territoires politiques. Le principal mouvement a été celui de l'achèvement, puis de la restructuration rapide du maillage de l'intercommunalité à fiscalité propre. La nécessité absolue, pour toutes les municipalités, d'appartenir à des communautés de communes ou d'agglomération d'au moins cinq mille habitants[2] conduit très souvent les plus petites entités à être englobées dans des ensembles de plusieurs dizaines de localités. Ainsi, là où de très petites communes pouvaient, ponctuellement, avoir un poids significatif (et quelquefois la présidence) dans d'anciennes intercommunalités cantonales parfois très intégrées (notamment en montagne), elles s'éloignent un peu plus, aujourd'hui, des lieux de décision.

Le dispositif des communes nouvelles, créé en 2010, a eu un impact non négligeable sur le maillage local de certains départements. Il faut citer plus particulièrement la Normandie et les Pays-de-la-Loire ainsi que, dans une moindre mesure, la Dordogne, la Lozère ou le Jura. Cependant, les chiffres montrent que les communes de moins de cinquante habitants sont plutôt moins nombreuses, en proportion, à avoir intégré le dispositif. En outre, il est intéressant de constater que le Maine-et-Loire, département où le nombre de communes supprimées a été le plus important, était déjà un territoire où la population moyenne des communes rurales est largement supérieure à la moyenne nationale. Nous émettons encore une fois l'hypothèse, ici, que la conception fonctionnelle qui incite les acteurs locaux à mettre en place une commune nouvelle diffère, en général, de celle des très petites entités.

Enfin, la réforme des scrutins départementaux avec le redécoupage des cantons a conduit à un net relâchement de la trame des zones les moins denses, où se localisent en général les plus petites municipalités. Les liens avec l'exécutif départemental se sont, par conséquent, distendus pour les édiles concernés. De même que pour la nouvelle trame intercommunale, il n'est pas rare, aujourd'hui, qu'une localité marginale se retrouve à plus de trente kilomètres de son chef-lieu de référence, ce qui n'est pas sans poser de questions quant à la gestion de proximité. De telles situations étaient encore presque inexistantes dans les années 2000.

Conclusion

Cet article nous a permis d'aborder un aspect spécifique de la fragilité territoriale, à travers la question du morcellement administratif et des plus petites entités. La fragilité des communes de moins de cinquante habitants est à la fois incontestable et relative : s'il n'est pas question de mettre en doute les seuils de viabilité économique des équipements théorisés par les juristes ou économistes, force est de constater que les plus petites entités ne disparaissent presque jamais. Cette persis-

---

2 – La loi du 16 décembre 2010 avait imposé la généralisation de l'intercommunalité fiscalisée et des EPCI (Établissement Public de Coopération Intercommunale) d'au moins 5 000 habitants, excepté en zone de montagne ; la loi NOTRe de 2015 impose désormais des EPCI d'au moins 15 000 habitants, excepté en zone de montagne ou de faible densité, la population pouvant, dans ces derniers cas, descendre en-deçà, mais en aucun cas en-dessous de 5 000. Une grande partie des communes de moins de 50 habitants est concernée par cette exception. Pour ces dernières, la principale évolution de la loi NOTRe n'est donc pas tant le passage au seuil de 15 000 habitants que la généralisation de celui des 5 000.

tance envers et contre toute rationalité apparente n'est-elle pas à considérer comme révélatrice d'une force ?

Cette persistance de très petites communes peut aussi s'apparenter à une existence « hors système ». Elle témoigne de formes alternatives et marginales d'organisation territoriale, dans le sens où leur fonctionnement échappe aux références communes. On est ainsi dans une des définitions de la marginalité, qui s'appréhende par la non-conformité au modèle dominant. Cette marginalité vis-à-vis du système territorial peut être observée aussi bien dans les formes du maillage et des évolutions démographiques contradictoires, que dans les aspects fonctionnels de la gouvernance des municipalités.

Aujourd'hui, le débat porte avant tout sur la fonctionnalité de ces entités. L'évidence est que la perception du rôle de la commune diffère sensiblement selon sa taille, son histoire, ses fonctions antérieures et son insertion dans le concert des institutions territoriales. Par conséquent, la fragilité des plus petites communes est aussi partiellement le résultat, non pas de faiblesses intrinsèques, mais de contraintes posées par le législateur en fonction de sa vision de l'organisation collective. Les évolutions législatives en cours ont, en effet, tendance à favoriser une certaine normalisation nationale, ce qui peut avoir pour conséquence de fragiliser les entités les moins peuplées dont le dynamisme repose, justement, sur leur originalité.

Références bibliographiques

Brun R., 1919 – *Le Budget de Montmarlon : étude monographique d'une très petite commune du Jura*, Lyon, Faculté de droit, Anc. Ets. Legendre, 107 p.

Dafflon B., 2000 – Fusions de communes : éléments pour une dimension de référence, *Revue d'Économie Régionale et Urbaine*, Poitiers, IERF, n° 5, p. 841-860.

Di Méo G., 1993 – Les Territoires de la localité, origine et actualité, *L'Espace géographique*, Paris, Doin / Reclus, n° 4, p. 306-317.

Diry J.-P., 1992 – Commerces et services en moyenne montagne, *Des régions paysannes aux espaces fragiles*, Colloque international en hommage au professeur André Fel, Clermont-Ferrand, CERAMAC p. 247-258.

Grison J.-B., 2012 – *Les très petites communes en France : héritage sans avenir ou modèle original ?*, Clermont-Ferrand, CERAMAC 30, Presses Universitaires Blaise-Pascal, 360 p.

Grison J.-B., 2012(2) – Le développement périurbain du Pays de France : des influences urbaines différenciées », *Projets de paysage* [en ligne], 11 p.

Grison J.-B., 2013 – Ressources locales et développement territorial dans les très petites communes : un potentiel en question, *Géocarrefour*, Association des amis de la revue de géographie de Lyon, 88 (1), p. 75-86.

Herrenschmidt J.-D., 1936 – *Le Problème des petites communes en France* / thèse sous la direction de L. Rolland, Paris, Librairie générale de droit et de jurisprudence (164 p.).

Hervieu B. et Viard J., 2001 – *L'archipel paysan : la fin de la république agricole*, éditions de l'Aube, 128 p.

Jean Y. et Vanier M. (dir.), 2008 – *La France : aménager les territoires*, Paris, Armand-Colin, 336 p.

Larrère G., 1976 – Dépeuplement et annexion de l'espace rural : le rôle de la théorie des seuils de sociabilité, Toulouse, Université du Mirail, *Géodoc*, n° 7, 36 p.

Oliveau S. et Doignon Y., 2016 – La diagonale se vide ? Analyse spatiale exploratoire des décroissances démographiques en France métropolitaine depuis 50 ans, *Cybergeo: European Journal of Geography* [en ligne], DOI : 10.4000/cybergeo.27439

Perrier-Cornet P. *et al.*, 2002 – *Repenser les campagnes*, La Tour-d'Aigues, éditions de l'Aube, 280 p.

Richard J., 1928 – *Essai sur l'organisation administrative de très petites communes,* thèse sous la direction de M. Lameire, Lyon, Université de Lyon, faculté de droit, imprimerie P. Besacier, 112 p.

Roussel V., 1987 – *Étude critique des seuils de dépopulation : le cas de 23 communes du Puy-de-Dôme*, thèse sous la direction de Pierre Pascallon, Clermont-Ferrand, Faculté de sciences économiques, 342 p.

Les petites villes du Massif central : ces villes que l'on dit plus fragiles ?

Small towns in the Massif central: are they more fragile?

Jean-Charles Édouard*

Résumé : L'objet central de cet article est de s'interroger sur la fragilité des petites villes en général, et de celles du Massif central en particulier. En dehors de situations propres liées à des histoires locales singulières (notamment dans le cadre de leur développement économique), elles doivent faire face à la transformation de leurs activités économiques, à la forte évolution des politiques publiques, aux processus de recompositions et de compétitions territoriales et à l'accentuation de la métropolisation socio-économique. Tant dans la littérature qu'au regard des évolutions des principaux indicateurs statistiques, les petites villes du Massif central, malgré des spécificités régionales, semblent bien être un miroir grossissant de la fragilité des petites villes françaises et de ses enjeux. Il y a urgence, pour ces dernières, à trouver des voies de développement efficaces au risque de disparaître.

Abstract: The main aim of this article is to reflect on the fragility of small towns in general and in particular of those in the Massif central. In addition to situations directly linked to specific local history (notably in the context of economic development), these towns have to deal with the transformation of their economic activity, radical changes in public policy, the process of territorial recomposition and competition and the increased trend towards metropolitisation. Both in the literature and against the background of the main statistical indicators, small towns in the Massif central, despite specific regional characteristics, seem to act as a magnifying mirror of the fragility of all small French towns and the challenges they face. If they are not to disappear, these towns must urgently find strategies for developing effective policies.

L'objet central de cet article est de s'interroger sur la fragilité des petites villes en général, et de celles du Massif central en particulier. Bon nombre d'études ont déjà insisté sur cette fragilité à l'échelle nationale (Laborie, 1997 et 2014), comme à l'échelle régionale (Édouard, 2001 ; Férérol, 2014). En dehors de situations propres liées à des histoires locales singulières (notamment dans le cadre de leur développement économique), elles doivent faire face à la transformation de leurs activités économiques (déclin de la sphère productive, croissance de la sphère pré-

*Université Clermont Auvergne, AgroParisTech, INRA, Irstea, VetAgro Sup, Territoires, F-63000 Clermont-Ferrand, France.

sentielle), à la forte évolution des politiques publiques (MAP), aux processus de recompositions et de compétitions territoriales (loi Maptam, loi NOTRe) et à l'accentuation de la métropolisation socio-économique. Ces mutations posent globalement la question de la fragilisation des petites villes, à laquelle n'échappent pas celles du Massif central. Certains chercheurs annoncent même, de façon quelque peu péremptoire, « la fin des petites villes » (Roques, 2009).

Nous ne reviendrons pas sur la définition des petites villes, nous renvoyons pour ceci à la littérature géographique sur la question (Mainet, 2008 ; Taulelle, 2010), mais nous retenons, pour cette étude, le cadre des unités urbaines de 2 000 à 20 000 habitants. De même, pour ce qui est du concept de fragilité, nous nous appuierons sur les réflexions menées par Rieutort (Rieutort, 2006) et Couturier (Couturier 2007) et retiendrons l'idée de territoires « prêts à se briser » en lien avec l'affaiblissement des fondements de leur développement, voire de leur définition « catégorielle ». Cela se traduit par un ralentissement marqué, voire une « décroissance » forte de leurs dynamiques démographique, sociale et économique. Ces évolutions n'excluent pas, bien évidemment, des phénomènes possibles de résilience, à plus ou moins long terme, mais qui ne seront pas abordés en tant que tels dans cet article.

Notre analyse portera donc, dans un premier temps, sur l'étude de la fragilité des petites villes vue par la littérature géographique et sur celle d'un certain nombre d'indicateurs démographiques, économiques et sociologiques appliqués plus spécifiquement aux petites villes du Massif central. Nous nous interrogerons, dans un second temps, sur les raisons des situations observées en convoquant plus spécifiquement le contexte évolutif national dans lequel elles se situent à l'évidence. Enfin, il conviendra, dans un dernier temps, de s'interroger sur les leviers possibles que ces petites villes peuvent mobiliser pour retrouver ou renforcer une dynamique positive.

La fragilité des petites villes : l'approche scientifique et statistique

Les petites villes : une fragilité largement convoquée dans la littérature géographique

Si l'on considère la fragilité des petites villes comme le résultat d'un décrochage, voire d'une dynamique inverse à celle que l'on peut observer à l'échelle nationale, les articles sur les thèmes de la décroissance et de la fragilité économique, et son corolaire social (chômage, pauvreté), abondent le plus souvent en ce sens. Le lien entre ces deux situations est souvent convoqué. Ainsi Wolff *et al.* (Wolff *et al.*, 2013) décrivent-ils la décroissance comme une situation de fragilité se traduisant par un déclin démographique en lien avec la désindustrialisation, « les effets de cette dernière s'y font ressentir de manière particulièrement intense dans des contextes déjà très fragiles aux plans économique et social » , ajoutant « La plupart des villes en décroissance françaises correspondent à des aires urbaines de petite taille… les cas les plus sérieux (-0,5 %/an et au-delà) concernent exclusivement les aires urbaines de petite taille… ». Les petites villes fragiles sont alors celles qui connaissent « … des pertes de population, un retournement économique, un déclin de l'emploi et des problèmes sociaux… » (Wolff *et al.*, 2013).

On le voit, la dimension économique de la fragilité des petites villes est un aspect essentiel et, au même titre que les évolutions démographiques, elle est largement mobilisée dans la littérature scientifique. Là, également, il s'agit bien souvent de montrer en quoi les petites villes sont en situation de décrochage dans un contexte de mondialisation et de métropolisation « …affirmer encore plus leur « fragilité », leur « retard », leur « handicap » face à la mondialisation et son corolaire territorial, la métropolisation » (Carrier, Demazières, 2012). La fragilité économique des petites villes se définit aussi par une série d'évolutions défavorables se traduisant en particulier par « des pertes d'emploi représentant une part importante de l'ensemble de l'emploi total de la zone concernée » (Carrier, Demazières, 2012) ; un court-circuitage dans les principaux flux économiques et les logiques réticulaires des grands acteurs économiques : « Les investissements productifs se dirigent vers les zones métropolitaines les plus riches – et non plus, comme dans la période des trente glorieuses vers les zones offrant des ressources en main-d'œuvre abondante, peu qualifiée et peu chère… » (Veltz, 2008) ; une plus grande vulnérabilité face à la crise récente : « les territoires les plus pénalisés sont cette fois-ci les bassins industriels de petite taille. Ce sont ces territoires qui, probablement, poseront le plus de problèmes à l'avenir » (Davezies, 2010) ; et, enfin, une remise en question de leur positionnement territorial, en particulier par le déclin de leur activité productive qui a été longtemps une des caractéristiques essentielles de la catégorie : « cette forte réduction de la fonction productive au sein des villes petites et moyennes fragilise leur capacité d'intermédiation entre la fonction stratégique des métropoles et les territoires locaux » (Béhar, 2003).

Les auteurs ayant décrit la décroissance urbaine en France relient cette dernière à des situations de forte spécialisation, en particulier dans des secteurs d'activité économique en récession, se traduisant par une forte dimension régionale des situations de fragilité. Ainsi, les bassins industriels et miniers du pourtour du Massif central, de l'Auvergne, ou plus spécifiquement des départements de l'Allier et de la Nièvre sont identifiés comme appartenant à la France de la décroissance urbaine, et donc de la France des petites villes fragiles. Un article paru dans la revue *Urbanisme* en 2017 nous rappelle la permanence de cette dimension à la fois régionale et hiérarchique de la fragilité des villes : « Rappelons-nous le scénario de l'inacceptable formulé par la DATAR qui, en 1971, faisait apparaître une France dominée par les grandes vallées industrielles et urbaines. Apparaissait alors en « blanc », c'est-à-dire dans le « vide », la France des petites villes et de leur campagne… » (Beaucire *et al.*, 2017). Cette dernière analyse justifie pleinement le choix de mettre en regard les petites villes du Massif central par rapport aux évolutions des petites villes à l'échelle nationale, même si une comparaison systématique est exclue dans le cadre de cet article.

De fait, la fragilité des petites villes françaises est largement étudiée dans la littérature scientifique, situation considérée comme particulièrement accentuée dans le Massif central et ses bordures, nous allons donc, dans un second temps, nous interroger sur sa réalité statistique.

Les petites villes du Massif central : une fragilité confirmée par l'analyse statistique

Quels indicateurs pour quelle fragilité mesurée ?

L'étude de la fragilité des petites villes du Massif central à travers sa réalité statistique s'appuie sur le choix de quinze indicateurs (Encadré 1) issus de l'analyse des données statistiques de l'observatoire cartographique du Commissariat Général à l'Égalité des Territoires (CGET). Ils ont pour objectif de distinguer trois domaines de fragilités : démographique, économique et social. Les indicateurs sélectionnés sont des plus classiques et ont été traités, le plus souvent, à l'échelle de l'unité urbaine ou à défaut, quand les données n'étaient pas disponibles à cette échelle, à celle du bassin de vie ou de la commune centre. Nous avons considéré la situation de fragilité des petites villes du Massif central en regard des taux nationaux et, quand les données sont disponibles, en regard de la moyenne des petites

Encadré 1 – Indicateurs étudiés

· **Démographique**
A – Variation annuelle relative de la population entre 2008 et 2013
B – Taux annuel moyen de variation de la population due au solde migratoire apparent (1999-2013)
C – Part des plus de 65 ans (%) en 2013
D – Indice de vieillissement en 2013˙
· **Économique**
E – Indicateur de dépendance économique en 2013˙˙
F – Taux de chômage des 15-24 ans en 2013 (commune centre)
G – Évolution du nombre d'emplois au lieu de travail (%) entre 1999 et 2013.
H – Taux de survie, sur 5 ans, des entreprises en 2016 (commune-centre)
I – Part des locaux éligibles toutes technologies (DSL, câble et Fibre FttH) à un débit supérieur à 30 Mb/s en 2015 (commune centre)
J– Part de la population couverte par au moins un opérateur 4 G en 2014 (commune-centre)
· **Social**
K – Part des 20-24 ans sans diplôme en 2013 (commune-centre).
L – Part des jeunes non insérés en 2012 (ni emploi, ni scolarisés) (commune centre)
M – Taux de pauvreté pour un seuil à 60 % du niveau de vie médian en 2012 (bassins de vie)
N – Part des logements vacants en 2013
O – Part des médecins généralistes de plus de 55 ans en 2012 (bassins de vie)

---

* L'indice de vieillissement est le rapport de la population des 65 ans et plus sur celle des moins de 20 ans. Un indice autour de 100 indique que les 65 ans et plus et les moins de 20 ans sont présents dans à peu près les mêmes proportions sur le territoire ; plus l'indice est faible, plus le rapport est favorable aux jeunes ; plus il est élevé, plus il est favorable aux personnes âgées.
** Le taux de dépendance économique est le rapport entre la population des jeunes et des personnes âgées (moins de 20 ans et 60 ans et plus) et la population en âge de travailler (20 à 59 ans). Il est défavorable lorsqu'il est supérieur à 100 (ou « fort »), c'est-à-dire lorsqu'il y a davantage de jeunes et seniors que de personnes en âge de travailler.

villes françaises. Nous considérerons alors comme petites villes fragiles, celles qui enregistrent une évolution de leurs indicateurs (démographiques, sociaux, économiques) plus défavorables que celle observée à l'échelle nationale, ou à celle des petites villes françaises dans leur ensemble (Tab. 1, p. 150). L'intérêt est de mettre en évidence des situations de décrochage, et donc de « fragilisation », par rapport à une norme nationale. Ce sont plus de quatre-vingts petites villes qui ont été étudiées.

Une fragilité largement partagée, bien que d'intensité variable.

Ce sont près de 90 % des petites villes du Massif central qui cumulent plus de la moitié d'indicateurs montrant une fragilité, celle-ci étant particulièrement accentuée dans les domaines sociaux et démographiques (Fig. 1 et 3). Ce sont respectivement 88 % et 82 % des petites villes qui cumulent plus de la moitié des indicateurs défavorables. À l'inverse, c'est dans le domaine économique que les petites villes s'en sortent le mieux avec seulement un peu plus d'une ville sur deux qui cumule plus d'indicateurs défavorables que favorables (Fig. 2).

Si l'on détaille les différents indicateurs (Tab. 1, p. 150), c'est pour la part de logements vacants que les petites villes du Massif central sont dans la situation de plus grande fragilité, puisque la quasi-totalité d'entre elles (à l'exception de Vic-le-Comte et Volvic dans le Puy-de-Dôme) se trouvent avec un pourcentage supérieur à celui observé à l'échelle de la France (Tab. 1) et à la moyenne des petites villes en général (8,5 %), démontrant leur très faible attractivité résidentielle, autre élément de fragilité.

Plus globalement, c'est en termes de démographie que les indicateurs sont les plus défavorables, que ce soit pour l'évolution annuelle globale de la population entre 2008 et 2013 (84 % d'entre elles ont une évolution négative ou inférieure à celle enregistrée pour la France, et à la moyenne des petites villes, +0,5%), la part des personnes âgées de plus de 65 ans (94 % des petites villes ont une part de personnes âgées supérieure à celle de la France, et 86 % à la moyenne des petites villes françaises, 21,1%) et l'indice de vieillissement (96 % et 80 %). Pour les indicateurs démographiques, seul celui lié au taux annuel d'évolution de la population dû au solde migratoire apparent est très majoritairement favorable, avec une croissance annuelle entre 1999 et 2013 supérieure à celle de la France (Tab. 1) et proche de celle de l'ensemble des petites villes (0,5 %). Mais les petites villes du Massif central attirent surtout des personnes âgées, ce qui fragilise fortement le renouvellement de leur population.

Cependant, le fait d'être proche d'une métropole régionale (spatiale ou en distance-temps) est un gage de « résistance » démographique (Fig. 1). Le phénomène est particulièrement net pour les proximités clermontoises et montpelliéraines. L'étalement urbain avec la recherche d'espace et d'un foncier plus attractif joue pleinement son rôle. Il faut ajouter aussi le rôle de l'autoroute (Issoire, Lezoux pour Clermont ; les villes de la bordure nord de la plaine languedocienne pour Montpellier comme Ganges, Le Vigan, Lodève, Bédarieux).

Cette fragilité démographique spécifie assez fortement les petites villes du Massif central dans la mesure où, entre 2008 et 2013, à l'échelle de la France « pour plus de six petites villes sur dix la population s'accroît » (Beaucire et al., 2017).

Fig. 1 – Indicateurs de fragilité économique

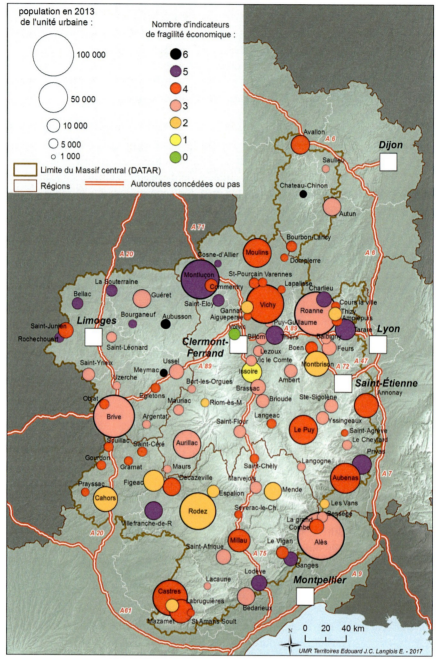

Source : d'après observatoire cartographique CGET (2017).

Fig. 2 – Indicateurs de fragilité sociale

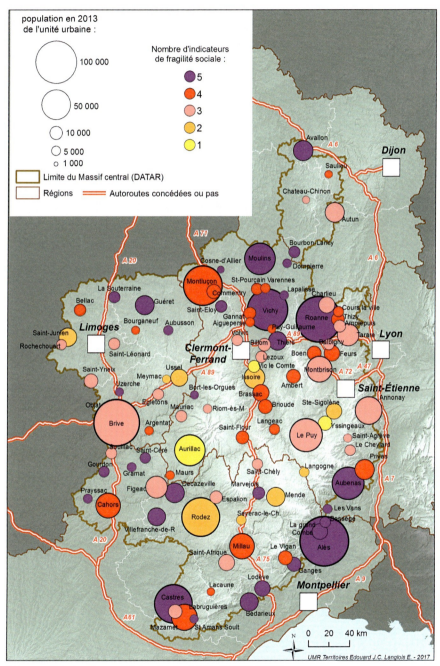

Source : d'après observatoire cartographique CGET (2017).

Fig. 3 – Indicateurs de fragilité démographique

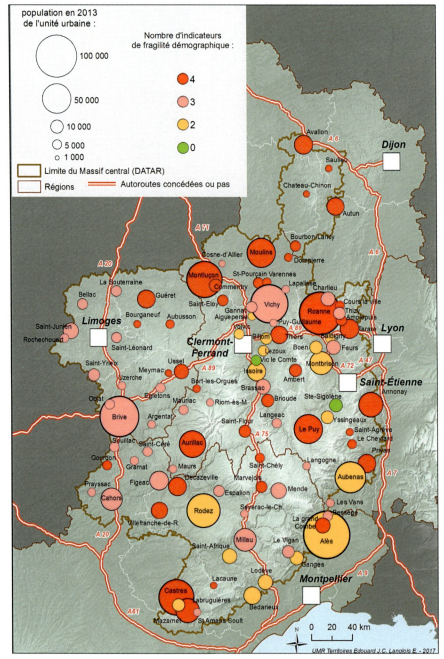

Source : d'après observatoire cartographique CGET (2017).

Plus encore, alors qu'à l'échelle nationale « les bassins de vie des petites villes sont en croissance démographique dans près des trois quart des cas » (Beaucire *et al.*, 2017), pour le Massif central, on observe un simple effet d'atténuation des évolutions négatives et non un réel renversement qui se traduirait par une dynamique plus nettement positive (Tab. 1). Nous pouvons reprendre à notre compte cette analyse de Beaucire *et al.* (Beaucire *et al.*, 2017), particulièrement adaptée aux cas des petites villes du Massif central : « Parmi les bassins de vie qui déclinent à la fois dans les petites villes et leurs marges rurales, la baisse est presque toujours plus prononcée dans la petite ville que dans sa périphérie. Autrement dit, la petite ville n'est pas le simple reflet du déclin de certains bassins de vie : elle en est le miroir grossissant » (Beaucire *et al.*, 2017)

C'est également plus de la moitié des petites villes qui a une majorité d'indicateurs de fragilité dans le domaine économique pour ce qui concerne la part de la population couverte par au moins un opérateur 4G en 2014 (commune centre) et la part des locaux éligibles toutes technologies (DSL, câble et Fibre FttH) à un débit supérieur à 30 Mb/s en 2015 (commune centre). Il y a là, sans conteste, une situation de fragilité en termes d'attractivité vis-à-vis d'acteurs économiques à la recherche des lieux les mieux « connectés ». De même, l'évolution souvent négative du nombre d'emplois au lieu de travail (%) entre 1999 et 2013 témoigne du resserrement économique de ces petites villes (perte d'emplois dans l'économie productive non compensée par ceux de l'économie présentielle, fermeture des commerces, etc.). Au regard du chiffre national (Tab. 1) et de celui des petites villes dans leur ensemble (18,5 %), il y a un net « décrochage » des petites villes du Massif central.

Toutefois, les unités urbaines résistent souvent mieux que leur bassin de vie (Tab 1). En effet, si, sans grand surprise, leur situation est souvent plus favorable pour ce qui concerne l'accès aux nouvelles technologies de communication, elles présentent également des résultats plus positifs en ce qui concerne le taux de survie sur cinq ans des entreprises (c'est également le cas par rapport à la France dans son ensemble) et l'évolution du nombre d'emplois au lieu de travail. C'est particulièrement net à l'échelle de la commune-centre, ce qui laisse à penser que les avantages de la centralité jouent encore un rôle d'amortisseur des évolutions négatives en cours, mais pour combien de temps ?

Assez clairement, ce sont les villes les plus anciennement industrialisées (Fig. 2), qui ne parviennent pas à réussir leur conversion, qui souffrent le plus, à l'image de Thiers, Tarare, Commentry, Saint-Éloy-les-Mines, Decazeville, Aubusson, Saint-Junien, Mazamet, etc. (taux de chômage élevé, évolution défavorable du nombre d'emplois au lieu de travail, faible taux de survie des entreprises sur cinq ans, etc.). À l'inverse, les petites villes davantage centrées sur l'économie résidentielle (Montbrison, Saint-Affrique, Mende) ou les petites villes qui ont su développer des « niches » industrielles (comme Le Cheylard avec la bijouterie, Annonay avec le papier d'art ou encore Souillac et la fabrication de bouchons pour parfum de luxe), ou enfin qui ont su faire évoluer leur industrie traditionnelle vers des secteurs plus porteurs (Sainte-Sigolène et l'industrie du plastique, Saint-Affrique et la Société Études et Fabrications Électroniques et Électriques qui travaille notamment pour l'A380), ont des indicateurs plus positifs, connaissant même le

Tab. 1 – La mesure de la fragilité des petites villes et bassins de vie du Massif central

Indicateurs	A	B	C	D	E	F	G	H	I	J	K	L	M	N	O
Nb PV « fragiles »/82	69	33	77	79	68	32	54	24	49	59	65	54	NC	81	NC
% PV « fragiles »	84	40	94	96	83	39	66	29	60	72	79	66	NC	99	NC
% bassins de vie « fragiles »	78	26	96	95	100	33	80,5	60	96	NC	73	51	80	100	54
Valeurs de références															
% moyen petites villes du Massif central	-0,1	0,4	26,3	112,1	118	29,1	8,3	48,2	40,6	27,5	17	19,9	NC	13,4	NC
% moyen bassins de vie du Massif central	0,1	0,5	25	124,6	115,4	26,9	5,4	36,1	22,6	NC	14,4	17,4	15,8	11,5	49,2
% France	0,6	0,2	17,4	70,6	93	28,5	13,4	36,1	44	40	12,4	17	12,7	7,6	45,8

Source : d'après observatoire cartographique CGET 2013. Pour la légende, se reporter à l'Encadré 1, p. 144.

Tab. 2 – Place et évolution de l'emploi industriel dans un échantillon de petites villes du Massif central

Petites villes	% d'emplois dans l'industrie en 1990	% d'emploi dans l'industrie en 2013
Ambert	41,2	19,8
Issoire	39,2	31,5
Puy-Guillaume	61,7	33,8
Saint-Eloy-les Mines	50,1	31
Sainte-Sigolène	66,1	45,6
Thiers	41,7	27,5
Yssingeaux	34,2	18,8

Source : RGP 1990, 2013, INSEE.

plus souvent une croissance de leur nombre d'emplois. Surtout, quand l'économie résidentielle se double d'une économie productive encore dynamique, les indicateurs économiques sont souvent encore plus favorables. L'exemple d'Issoire en est tout à fait représentatif. Cette ville compte encore de grands groupes industriels de dimension internationale qui, malgré des difficultés récurrentes, se maintiennent et offrent encore beaucoup d'emplois, et elle bénéficie d'une attractivité résidentielle liée à la proximité clermontoise et à sa situation privilégiée sur l'A75. Figeac et l'industrie aéronautique, doublée d'une attractivité résidentielle assez forte, répond à une logique de développement favorable proche dans un contexte de ville plus « isolée ». À l'inverse, on peut noter la fragilité économique accentuée des villes de la bordure nord de la plaine languedocienne (Fig. 2), qui sont par ailleurs très attractives du point de vue démographique (Fig. 1). Cela confirme leur statut de ville « dortoirs » peut être encore plus que de ville d'« économie » résidentielle.

Pour ce qui est du domaine social (Fig. 3), la fragilité est également majoritairement présente pour la part des jeunes non insérés en 2012 (ni emploi, ni scolarisés) et la part des médecins généralistes de plus de 55 ans en 2012. Nous avons là confirmation du statut souvent précaire des habitants des petites villes et de leur faible attractivité, en particulier pour les jeunes médecins. Les petites villes cumulent souvent le handicap de leur isolement, de leur faible équipement au regard des jeunes générations « éduquées » et de la métropolisation de leurs comportements socioculturels. La fragilité sociale de ces petites villes se traduit également par la part élevée des jeunes de 20-24 ans sans diplôme et celle du taux de pauvreté (Tab. 1). Ceci confirme l'attrait que ces petites villes exercent pour des populations socialement défavorisées, à la recherche d'un coût de la vie plus abordable et d'une proximité sociale et/ou familiale plus aisée (favorisant l'entre-aide en cas de difficultés). Cette fragilité sociale se retrouve très largement à l'échelle des bassins de vie qui sont un reflet assez fidèle de la situation observée à l'échelle de l'unité urbaine, avec, comme pour la démographie, un simple effet d'atténuation de la fragilité, en particulier pour le cas de la part des jeunes sans diplôme ou de ceux non insérés (Tab. 1).

Une fragilité spatialement nuancée

Plus globalement, à la lecture de la figure 4 sur l'ensemble des indicateurs de fragilité appliqués aux petites villes du Massif central, des différences géographiques sont observables, bien que la fragilité soit spatialement diffuse (seules 7 petites villes sur 82 ont une majorité d'indicateurs plus positifs qu'à l'échelle nationale). Il s'agit alors plutôt de différences dans l'intensité d'une fragilité qui reste quasiment le lot commun des petites villes du Massif central.

Si la localisation géographique globale n'intervient pas de façon nette pour favoriser ou contrer des évolutions défavorables, on observe toutefois une certaine logique de différenciation Nord/Sud. Pour les petites villes du Sud du Massif central, c'est bien souvent l'attractivité démographique (évolution positive de la population, solde migratoire positif) qui atténue l'intensité globale de la fragilité. Par contre, la proximité des métropoles internes ou externes à la région joue également positivement, c'est particulièrement net pour les petites villes proches de la métropole clermontoise, mais également, de façon plus atténuée, de celles proches de Saint-Étienne (Sainte-Sigolène, Yssingeaux). Si Montpellier joue favorablement sur les indicateurs démographiques des petites villes de la bordure sud-est du Massif central, en lien notamment avec une stratégie de repli face à la pression foncière et immobilière de l'agglomération montpelliéraine, ce n'est pas le cas pour ceux liés aux domaines économiques et sociaux qui sont le plus souvent particulièrement défavorables (Ganges, Bédarieux, Lodève, Le Vigan…).

L'effet de taille ne joue pas non plus un rôle net sur la résistance à la fragilité. Les villes moyennes ont un nombre d'indicateurs défavorables aussi élevé que les plus fragiles des petites villes à l'exception d'Aurillac, Rodez et Montbrison. Très clairement, comme à l'échelle nationale, c'est surtout le profil économique qui importe (Wolff *et al.*, 2013 ; Davezies, 2010). Ainsi, les villes les plus fragiles sont-elles aussi les plus industrialisées historiquement, villes d'industries lourdes et villes minières entre autres (Montluçon, Aubusson, Thiers, Saint-Éloy-les-Mines, Decazeville, Commentry…). C'est notamment le cas pour les petites villes des moyennes montagnes « industrialisées » du Roannais, du Lyonnais et des Cévennes, comme Tarare, La Grand Combe, Amplepuis, etc. (difficultés de l'industrie textile ou du travail du cuir en particulier).

Si la fragilité des petites villes du Massif central est assez marquée pour un grand nombre d'entre elles, et résulte pour partie de trajectoires économiques et d'un positionnement géographique spécifique, celles-ci n'en subissent pas moins des évolutions plus générales et partagées à l'échelle nationale, qui accentuent, voire alimentent leurs difficultés.

Les petites villes du Massif central : une fragilité en lien avec des mutations observées à l'échelle nationale

Les petites villes connaissent des mutations décisives susceptibles de les fragiliser durablement, voire de remettre en question leur existence même. En effet, ce qui instituait la petite ville, telle qu'elle avait pu être définie, notamment par Laborie dans sa thèse de 1978 (publiée en 1979), s'est effondré ou est en train de s'effondrer. Les petites villes du Massif central sont particulièrement représentatives de cette évolution.

Les effets de la désindustrialisation

À l'instar de ce que l'on peut observer à l'échelle nationale, les petites villes du Massif central connaissent une désindustrialisation forte depuis près de quarante ans. Entre 1962 et 1975 ces petites villes constituaient des centres d'industrialisation massive façonnant très largement leur paysage, leurs fonctions, leur attractivité. Par contre, entre 1975 et 1999, Férérol précise que « globalement le secteur industriel s'est effacé du Sud du Massif central. En 1975, 22 % des villes étaient au-dessus de la barre des 50 % d'emplois industriels contre 5 % en 1999 » (Férérol, 2014).

Malgré tout, le Massif central abrite de nombreuses petites villes encore fortement « industrialisées » tant le nombre d'emplois dans le secteur secondaire y reste plus élevé qu'à l'échelle nationale, 14,1 % (Yssingeaux, Sainte-Sigolène, Ambert,

Fig. 4 – Synthèse des indicateurs de fragilité

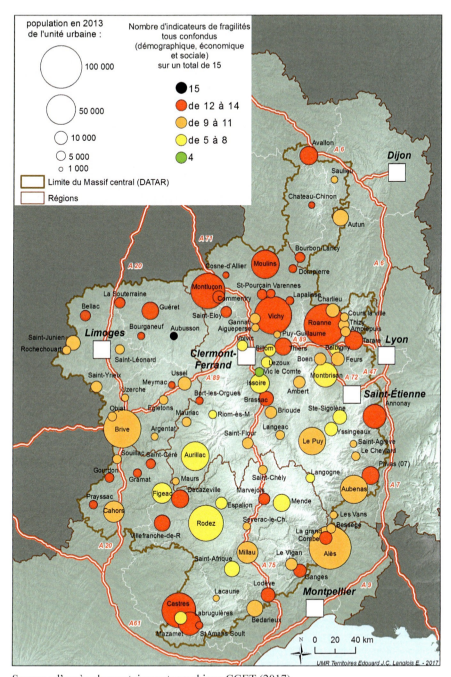

Source : d'après observatoire cartographique CGET (2017).

Thiers, Issoire…) et même supérieur au poids moyen que l'industrie représente dans l'emploi pour l'ensemble des petites villes françaises (17,1 %)

Les petites villes du Massif central ont souvent été le lieu privilégié de localisation d'une industrie dite « fordiste », aboutissant parfois à des situations de quasi mono-industrie (à l'exemple de Saint-Chély-d'Apcher avec Arcelor-Mittal), ou de forte spécialisation dans des secteurs traditionnels à faible valeur ajoutée (Laborie, 1979 ; Edouard, 2017). L'importance de ce type d'industrie dans les petites villes du Massif central ne constitue pas en soi une exception dans la mesure où elle rejoint ce que l'on peut constater notamment dans les petites villes d'autres régions de moyenne montagne (Jura, Vosges, Ardennes), voire dans d'autres régions françaises comme les Pyrénées (Saint-Girons, Lavelanet…).

Toutes ces petites villes connaissent aujourd'hui une difficile transition économique. Elles ont été et sont fortement vulnérables face aux crises industrielles qui se succèdent depuis les années 1970. Comme on peut le voir sur le tableau 2 (p. 150), la régression de l'emploi dans l'industrie a été sévère, et l'on pourrait multiplier les exemples en ce sens. Bon nombre de petites villes du Massif central ont vu leur taux de chômage au moins doubler (Yssingeaux, Sainte-Sigolène, Thiers…) voire tripler comme dans le cas d'Ambert depuis le début des années 1980, où on est passé de 3,9 % à 9,3 % de chômeurs entre les recensements de 1982 et 2013.

Il y a donc une remise en question continue de la base même du tissu économique qui caractérisait les petites villes, même s'il existe encore, dans le Massif central, des petites villes industrialisées qui résistent grâce à l'innovation, à des produits concurrentiels, à des niches (Figeac et l'aéronautique, Le Cheylard et la bijouterie, Saint-Pourçain-sur-Sioule et Lezoux et le travail du cuir de luxe…), mais qui répondent à des logiques économiques qui ne sont plus spécifiques à celles des petites villes.

La disparition des services publics et la fragilisation des commerces

De même, la question du maintien des services publics, bien que d'échelle nationale, est particulièrement sensible pour les petites villes du Massif central. Beaucoup d'entre elles sont des préfectures ou sous-préfectures, et la fonction publique territoriale de proximité représentait un marqueur essentiel de leur catégorisation et le fondement traditionnel de leur rôle d'animation des territoires. La contradiction entre le besoin de rationalisation et l'équité territoriale est au cœur même des choix d'aménagement, et ces villes sont au centre de ce débat tant leurs services publics sont aujourd'hui menacés (hôpitaux, maternités, postes, gendarmeries, tribunaux, etc.). À titre d'exemple, à Ambert, la maternité est déjà fermée, et la brigade de recherches (gendarmerie) est également sur la sellette. De même, la maternité de Mauriac a été remplacée en 2006 par un Centre Périnatal de proximité. Celle de Saint-Flour est menacée, à laquelle il faut ajouter celles de Decazeville, Ussel, Privas, Saint-Affrique, Ganges qui sont, depuis 2013, dans le viseur de la cour des comptes car effectuant moins de 300 accouchements par an, sans compter que, pour certaines petites villes, les fermetures sont déjà très anciennes (la maternité de Brioude est fermée depuis près de 20 ans). Pour la plupart de ces petites villes, certains services hospitaliers ont été réduits voire ont disparu.

En ce qui concerne le commerce, les petites villes du Massif central rejoignent globalement les évolutions observées au niveau national (forte érosion des commerces indépendants, développement des formes concentrées de distribution, apparition et développement des commerces franchisés, « périphérisation » de l'offre commerciale, évasion vers les zones commerciales périphériques des villes plus grandes). La fragilité commerciale des petites villes, qui se traduit principalement par un effondrement des chiffres d'affaires des commerces de centre-ville, s'explique par la concurrence forte d'agglomérations proches plus grandes et mieux équipées vers lesquelles le recours direct est de plus en plus important, par un environnement de faible densité et dont l'évolution démographique est négative et à laquelle on peut ajouter un potentiel limité en termes de pouvoir d'achat, et enfin (surtout ?) par une forte altération de leur centralité de part l'éclatement de leur espace urbain, même si l'on ne peut pas parler encore de réelles centralités secondaires (Boino, 2001 ; Bourdeau-Lepage *et al.*, 2009).

Les petites villes du Massif central participent pleinement à cette dernière évolution, à quelques exceptions près qui résultent d'un choix politique volontariste. Ainsi, l'ancien maire de Puy-Guillaume (M. Charasse, ministre du Budget sous la présidence Mitterrand) a-t-il refusé l'installation en périphérie de formes concentrées de distribution commerciale. Plus souvent, les petites villes, à l'image de Privas, se retrouvent avec des centres-villes vidés de leurs contribuables, et dans l'impossibilité de les entretenir (réseaux, façades…), contribuant alors à renforcer leur manque d'attractivité, tant pour les résidents que pour les commerces qui préfèrent s'installer dans des bâtiments modernes en périphérie, d'accès aisé et avec des possibilités de stationnement simplifiées. À titre d'exemple, le récent rapport sur la revitalisation commerciale des centres-villes de juillet 2016, commandité par l'Inspection Générale des Finances et le Conseil Général de l'Environnement et du Développement durable, fait état d'un pourcentage de vacance commerciale de 21,3 à Annonay et supérieure à 15 à Mende.

Vue de Paris, les petites villes n'existent pas... reflet de la fragilité de leur statut « urbain »

À l'instar des petites villes françaises, les petites villes du Massif central sont également fragilisées par la place marginale qu'elles occupent dans les politiques publiques et dans les nouvelles priorités de l'aménagement. En effet, si beaucoup de petites villes se retrouvent au cœur des recompositions territoriales (Pôle d'Équilibre Territorial et Rural – PETR, intercommunalités), elles n'en sont pas moins ignorées dans les politiques publiques nationales. Il n'y a pas de vrais programmes nationaux adaptés à ce niveau hiérarchique. Cette ignorance reflète, en particulier, la fragilité du statut « urbain » de la petite ville vu par les décideurs nationaux. Pour ces derniers, l'urbain est surtout associé aux grandes villes et les petites villes sont alors plus ou moins implicitement du côté du rural. Cette dissolution de la petite ville dans le rural est d'autant plus accentuée qu'elle est confortée par un discours politique et scientifique ruralisant omniprésent concernant le Massif central.

Les outils récemment mis en place par la DATAR témoignent toujours de cette approche. Les Pôles d'Excellence Rurale (PER) concernent plutôt le monde rural, alors que les Pôles de Compétitivité sont destinés aux villes plus grandes compte tenu de la nécessité de disposer de ressources technopolitaines, absentes des petites villes. Ainsi, faute de reconnaissance politique nationale, le positionnement de la catégorie petite ville se trouve-t-il fragilisé, alors qu'elles jouent, sans conteste, encore bien souvent un rôle structurant important pour leur territoire environnant, comme le montre (démontre ?) le cas des PER. À titre d'exemple, dans le cas des Pôles d'Excellence Rurale du Massif central, la moitié des dossiers PER avait une structure porteuse située dans une ville petite ou moyenne et, quand elles n'étaient pas porteuses, une ou plusieurs petites villes ont été très souvent des partenaires primordiaux et actifs (Saint-Flour, Brioude, Ussel, Gourdon, Millau, Villefranche-de-Rouergue, etc.), et cela sans pour autant qu'elles y soient clairement identifiées.

Répondre à une situation de fragilité : quelles voies possibles ?

Bien qu'affaiblies dans une vision classique de leur centralité[1], il n'en demeure pas moins que les petites villes représentent encore le niveau de base des réseaux urbains, en particulier à l'échelle régionale et, pour certaines d'entre elles, continuent à jouer un rôle d'interface actif entre les villes et les campagnes, dans la mesure où elles restent des pôles de centralité commerciaux et de services pour les populations qui résident dans un environnement plus ou moins proche. À ce titre, dans le Massif central, plus qu'ailleurs en France, l'encadrement urbain est largement assuré par des petites villes. C'est le niveau urbain le plus fréquemment rencontré et donc le plus accessible. Dans la partie Sud, ces villes profitent même de la « renaissance » démographique et polarisent un territoire étendu dans le cadre d'un semis urbain plus lâche, à l'abri de l'influence directe des grands centres urbains. Elles entretiennent des liens plus étroits avec l'espace rural qu'elles continuent de contrôler fortement (Langogne, Marvejols). À travers leur offre de services (forte croissance des services privés en particulier), leurs activités culturelles et leur offre d'emplois, les petites villes assurent l'essentiel de l'attractivité résidentielle de ces territoires ruraux. Plus généralement, ce rôle d'interface encore actif se traduit aussi par le rôle de pôle de centralité majeur joué par les petites villes dans de nombreux zonages du Massif central, comme à l'échelle nationale : ceux des zones d'emploi, des unités urbaines et des bassins de vie (équipements, accès aux services). Notons, dans ce dernier cas, qu'une très forte majorité d'entre eux (plus des trois quarts) ont pour pôle une petite ville. Ceci confirme bien le rôle d'animation des territoires de proximité que les petites villes peuvent jouer. L'un des enjeux principaux auxquels doivent répondre alors les politiques publiques menées dans les petites villes du Massif central, comme à l'échelle nationale, est bien celui de leur capacité à s'adapter tout à la fois à la transformation des activités et des modes de vie, à l'accroissement des mobilités et aux nouvelles exigences en matière de qualité de vie. La question centrale est donc bien de s'interroger sur les voies de développement ou de résistance, possibles face à ces évolutions. Trois pistes sont ici explorées.

---

1 – Considérée, ici, comme l'analyse du positionnement structurant des petites villes et de leur capacité à attirer ou maintenir des populations et/ou des acteurs économiques.

Confirmer la carte de l'économie présentielle

À coup sûr, le marquage territorial des petites villes ne peut s'appuyer que sur des atouts relativement bien identifiables. Elles ne peuvent effectivement raisonnablement pas jouer sur les avantages recherchés par les activités à forte valeur ajoutée visant les « proximités enrichissantes » des espaces métropolitains (Laborie *et al.*, 2004). C'est pourquoi, elles mettent plus fréquemment en valeur les atouts de leur espace résidentiel, même si, là également, le risque de banalisation de la catégorie petite ville est grand tant cette stratégie est devenue majoritaire au niveau des territoires et, ce, quelle que soit leur localisation (« périurbaines » ou plus isolées) et, si la question de la durabilité d'une telle stratégie, non doublée d'une économie productive suffisamment importante, reste entière.

L'importance de l'économie présentielle comme secteur de développement territorial, de renouvellement ou d'affirmation de leur centralité, domine le vecteur de l'économie productive (dans le Massif central, seules les petites villes de Bourbon-Lancy, Volvic, Cours-la-Ville, Sainte-Sigolène ont une part d'emploi dans l'économie présentielle inférieure à 50 %). Alors que, en France, en 2013, la part des emplois dans la sphère présentielle était de 65,9 % et celle de l'ensemble des petites villes françaises de 66,3 %, pour les petites villes du Massif central on atteint 69 %. De même, la dynamique de croissance sur les vingt dernières années (1990-2013) est plus forte pour ces dernières qu'à l'échelle de la France (+8 points de pourcentage dans le premier cas, contre + 6 points). Un certain nombre de petites villes ont même connu une croissance assez spectaculaire de la part des emplois de la sphère présentielle, majoritaire en 2013 alors que l'économie productive occupait encore la majorité des emplois en 1990. On trouve dans ce cas des petites villes comme Le Cheylard, Boën, Balbigny, Tarare, Amplepluis, Dompierre-sur-Besbre, Saint-Éloy-les-Mines….

De même, les enquêtes comme l'analyse des documents de marketing (sites Internet, plaquettes d'information, magazines municipaux) effectuées par Mainet (Mainet, 2011) montrent les efforts de communication sur les aménités de la localité, à l'exemple d'Ambert, en reprenant divers thèmes : l'éloignement de la concentration des métropoles, les qualités environnementales, la sociabilité construite autour des processus d'interconnaissance, la centralité enrichie d'un bon niveau d'équipements publics dans ces villes chefs-lieux, la place accordée à l'espace public ou aux qualités du centre historique. Cela montre que l'attractivité n'est plus liée aux seuls critères économiques, à l'équipement ou à l'aire de rayonnement, mais se caractérise par une grande variété de contenus. La polarisation organisée par les petites villes s'intègre aux champs de la gestion locale (culture, urbanisme, développement local, image). Elle acquiert donc une plus grande dimension stratégique pour les petites villes dans la mesure où elle autorise un approfondissement des spécificités locales et pourrait donc permettre un positionnement plus original basé sur une meilleure différenciation de l'offre par rapport aux autres échelons territoriaux, voire entre les petites villes. L'une des voies possibles choisies est alors souvent celle de la valorisation des atouts patrimoniaux pour des centres urbains souvent caractérisés par leur richesse dans ce domaine, en lien ou non avec une valorisation commerciale par l'intégration de cette activité dans des bâtiments rénovés ou réhabilités. On est alors dans le registre d'une attractivité liée à l'image positive que l'on veut donner au lieu (Monnet, 2000).

Valoriser ou revaloriser une centralité symbolique

Dans les années 1980-2000, on a vu se multiplier, dans les politiques publiques locales, des opérations de valorisation patrimoniale (Figeac, Saint-Pourçain-sur-Sioule, Thiers, Cahors…) et, ce, même pour des petites villes, *a priori*, à faible potentiel dans ce domaine, à l'instar de ce que l'on a pu observer, par exemple, dans les petites villes de l'Isère dans les années 1990-2000 (Périgois, 2006). En tout état de cause, ce thème a été très présent dans les discours et les actions des élus et acteurs des petites villes pendant plusieurs décennies. Cette valorisation concernait prioritairement les centres-villes et participait bien à une volonté de renforcement de leur centralité qui, depuis la fin des années 1970, souffrait particulièrement de problèmes de dégradation de l'habitat et du patrimoine bâti, de circulation et de stationnement, de dévalorisation des espaces publics centraux et de dépeuplement. Pour cela, les acteurs des petites villes n'ont pas hésité à se faire accompagner quelquefois par les CAUE (Conseil Architecture Urbanisme Environnement) de leur département ou à se doter d'outils de Sauvegarde et de Valorisation de leur centre ancien (Figeac, Thiers, Cahors…). Même si les résultats se font souvent attendre, notamment en matière d'attractivité résidentielle, ces opérations ont souvent permis de freiner l'hémorragie démographique et économique des centres-villes, même si leur situation reste fragile. Figeac est souvent citée en exemple d'une valorisation de son centre-ville réussie et d'une bonne intégration du commerce à la valorisation du patrimoine. Notons tout de même que, pour cette petite ville, la commune-centre avait perdu 500 habitants entre 1975 et 1990, elle en a regagné près de 400 depuis, même si, pour la période la plus récente (2008-2013), les chiffres sont repartis à la baisse ! Par contre dans le même temps, le bassin de vie de Figeac a gagné près de 400 habitants. La dynamique démographique se reporte donc sur un territoire élargi dont l'enjeu pour Figeac est d'y affirmer son rôle politique. C'est là, sans aucun doute, que se trouve, pour les petites villes du Massif central, comme pour les petites villes en France, un défi à relever porteur d'un potentiel de renouvellement de leur centralité.

Affirmer leur rôle politique dans les nouveaux territoires de gestion

En plus d'une centralité construite et symbolique et donc identitaire, beaucoup de petites villes peuvent jouer aussi la carte d'une centralité décisionnelle définie comme une aptitude à gérer les relations politiques avec leur environnement. Cette capacité à créer ou renouveler sa centralité participe aussi de la durabilité de la petite ville et de ses territoires. De plus, cet enjeu peut être source d'innovation tant pour ce qui concerne la conception des projets que pour ce qui touche à la transversalité entre services opérationnels et entre acteurs (gouvernance). Les petites villes doivent valoriser le fait d'être aujourd'hui souvent au cœur des nouveaux territoires de gestion et de projet mis en place depuis une quinzaine d'années (EPCI, Pays) en affirmant un rôle d'impulsion et de coordination des politiques locales. Ainsi la petite ville de Privas (8 300 habitants), en Ardèche, a-t-elle joué un rôle moteur dans le projet d'implantation du Centre Européen de Nouvelles Technologies (CENT) à Saint-Julien-en-Saint-Alban[2] (1 200 habitants), commune rurale membre de la communauté de communes Privas Rhône Vallées. Plus généralement, en raison de leur concentration en ressources et en compétences humaines et techniques, les petites villes sont des acteurs majeurs de l'élaboration des PLU (Plan Local d'Urbanisme) intercommunaux, voire des SCOT (Schémas de Cohérence Territoriale). À titre d'exemple, dans le Pays de Saint-Flour (Cantal), l'élaboration du SCOT de la communauté de communes a été lancée sous l'impulsion du sénateur-maire radical Pierre Jarlier, avec l'ambition de faire du renforcement du pôle de centralité l'un des enjeux majeurs du document.

En guise de conclusion…

Très clairement, les petites villes du Massif central sont dans une situation de « décrochage » au regard des évolutions enregistrées à l'échelle nationale, et de celles de l'ensemble des petites villes françaises. Cela résulte, pour l'essentiel, d'une adaptation des principaux indicateurs démographiques, économiques et sociaux à un tissu humain plus faible que dans d'autres régions plus densément peuplées. Cette fragilité est aussi liée à trois types de situation, que l'on retrouve à l'échelle nationale, particulièrement marqués dans le Massif central.

La première concerne l'absence d'une représentation symbolique très vivace du centre-ville faute d'une qualité architecturale reconnue et valorisée (qui ne permet pas notamment de mobiliser des crédits régionaux et/ou nationaux). C'est souvent le cas de villes en forte crise industrielle comme Decazeville, ou des anciennes villes minières comme Saint-Éloy-les-Mines. La deuxième situation correspond à un environnement géographique lui-même fortement fragilisé par des densités faibles, une population « vieillie » et en diminution, un niveau de consommation faible (agriculture peu performante, faible attrait résidentiel et/ou touristique). On l'a vu, contrairement à ce qui se passe bien souvent à l'échelle nationale, les bassins de vie dans le Massif central, accompagnent, ou reflètent, les difficultés observées dans la petite ville. On trouve dans ce cas de figure beaucoup de petites villes, avec leur bassin de vie, des zones de moyennes montagnes du Massif central. Enfin, à l'échelle nationale, une centralité réussie, capable d'entretenir une dynamique positive pour les petites villes, s'appuie aussi sur une organisation de la gestion territoriale intercommunale efficace, volontaire, reconnaissant le rôle central de la petite ville qui apparaît notamment clairement dans l'appellation des nouveaux

---

2 – Le CENT est un village paysager d'architecture régionale qui s'organise autour de trois hameaux (un pôle d'accueil pour les entreprises de Nouvelles Technologies de la Communication et de l'Information ; des logements destinés à l'hébergement des chercheurs et du personnel ; des résidences de tourisme, commerces, villages de marques, structure de santé et de remise en forme). Son ouverture est prévue en 2018.

territoires de gestion constitués. Ce dernier cas de figure est trop rare dans le Massif central. En effet, par exemple, seules sept petites villes donnent leur nom au Pays (devenus ou non PETR) dont elles constituent le pôle principal[3].

Au final, les petites villes du Massif central, malgré des spécificités régionales, semblent bien être un miroir grossissant de la fragilité des petites villes françaises et de ses enjeux. Les défis à relever par les acteurs des petites villes sont de taille et la question de la spécificité de leur stratégie reste entière : l'impression d'une duplication « en plus petit » de politiques déjà expérimentées dans les grandes villes domine, alors que les atouts des petites villes sont, sans conteste, beaucoup plus nombreux et variés que la simple valorisation des aménités résidentielles peut-être trop souvent considérée comme le seul atout de développement possible.

Références bibliographiques

Béhar D., 2003 – *Les politiques régionales en direction des villes moyennes. Les villes moyennes, situation et enjeux*, Paris, Étude Acadie, 28 p.

Boino P., 2001 – Périurbanisation et renouvellement des centres secondaires dans la région lyonnaise, Lyon, *Géocarrefour*, n° 76-4 , p. 375-382.

Bourdeau-Lepage L., Huriot J.-M., Perreur J., 2009 – À la recherche de la centralité perdue, Paris, Armand Colin, *Revue d'Économie Régionale et Urbain*e (RERU), 3, p. 549 -572.

Bretagnolle A., 1999 – *Les systèmes de villes dans l'espace-temps : effets de l'accroissement de la vitesse sur la taille et l'espacement des villes*, thèse de doctorat de l'Université Paris 1 Panthéon-Sorbonne.

Carrier M., Demazières C., 2012 – Introduction, la socio-économie des VPM : questions théoriques et implication pour l'aménagement du territoire, Paris, Armand Colin, *RERU*, 2/2012 (avril), p. 135-149

Couturier P., 2007 – Espaces ruraux marginaux ou fragiles : les catégories analytiques à l'épreuve des pratiques socio-spatiales dans le Haut-Forez, Rennes, *Norois*, 202-1, p. 21-33.

Davezies L., 2010 – *La crise et nos territoires : premiers impacts*, rapport préparé par L. Davezies pour l'AdCF, Paris, Caisse des dépôts et l'institut CDC pour la recherche, Les notes territoriales de l'AdCF, 96 p.

Davezies L., 2012 – *La crise qui vient. La nouvelle fracture territoriale*, Paris, Seuil, coll. « La République des idées », 111 p.

Edouard J.-C., 2001 – *Organisation et dynamique urbaine de la bordure septentrionale du Massif Central*, Clermont-Ferrand, PUBP, CERAMAC 16, Fondation Varenne, 590 p.

Edouard J.-C., 2007 – *La petite ville, objet géographique : enjeux, acteurs, stratégies*, dossier de HDR présenté à l'Université Blaise-Pascal, vol. 3, 241 p.

Edouard J.-C., 2017 – Les petites villes auvergnates tirent leur épingle du jeu, Paris, *Revue Urbanisme*, n° 403, p. 34-37.

Férérol M.E., 2014 – Les petites villes des espaces interstitiels et l'industrie : un couple indissociable, l'exemple du Massif central, Lille, Université de Lille Sciences et Technologies, *Territoire en mouvement*, 23-24, p. 15-27.

---

3 – Ambert, Brioude, Issoire, Saint-Flour, Saint-Yrieix, Cahors, Figeac.

Guillaume R., 2008 – L'évolution de l'emploi industriel en France 1994-2004, Avignon, *Mappemonde*, vol. 90, n° 2, URL : http://mappemonde.mgm.fr/num18/articles/art08201. html, 26 p.

Laborie J.-P., 2009 – Les petites villes face aux fermetures des services publics, *Aménager la France*, Colin, Paris, p. 239-255

Laborie J.-P., Delpeyrou C. et Defrance C., 2004 – Quelle place pour les petites villes dans les Pays ? Vers l'émergence de nouvelles centralités, *in* Barreau M. et Taulelle F. (dir.), *Des Pays pour quoi faire ?*, *Geodoc,* 53, Toulouse, Université de Toulouse-Le-Mirail, p. 9-20.

Laborie J.-P., 1997 – Les petites villes et la métropolisation. État de la question à travers la recherche universitaire, *in* Laborie J.-P. et Renard J. (dir.), *Bourgs et petites villes*, Toulouse, Presses Universitaires du Mirail, Collection Villes et Territoires, n° 10, p. 21-50.

Laborie J.-P., 1979 – *Les petites villes*, Paris, éditions du CNRS, 363 p.

Mainet H., 2008 – Qu'est-ce qu'une petite ville ? », *BAGF*, n° 1, p. 13-22.

Mainet H., 2011 – Les petites villes françaises en quête d'identité. Ambiguïté du positionnement ou image tactiquement combinée ? , *Mots. Les langages du politique*, n° 97, p. 75-89.

Martinez-Fernandez C., Audirac I., Fol S., Cunningham-Sabot E., 2012 – Shrinking Cities: urban challenges of Globalization, *International Journal of urban and regional research*, vol. 36, n° 2, p. 213-225.

Monnet J., 2000 – Les dimensions symboliques de la centralité, *Cahiers de G*éographie du Québec, Volume 44, n° 123, p. 399-418.

Paulus F., 2004 – *Co-évolution dans les systèmes de villes : croissance et spécialisation des aires urbaines françaises de 1950 à 2000*, thèse de doctorat, Université Paris 1 Panthéon-Sorbonne.

Perigois S., 2006 – *Patrimoine et construction d'urbanité dans les petites villes. Les stratégies identitaires de la requalification des centres-villes en Isère*, Thèse de doctorat, Université J. Fourier, Grenoble, 547 p.

Rapport, 2016 – *La revitalisation commerciale des centres villes*, IGF et CGEDD, 47 p. http://www.economie.gouv.fr/files/files/PDF/Rapport_RevitalisationcentresvillesVdef

Rieutort L. (dir.), 2006 – *Le Massif central, Haute Terre d'initiatives*, Clermont-Ferrand, PUBP-CERAMAC, Hors-série, 124 p.

Roques J.-L., 2009 – *La fin des petites villes : une modernité envahissante*, Paris, L'Harmattan.

Savy M., Veltz P., 1993 – Les nouveaux espaces de l'entreprise, La Tour d'Aigues, DATAR-édition de l'Aube, 119 p.

Sibertin-Blanc M., 2008 – Différenciation territoriale et enjeux d'aménagement des petites villes - l'exemple de l'action culturelle, Paris, *BAGF*, n° 1, p. 43-53.

Taulelle F., 2010 – La France des villes petites et moyennes, *La France, une géographie urbaine*, Paris, A. Colin, p. 149-166.

Veltz P., 2004 – Penser l'attractivité dans une économie résidentielle, Paris, *Pouvoirs Locaux*, n° 61, p. 44-51

Veltz P., 2008 – *La grande transition*, La Tour d'Aigues, L'Aube, Poche essai, 157 p.

Wolff M., Fol S., Roth H. et Cunningham-Sabot E., 2013 – Shrinking Cities, villes en décroissance : un mesure du phénomène en France, Paris, *Cybergeo*, revue européenne de géographie, Aménagement-Urbanisme, n° 661.

Espaces fragiles – Construction scientifique, dynamiques territoriales et action publique
Presses Universitaires Blaise Pascal, Territoires 1, 2017, p. 163-176

Urbanisation dans des territoires fragiles convoités : problématique de développement dans la région de Nefzaoua dans le Sud-Ouest tunisien

Urbanisation in fragile territories under pressure: development issues in the region of Nefzaoua, south-west Tunisia

Najem Dhaher*

Résumé : L'évolution de l'urbanisation dans les zones désertiques tunisiennes a conduit, dans les dernières années, à de nouvelles formes de territorialisation de l'action publique et de la gouvernance à travers lesquelles les agglomérations sahariennes de Nefzaoua ont pu affirmer un positionnement souvent mitigé. Aujourd'hui, l'action publique en matière d'aménagement et de développement urbains dans ces territoires fragiles et convoités connaît des mutations sensibles. Occupés par une population locale en difficulté économique, le développement, dans ces espaces sous contraintes et précaires, représente, aujourd'hui, une problématique à part entière. En effet, malgré un potentiel en termes d'aménités naturelles et culturelles, l'environnement humain et les écosystèmes oasiens sont menacés par un ensemble de facteurs liés à l'extension des terres agricoles, à la surexploitation des nappes d'eau, au morcellement des terres, à la modification des pratiques de gestion traditionnelles, à des stratégies de mise en tourisme et, essentiellement, à une urbanisation croissante et souvent incontrôlée. Aujourd'hui, l'organisation spatiale de ces agglomérations sahariennes est perturbée sous la pression des dynamiques qui la traversent.

Abstract: *The evolution of urbanization in Tunisian desert zones has led in the last few years to new forms of territorialisation of public policy and governance that have allowed the Saharan urban areas of Nefzaoua to assert a position that is often contradictory. Current public policy regarding urban planning and development in these fragile territories under pressure has undergone considerable changes. Occupied by a local population experiencing economic difficulties, these precarious areas are finding that development is an overriding issue. Despite the potential of these areas' natural and cultural resources, the human environment and the oasis ecosystems are threatened by a set of factors related to the extension of farmlands, the overexploitation of groundwater resources, the division of land, changes to the traditional practices of management, development of tourism strategies and above all growing and often uncontrolled urbanization. Today, the spatial organization of these Saharan urban areas is disrupted by the pressure of the factors mentioned above.*

*Ecole nationale d'architecture et d'urbanisme de Tunis, Université de Carthage ; unité de recherche Ville, Aménagement, Développement (VAD).

L'espace saharien tunisien a connu des mutations profondes dont le rythme s'est accéléré ces dernières décennies. Cette situation est générée par une politique de mise en valeur agricole, une promotion administrative et une diversification des activités économiques et touristiques généralement peu contrôlées. Ceci a eu pour conséquence un accroissement démographique rapide des agglomérations sahariennes et un mouvement d'urbanisation qui présente beaucoup de défis qui risquent d'aggraver la fragilité de l'écosystème oasien.

Les villes de Kébili, Douz, Souk Lahad, qui ont connu durant les trois dernières décennies un changement de leurs statuts administratifs, se développent et se transforment en des centres de peuplement très attractifs. Cependant, cette réalité d'évolution et de concentration des territoires urbanisés dans un environnement saharien fragile a affecté les réalités spatiales et locales du milieu. Ce dernier, déjà contraignant et aride, se trouve aujourd'hui confronté à de nombreux défis environnementaux et de développement. Ainsi, les actions publiques et l'urbanisation dans ces zones méritent-elles aujourd'hui l'étude de leurs causes, de leurs formes et de leurs impacts. L'analyse des territoires sahariens de Nefzaoua montre que l'urbanisation tend de plus en plus à s'installer sous deux formes : d'une part, celle des grands pôles urbains naissants et, d'autre part, celle d'un réseau de centres urbains dans lesquels le passage du rural à l'urbain alimente la vulnérabilité de ces espaces désertiques.

Nous proposons ici d'étudier le phénomène de propagation de l'urbain dans la région de Nefzaoua dans le Sud tunisien pour analyser ensuite les problèmes liés à l'occupation des sols ainsi que les risques qui en découlent et les conséquences sur cet espace saharien très fragile.

Le modèle urbain proposé par l'État, qui a laissé la place, dans les dernières années, à d'autres manières de faire la ville dans cette région, nous conduit à une interrogation sur l'articulation des différentes logiques dans une fabrique urbaine problématique ainsi que sur les pressions et différentes affectations que ces espaces désertiques à fortes contraintes subissent.

Le Nefzaoua, un territoire fragile et convoité

Le territoire saharien tunisien de la région de Nefzaoua était, jusqu'au début du vingtième siècle, un paysage très faiblement peuplé, avec une dominance des chotts[1] et des dunes. La militarisation de la zone par les autorités coloniales françaises pour contrôler les déplacements a abouti à une fixation des populations. Cette politique a détruit les structures sociales de la population de la région et obligé le pouvoir colonial à mettre en place des programmes de création de nouveaux systèmes de production agricole. À vrai dire, la politique coloniale de sédentarisation forcée a favorisé le rassemblement des agglomérations et a permis la création des premiers noyaux urbains autour de différents points d'eau et de

---

1 – Le chott est une étendue d'eau salée aux rivages variables, située dans les zones semi-arides.

marchés agricoles dans la région. Avec l'introduction des nouvelles technologies de forage, ces petits centres, qui ont été dotés d'une infrastructure de base (un puits et un réseau de pistes praticables), ont connu la multiplication de nouvelles oasis autour de leurs périmètres, ce qui a été déterminant dans cette fixation autour des nouveaux points d'eau crées (Talbi *et al*, 2002). Ainsi, beaucoup de petits villages se sont constitués et ont servi de pôles d'attraction pour les populations nomades (Auclair *et al.*, 1996).

À partir de 1956, date de l'indépendance du pays, le Sud tunisien a connu des mouvements migratoires intenses. Les mesures prises par le pouvoir étaient basées essentiellement sur le développement des périmètres irrigués, l'équipement de la région en infrastructures routières, écoles primaires, centres de santé de base et centres administratifs et la stimulation du tourisme saharien naissant. Ces actions publiques de mise en valeur et de développement socio-économique ont entraîné plusieurs effets sur la dynamique territoriale et environnementale dans la région où les localités urbaines sont marquées par une faiblesse dans la diversification des activités économiques (Picouet, 2002).

Mais, au-delà de ce constat, les dynamiques urbaines en œuvre démontrent la complexité des processus d'évolution de la tache urbaine dans ces espaces sahariens et mettent à nu les défaillances de la gouvernance territoriale. D'ailleurs, l'expérience coopérative à la fin des années 1960[2] et son échec ont été catastrophiques pour toute la région. Des milliers d'actifs dans les oasis ont quitté les terres et émigré vers l'Europe et ce n'est qu'au début des années 1980 qu'une reprise nette des créations oasiennes autour des forages dans la zone du Nefzaoua méridional a été enregistrée. Ceci est dû essentiellement à la politique de privatisation des terres collectives et la promotion administrative de certaines localités sahariennes (Sghaier, 1995). Cependant, le développement de la propriété privée face au désengagement de l'État s'est avéré menaçant pour l'équilibre fragile oasien par l'introduction de systèmes de production peu adaptés au contexte saharien et aux spécificités des terres.

L'accroissement naturel de la population (de 67 165 habitants en 1975 à 143 218 en 2004 et 159 961 en 2014) et le solde migratoire positif ont aussi contribué à augmenter considérablement la pression humaine sur la région. Cette situation a généré une importante dynamique d'urbanisation principalement à la périphérie de Douz et Kébili, mais aussi dans d'autres petites localités (Souk Lahad, El Faouar, Jemna). L'importance de l'apport monétaire provenant des travailleurs émigrés à l'étranger a contribué également à ces dynamiques spatiales et socio-économiques qui ont affecté cet espace riche en aménités naturelles et culturelles. Ainsi, les villes de Nefzaoua sont devenues le cadre de vie de référence de la majorité de la population saharienne de la région.

Aujourd'hui, ces petites villes ont connu un glissement progressif de leurs fonctions de villes de transit et de passage parfois productives vers des fonctions

---

2 – Le collectivisme est une orientation socialisante adoptée dans les années 1960 en Tunisie, avec une vision relative à l'aménagement qui était réduite aux considérations économiques. Elle s'est soldée par un échec, d'où l'engagement vers le libéralisme économique.

résidentielles et même touristiques. Dans cette perspective, la mise en valeur de certaines « aménités » locales et d'un cadre de vie s'est imposée comme un objectif majeur des politiques publiques qui peinent à être menées à bien, même après les changements politiques majeurs de 2011.

La répartition de la population saharienne dans le Nefzaoua a connu des changements dus à l'émigration, à la sédentarisation et à l'urbanisation (Picouet, 2002). L'occupation du sol dans la région est assez contrastée entre oasis et steppes. Elle est très influencée par une morphologie du terrain caractérisée par l'existence de larges étendues complètement occupées par le sable du côté du grand erg oriental et par des sols salés et hydromorphes appelés chotts. L'absence d'une politique publique d'aménagement territorial de ces zones sensibles a laissé la place à une utilisation souvent incontrôlée de l'espace désertique. En relation avec les échanges commerciaux transsahariens, sur la rive est de chott El Jérid et autour de Douz, la naissance des premiers noyaux urbains est liée, d'une part, à l'activité agricole oasienne et aux structures mises en place par l'État (infrastructures routières, administrations, équipements touristiques, forages agricoles) (Sghaier, 1999). Le réseau routier a, d'autre part, assuré la renaissance des anciens centres à travers des petites extensions dans les voisinages des oasis et des villages. Les populations dispersées dans le désert ont connu, sous la menace de la désertification, des mouvements de migration interne, surtout après la vague de promotion urbaine entre 1980 et 1990 qui a favorisé la communalisation de plusieurs localités et agglomérations rurales. En effet, la création de forages, la mise en valeur agricole et la promotion des activités touristiques ont accéléré le regroupement de l'habitat dans ces agglomérations, mettant fin au nomadisme et aux déplacements saisonniers des semi-nomades (Sghaier, 1999). La fixation des derniers nomades a été réalisée à El Faouar au début des années 1980.

Les oasis, qui ne représentaient qu'un point d'attache que les nomades fréquentaient rarement, sont devenues les principaux lieux de l'urbanisation (Fig. 1). Cette situation a provoqué des pratiques et des usages de l'espace par les habitants qui ont contribué à la mise en place d'un ordre urbain spécifique, marqué par un couplage territorial de deux entités : le village comme lieu d'habitation et l'oasis en tant qu'espace agricole.

Aujourd'hui, selon la stratégie de développement durable des oasis en Tunisie, le concept écosystémique de l'oasis, avec ses enjeux stratégiques majeurs dans l'occupation, la gestion et le contrôle de l'espace saharien et présaharien, est en perdition sous l'effet conjugué de plusieurs facteurs (émergence des pôles urbains et touristiques, pollution, extensions illicites, surexploitation des ressources en eau, morcellement, etc.) (MEDD-DEGQV, 2015). L'examen de l'état de sensibilité à la désertification (PAR/LCD, 2007) montre que les zones sérieusement menacées par la désertification, et qui sont constituées de terres sensibles, couvrent près de 71 % de la superficie totale de Nefzaoua. L'intervention humaine dans ces espaces sahariens se trouve ainsi confrontée à une difficile gestion et préservation des terres agricoles ainsi qu'à la lutte contre la désertification et l'aménagement durable de l'urbanisation et de l'écosystème oasien.

Fig. 1 – L'oasis à la base du peuplement des villes sahariennes

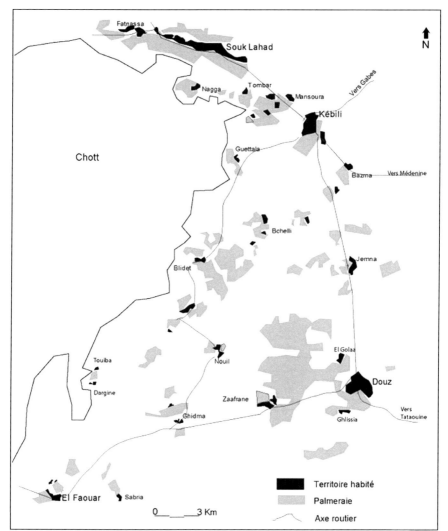

Source : N. Dhaher, 2014.

Pression urbaine et difficile gestion foncière de l'espace

Les petites villes de Nefzaoua ont été affectées dans les trente dernières années par des dynamiques spatiales et socio-économiques importantes (concentration des services administratifs, activités économiques et culturelles, valorisation par le tourisme des aménités sahariennes, etc.). Cette situation a amélioré leur capacité à devenir le cadre de vie de référence de la majorité de la population saharienne. Ce phénomène est dû, selon les agglomérations, au croît naturel de la population, aux migrations de retour de travailleurs à l'étranger et de beaucoup de fonctionnaires et à la promotion administrative qui ont influencé la structuration de cet espace où les trois quarts des emplois sont situés dans les principaux pôles urbains (Kébili, Douz, Souk Lahad). Le mouvement migratoire interne, essentiellement dirigé vers ces villes, a entraîné l'étalement de leurs espaces urbains. La migration locale régie par des facteurs attractifs s'effectue localement et timidement vers les nouvelles petites localités qui se créent autour des récents périmètres irrigués (El Faouar, Ghlissia). Les extensions illicites de ces périmètres irrigués sont souvent encouragées par l'accès incontrôlable à l'eau et au foncier. L'extension urbaine anarchique et croissante autour et même à l'intérieur des oasis a aggravé, dans l'ensemble des régions oasiennes, la raréfaction des ressources en eau et la dégradation des sols et a accéléré la marginalisation de l'activité agricole et l'atteinte à la biodiversité.

Le rythme des changements, qui s'est nettement accentué dans la majeure partie du territoire habité de Nefzaoua, a généré une croissance continue de consommation d'eau qui dépasse nettement la capacité potentielle de la nappe profonde et qui entrave logiquement un développement durable de ces espaces fragiles et de leurs populations. Le fonctionnement des écosystèmes oasiens, qui a été affecté à son tour par ce processus de dégradation, ne cesse d'être perturbé et activé par la conjoncture post-révolution. Selon le dernier rapport de la stratégie de développement durable des oasis en Tunisie, la situation est marquée notamment par des tensions sociales et politiques et par des remises en cause des institutions et des organisations locales impliquées dans la gestion des oasis (MEDD, 2015).

Aujourd'hui, les villes de Kébili, Douz et Souk Lahad se développent et se transforment en des pôles importants. Les rythmes, les formes et le processus de diffusion de l'urbanisation, qui ont alimenté une restructuration du peuplement à Nefzaoua durant près de quatre décennies, se manifestent par l'augmentation du nombre des petits villages toujours situés à proximité des oasis (Faouar, Noueil, Jemna, El Golaa). Le paysage mouvant des dunes forme un milieu hostile dans lequel l'agriculture et l'urbanisation, en dehors des zones d'oasis, sont impossibles et où la circulation est difficile. Il est important de souligner que près des deux-tiers de la population de Nefzaoua occupent l'espace oasien. Cette situation s'est traduite par une forte pression sur les ressources naturelles de ces oasis et un impact environnemental négatif sur le milieu habité. Paradoxalement, le développement des infrastructures a rendu plus accessible de nombreuses oasis, ce qui accroît la pression sur ces milieux fragiles et encourage les aménagements touristiques qui ne sont pas toujours contrôlés. Cette pression accrue sur un environnement où la rareté de l'eau et son contrôle sont problématiques participe à la dégradation de ces milieux et pose avec plus d'acuité les questions de gestion des déchets et de traitement des eaux usées.

En dépit d'importantes interventions, notamment dans les périmètres publics irrigués, l'AFA[3] n'arrive pas à freiner le processus d'urbanisation et à assurer plus rapidement l'assainissement de la situation foncière dans les oasis (MEDD, 2015).

---

3 – L'Agence Foncière Agricole (AFA) est un établissement public administratif ayant pour mission d'appliquer la loi de la réforme agraire dans les périmètres irrigués et en particulier les opérations d'aménagement foncier et de suivi de la mise en valeur.

Passage au statut urbain des localités sahariennes de Nefzaoua et implications territoriales

Les dynamiques spatiales qui sous-tendent le développement des agglomérations de la région sont affectées par les implications territoriales d'un certain héritage tribal (Zidan, 2007) : un tissu urbain éclaté, façonné au gré des influences et des ruptures, et une juxtaposition de quartiers enclavés.

Le paysage urbain au Sahara change considérablement : modification de l'habitat (abandon de l'habitat traditionnel, habitat moderne à étage), implantation d'équipements structurants, augmentation rapide du nombre de véhicules en circulation dans la région, prolifération des petits métiers, etc. Cette réalité est le produit d'une longue mutation qui a redéfini les relations entre les pouvoirs centraux et des réalités socio-spatiales des populations de l'arrière-pays, mais surtout entre les sociétés locales et leur environnement saharien.

Les dynamiques spatiales qui sous-tendent le passage des agglomérations rurales au statut urbain à Nefzaoua sont différentes. La trame d'un semi urbain que la colonisation a laissé derrière elle a été mise en valeur par les politiques d'aménagement qui ont entraîné un développement spectaculaire de l'urbanisation dans cette région (Bisson, 2005). Le processus d'urbanisation au Sahara, qui a été accompagné par des mouvements de concentration, n'a pas concerné uniquement les grandes agglomérations urbaines. La multiplication des interventions urbaines à travers la construction des écoles, des équipements administratifs, a renforcé un certain maillage territorial sans pour autant épargner les installations humaines des hostilités de la nature désertique. La façon dont s'agence et s'articule dans l'espace désertique la répartition des bâtis, des fonctions, des équipements et des populations a généré, faute d'adaptation au milieu, des problèmes et des dysfonctionnements qui ont affecté la vie quotidienne de la population.

L'éclatement du schéma urbain a abouti à l'émergence d'une structure spatiale plus au moins complexe surtout après le désengagement progressif de l'État et la diminution des investissements nationaux, notamment dans le secteur du développement local intégré. Depuis l'avènement de la révolution, on assiste à une nouvelle réappropriation de l'espace urbain par les populations locales, ce qui a alimenté, de nouveau, la croissance d'un habitat illicite et précaire qui occupe de plus en plus des zones plus vulnérables aux risques.

L'afflux des populations rurales a donné aux villes de la région des dimensions considérables. Dans les dernières années, les vagues d'urbanisation produite et animée par les populations locales se sont imposées progressivement, générant ainsi une urbanisation dite « remontante », caractérisée par l'installation sans autorisation préalable sur les espaces encore inoccupés et non urbanisables. Ce phénomène remarquable s'est intensifié après la révolution de 2011 notamment dans des petites localités qui commencent à gagner de plus en plus d'importance, telles que les localités de Souk Lahad, El Faouar, Jemna et Sabria.

À Kebili, chef-lieu de la région de Nefzaoua, l'urbanisation a démarré avec dynamisme depuis la fin des années 1980. Ce vieux foyer de communautés oasiennes est devenu un pôle d'attraction des populations nomades et sédentaires de toute la région qui ont partagé l'espace urbain de la ville en quartiers distincts selon l'appartenance tribale (les Aoulad Yagoub et les Ghayalif). Mais ces dernières années, une certaine cohérence urbaine des différentes composantes de la ville commence à se dessiner, bien que la démocratie que connaît la Tunisie aujourd'hui ait réveillé un sentiment d'appartenance tribale qui affecte les stratégies d'occupation de l'espace et exacerbe la fragilité du milieu. En effet, l'occupation progressive de l'espace urbain n'a pas été toujours adaptée à l'espace géographique naturel et a exposé les constructions à des risques nouveaux (pollution, déchets et rejets ménagers).

La dispersion de l'habitat dans l'espace urbain explique l'installation de nouvelles communautés dans la ville, communautés reconstituées en petites entités tribales ou villageoises. De nouveaux lotissements ont été créés par les pouvoirs communaux en périphérie d'anciens quartiers : Cité Biaz et Cité Route de Gabès, Cité Route de Tozeur pour les populations nefzaouies venues des villages ruraux du Nord-Ouest et de Janoura pour les populations aux origines nomades (Laurent et Mohamed, 1996). Si, à l'Est et au Sud, la barrière de protection végétale et la palmeraie ont interdit toute extension des quartiers, l'urbanisation est en passe d'atteindre, à l'Ouest, de nouveaux périmètres agricoles non urbanisables et des terres salées et inondables près du chott El Jerid.

Fig. 2 – La ville se détache de l'oasis et s'expose aux risques

Source : N. Dhaher, 2014.

Avec un phénomène caractérisé par le développement et l'extension des morphologies urbaines souvent sans cohérence, les paysages urbains commencent à refléter les nouvelles hiérarchies sociales confrontant, en même temps, des stratégies d'acteurs et des actions publiques divergentes. L'intervention des collectivités locales à travers l'établissement d'un schéma directeur d'aménagement et la révision du plan d'aménagement de la ville n'ont pas suffi pour canaliser une croissance urbaine devenue difficile à maîtriser, surtout avec la raréfaction des espaces constructibles. Suite à cette situation, la tache urbaine se démarque petit à petit de l'oasis et les nouvelles constructions s'exposent aux menaces de la désertification (Fig. 2).

Ce phénomène ne se reproduit pas de la même manière à Douz, village « tribal », typiquement désertique et entouré de vraies dunes. Sa structuration par les liens de parenté arrive difficilement, ces dernières années, à garder ses traditions. L'arrivée de nouvelles populations, les unes après les autres, a contribué à la fois à l'occupation d'espaces désertiques très vulnérables et à une densification des quartiers anciens. Au Nord et à l'Ouest, la situation est similaire à celle de Kébili : le contact avec les terres collectives et les palmeraies freine toute velléité d'expansion. C'est pourquoi nous assistons actuellement à un report de la dynamique urbaine vers l'Est de la ville qui connaît une extension sur d'anciennes dunes aplanies.

Au Sud de l'agglomération, la zone touristique qui a été créée à la fin des années 1980 à côté du quartier Ghlissia, enveloppé par l'oasis et à l'abri des risques d'ensablement, a provoqué une extension des limites de la ville de Douz. Les oasis se trouvent de plus en plus affectées par des formes de dégradation causées par l'empiétement des zones urbaines (Fig. 3).

L'action publique à l'origine de l'étalement : un problème de coordination des actions ?

L'insuffisance de la production urbaine planifiée par l'État a compliqué les rapports entre acteurs publics et acteurs privés dans ces espaces sahariens où les dynamiques locales prennent de l'ampleur dans les interstices libérés par l'État et même dans des espaces menacés par la désertification, ce qui a généré des pressions extrêmes sur la gestion des ressources naturelles et environnementales. C'est particulièrement le cas pour l'alimentation en eau et l'occupation des sols qui subissent une compétition de plus en plus poussée entre l'agriculture, l'urbanisation, et le tourisme. Cette compétition est accentuée par des conditions climatiques défavorables, d'autant que les ressources en eau sont non renouvelables.

Devant, l'inefficacité de l'intervention des pouvoirs publics, le développement impulsé par ces flux redessinent dans la localité de Noueil une trame urbaine saharienne impulsant des formes d'urbanisation débordant les régulations institutionnelles existantes et fragilisant les pouvoirs en place.

La protection de l'oasis contre l'envahissement des sables dunaires par des brisevents en terre et en palmes est une solution qui a fait ses preuves dans l'ensemble de la Nefzaoua, particulièrement là où elle est renforcée par des plantations forestières. C'est ainsi qu'il a été possible d'assurer une certaine protection de la route reliant Kébili à Douz via Noueil qui assure une grande mobilité pour la population et

Fig. 3 – Un milieu fragile menacé par l'urbanisation

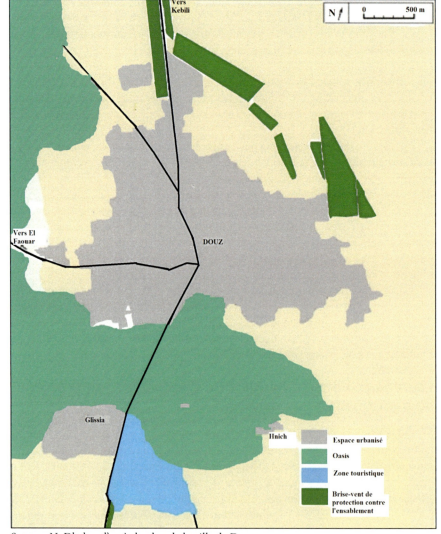

Source : N. Dhaher d'après le plan de la ville de Douz.

dessert l'agglomération de Souk Lahad. Cette dernière connaît un mouvement d'urbanisation typique qui s'est organisé sur une bande d'environ un kilomètre de part et d'autre de la route enserrée des deux cotés nord et sud par l'oasis et le chott (Fig. 4). Cette micro-urbanisation, qui est le fait d'oasis, caractérise en réalité tout le paysage des petites localités à Nefzaoua qui se développent en raison de la présence d'une nouvelle route, d'un équipement ou d'un projet touristique et qui deviennent des petites villes. La consommation de l'espace urbain est consacrée essentiellement à l'habitat qui s'effectue souvent aux dépens des terres oasiennes.

Fig. 4 – Un allongement linéaire en village-rue

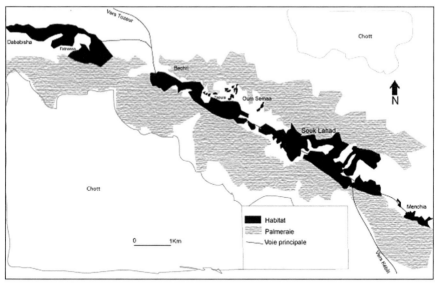

Source : N. Dhaher, 2014.

Le tourisme, un impact structurant et fragilisant sur le milieu saharien

La route au Sahara, qui connaît un trafic accru des véhicules touristiques, s'impose comme facteur incitant à l'urbanisation de la palmeraie et à l'abandon du mode de vie traditionnel. Les actions qui tentent de « moderniser » les oasis, risquent à leur tour de porter atteinte à la civilisation oasienne et aux aménités culturelles spécifiques. La polarisation socio-spatiale de la région urbaine de Souk Lahad met en jeu différents processus spatiaux. La concentration, sur des espaces restreints déjà insuffisamment équipés en infrastructures et réseaux, de populations venant des zones désertiques arides a accentué la dégradation des tissus anciens et contribué à l'extension des quartiers informels souvent au détriment des espaces oasiens.

Au sud de Nefzaoua, le développement touristique de l'oasis d'El Faouar a provoqué un mouvement d'immigration des ménages des régions voisines. La population de la localité a doublé en une vingtaine d'années, mettant en danger les équilibres des écosystèmes naturels par l'exploitation et la gestion irrationnelle des ressources.

Le tourisme, nouvel acteur de la fabrique urbaine, intervient dans ces territoires marginalisés et précaires comme une chance pour un développement économique et social espéré. Son impact sur la recomposition spatiale de la ville est réel, contribuant ainsi à l'émergence de nouvelles territorialités locales marquant profondément les paysages, les activités économiques et culturelles et les mouvements de population. À côté de l'activité agricole, l'économie régionale connaît un développement important mais fragile et instable du tourisme saharien qui reste encore peu et mal ancré dans la culture locale. C'est sans doute le long des routes du Sahara et dans les oasis que la présence des équipements touristiques est la plus visible, là aussi où leurs effets structurants sont les plus lisibles. Ces équipements, qui ont entraîné des changements perceptibles dans les modes d'utilisation et d'appropriation de l'espace oasien (Dhaher, 2010), participent à la construction de réseaux urbains sahariens à travers la création de services et de commerces qui favorisent l'urbanisation informelle et la marginalisation de l'agro-système oasien traditionnel. L'édification de certaines unités touristiques s'est accompagnée d'un déboisement et d'une atteinte au paysage oasien. Le territoire oasien n'est plus considéré comme nourricier, mais comme espace de loisirs et de « marketing » (Carpentier et Gana, 2014). Certaines oasis ont connu des transformations d'usage de certaines parcelles oasiennes en espaces de loisir et d'animation touristique ainsi que pour des campings. L'absence d'une véritable stratégie de développement touristique adaptée au contexte saharien et oasien s'est traduite par l'altération de sites fragiles, la transformation et la dégradation des paysages et une pression sur les ressources naturelles, particulièrement l'eau et le foncier.

Les dynamiques observées dans les oasis tunisiennes illustrent un processus spécifique de diversification/différenciation des pratiques de l'agriculture, du tourisme et de l'urbanisation autour de l'espace oasien. Cette typologie des formes d'actions du territoire oasien montre bien l'impact des différentes logiques des acteurs qui sont loin d'être uniformes et concertées.

Conclusion

Les différentes logiques politiques et socio-économiques, qui se sont succédées dans la région saharienne de Nefzaoua, ont généré et surimposé des structures urbaines, à vocations diverses. La dynamique intense des trois dernières décennies et l'absence de l'action publique dans la gestion des espaces sahariens ont abouti à une urbanisation peu maîtrisée et ignorant la spécificité de ces milieux fragiles. L'ancienne organisation des paysages sahariens, basée sur des complémentarités nomades–sédentaires et désert–oasis, a laissé la place à un nouveau fonctionnement socio-spatial et de nouvelles typologies qui s'accompagnent d'une atteinte à l'environnement et à l'écosystème sahariens. La valeur ajoutée de l'activité agricole au sein des oasis traditionnelles a régressé vis-à-vis d'autres spéculations (foncier et tourisme). La dégradation des tissus anciens et du patrimoine oasien, l'extension des quartiers informels, les lacunes de l'assainissement[4] et le problème des déchets solides conduisent, en effet, à s'interroger sur les nouvelles modalités de gestion urbaine à mettre en œuvre en vue de protéger ces espaces et d'augmenter leurs performances environnementales, paysagères et économiques.

L'émergence de besoins nouveaux en matière de logement, d'équipements publics et d'infrastructures (assainissement, télécommunication, transport, etc.) et l'étalement spatial non maîtrisé de l'urbain mettent à mal le modèle oasien de développement déjà fragile et mettent surtout à l'épreuve les stratégies des collectivités publiques.

---

4 – La plupart des agglomérations oasiennes ne disposent pas de réseaux d'assainissement ni de stations d'épuration.

Aujourd'hui, les zones oasiennes sont confrontées à des défis environnementaux et socio-économiques de taille qui menacent leur survie et, par conséquent, leur durabilité. Ces zones sont confrontées à l'épuisement des nappes, la salinisation et l'hydromorphie, l'urbanisation anarchique, la perte de la biodiversité, l'effet du changement climatique[5], la pollution et la dégradation de la qualité des eaux d'irrigation (CDCGE, 2015).

Sur le plan économique, l'évolution climatique et la raréfaction des ressources (eau en particulier) combinées aux pressions sur les activités agricoles conduisent, en l'absence d'une politique d'aménagement du territoire adaptée, à une fragilisation des systèmes économiques oasiens traditionnels et à une précarisation des conditions de vie de la population

Références bibliographiques

Baduel R., 1983 – Émigration et micro urbanisation dans le Sud tunisien, *Études méditerranéennes*, n° 4, Poitiers, p. 76-93.

Belhedi A., 1993 – L'urbanisation en Tunisie : croissance urbaine, structuration hiérarchique et contenu fonctionnel, *Revue Tunisienne de Sciences Sociales*, n° 112, p. 11-50.

Bisson V., 2005 – *Dynamiques comparées de l'urbanisation en milieu tribal (Tunisie et Mauritanie)*, Thèse de doctorat en géographie, Université de Tours, 359 p.

Bredeloup S., Pliez O., 1992 – Migrations entre les deux rives du Sahara, *Autrepart, n° 36*, p. 3-165.

Bouhaouache T., 1991 – L'apurement des terres collectives dans le Centre et le Sud de la Tunisie, *Revue des Régions Arides, numéro spécial, Médenine*, p. 197-204.

Cote M., 2005 – *La ville et le désert, le bas Sahara algérien*, Paris, Karthala, Collection Hommes et Sociétés, 306 p.

Institut National de la Statistique – Recensements de 1975, 1984, 1994, 2004, Tunis.

CDCGE (Consulting en Développement Communautaire et en Gestion d'Entreprises), 2015 – *Élaboration d'une monographie complète des oasis en Tunisie*, 199 p.

Dhaher N., 2010 – L'aménagement du territoire tunisien : 50 ans de politiques à l'épreuve de la mondialisation, *EchoGéo*, n°13, septembre 2010, ISSN électronique 1963-1197, 15 p.

Dhaher N., 2012 – Le festival de Douz en Tunisie au secours d'un patrimoine immatériel saharien menacé, *in* Antoine Gauthier (dir.), *Les mesures de soutien au patrimoine immatériel. Conseil québécois du patrimoine vivant*, Québec, p. 244-253.

Dhaher N., 2014 – Les petites villes tunisiennes entre marginalité et intégration territoriales, Communication présentée au colloque international *Aux frontières de l'urbain. Petites villes du monde*, Université d'Avignon, organisé par le laboratoire ESPACE, du 22 au 24 janvier 2014.

Carpentier I, Gana A., 2014 – Les oasis de Tozeur et Chenini Gabes : diversité et durabilité des formes de valorisation à l'ère de la mondialisation et des crises du développement, *Actes du colloque « Oasis dans la mondialisation : ruptures et continuités »*, Paris, France, p. 105-112.

---

5 – Les dernières études montrent que le Sud tunisien sera de plus en plus exposé aux menaces d'une aridité plus affirmée et d'un déficit hydrique (SNCC, 2011).

Kassah A., 2009 – *Oasis et aménagement en zones arides Enjeux, défis et stratégies*, Actes de l'atelier Sirma, Gestion des ressources naturelles et développement durable des systèmes oasiens du Nefzaoua, Cirad, France.

Kouzmine Y., 2007 – *Dynamiques et mutations territoriales du Sahara algérien*, Thèse de Doctorat en géographie, ThéMA, Université de Franche-Comté, 423 p.

Laurent A., Mohamed Z., 1996 – La sédentarisation des nomades dans le Sud tunisien : comportements énergétiques et désertification, *Sécheresse*, n° 7, Paris, p. 17-24.

Pliez O., 2003 – *Villes du Sahara. Urbanisation et urbanité dans le Fezzan libyen*, CNRS, Editions (Espaces et Milieux), 199 p.

Picouet M., 2002 – Formes de mobilité et dynamique de l'environnement en Tunisie, *Revue européenne des migrations internationales*, n° 2, p. 51-65.

Sghaier M., 1995 – *Tarification et allocation optimale de l'eau d'irrigation dans les systèmes de production de la région de Nefzaoua (Sud de la Tunisie)*, Thèse de Ph. D, Belgique, Université de Gand, 235 p.

Sghaier M., 1999 – Les Oasis de la Région de Nefzaoua, IMAROM Working Paper Series n° 3, *IRA Médenine*, Tunisie.

Signoles P., 1999 – Acteurs publics et acteurs privés dans le développement des villes du monde arabe, *in* Signoles P., El kadi G., Sidi Bou mediene R., *L'urbain dans le monde arabe : Politique, instruments et acteurs*, 19-53, CNRS Editions, Paris, 373 p.

Direction générale de l'environnement et de la qualité de la vie, MEDD, 2015 – *Stratégie de développement durable des oasis en Tunisie,* 184 p.

Talbi M., Nasr N., Ben Mansour N., Talbi K., 2000 – *De la gestion collective à l'exploitation individuelle des ressources en eau et ses conséquences sur le milieu saharien : Cas des oasis du Nefzaoua méridional*, Actes de Séminaire International MEDENPOP, Jerba, 4 p.

Zidan M., 2007 – *État et tribu dans le monde arabe : deux systèmes pour une seule société,* L'Harmattan, Paris, 396 p.

Espaces fragiles – Construction scientifique, dynamiques territoriales et action publique
Presses Universitaires Blaise Pascal, Territoires 1, 2017, p. 177-194

Les apports de l'approche institutionnelle des systèmes socio-écologiques à une analyse territoriale de la fragilité Quelques éléments à partir d'une première déclinaison aux Hautes-Chaumes du Forez

Contribution of the institutional approach of social-ecological systems to the territorial analysis of frailty. Elements from an application in Hautes-Chaumes du Forez (France)

Dominique Vollet*[1]

Résumé : La notion de fragilité est utilisée à la fois par les géographes et les économistes pour caractériser les dynamiques de développement. Une première partie dresse le bilan des intérêts et limites des principales approches tant en économie qu'en géographie. Quelle que soit la discipline, la fragilité peut être analysée comme le résultat d'une dynamique de développement ou bien comme un processus en cours. Dans le premier cas, les analyses de la fragilité socio-spatiale en géographie et en économie régionale ou industrielle sont mobilisées. Dans le second cas, ce sont les approches institutionnelles ou en termes de ressources territoriales. Plus précisément, une lecture institutionnelle faisant appel au concept de Système Socio-Écologique peut s'avérer très pertinente pour prolonger les analyses territoriales de la fragilité. Dans une seconde partie, la complémentarité des différentes approches géographiques et économiques de la fragilité est mise en évidence par la mobilisation du concept de Système Socio-Écologique pour l'analyse des Hautes-Chaumes du Forez et de leur « fragilité ». Il est notamment montré en quoi ce cadre conceptuel rend possible l'analyse du rôle des interactions entre systèmes sociaux et écologiques. Leur rôle devient effectivement capital pour rendre compte des phénomènes de fragilité observés dans un grand nombre de territoires. Le concept de système socio-écologique explicite les modes de gestion des ressources environnementales par des règles institutionnelles spécifiques dans les espaces fragiles. Les Hautes-Chaumes du Forez se révèlent bien être un territoire fragile quel que soit l'angle d'analyse retenu en termes de résultat (fragilité socio-spatiale, économique) ou de processus en cours (faiblesse des ressources territoriales, de l'innovation ; présence de « fragilités cachées » potentielles liées à la gestion du foncier ou de l'eau). *In fine*, le travail

1 – L'auteur tient à remercier Laurence Amblard, Hélène Rapey et Olivier Aznar pour leurs commentaires et suggestions.

* Université Clermont Auvergne, AgroParisTech, Inra, Irstea, VetAgro Sup, Territoires, F-63000 Clermont-Ferrand France.

présenté montre dans quelle mesure un cadre interdisciplinaire tel que celui mobilisant le concept de Système Socio-Écologique est utile, complémentaire de ceux déjà existants pour analyser la fragilité des territoires.

Abstract: The notion of frailty is used by both geographers and economists to characterize development processes. The first part of this paper makes an assessment of the interest and limits of the main approaches in economics and in geography. Whatever the discipline, frailty can be analyzed as a result of a development process or as an ongoing process. In the first case, geographical and regional or industrial economic analyses of socio-spatial fragility are applied. In the second case, institutional approaches or approaches based on territorial resources are used. An institutional approach which uses the concept of a socio-ecological system could be of value in broadening territorial analyses of frailty. In the following section, the complementarity of the various geographical and economic approaches to frailty is illustrated from a case study of the Hautes-Chaumes of Forez. It is shown in particular how the conceptual framework of the socio-ecological system can be used to analyse the role of the interactions between social and ecological systems. This role is of capital importance in explaining the phenomena of frailty observed in a large number of territories. The concept of a socio-ecological system clarifies the management of environmental resources by specific institutional rules in fragile areas. Hautes-Chaumes of Forez are fragile areas whatever the angle of analysis adopted, whether in terms of results (socio-spatial or economic fragility) or of ongoing processes (shortage of territorial resources, lack of innovation, and presence of "hidden frailties" linked to the management of land or water). The work shows to what extent the concept of a socio-ecological system can provide a useful, complementary interdisciplinary framework to those already existing to analyse territorial frailty.

Le concept « d'espace fragile » est fréquemment employé par les géographes, sans que d'ailleurs la définition de ce concept fasse l'unanimité dans la communauté scientifique. Ce concept se rapproche de celui d'espace périphérique, marginal, défavorisé sans être pour autant tous synonymes. Rieutort (2006) les qualifie de « régions qui ne vont pas bien ». En économie, les théories basées sur le modèle dual centre–périphérie issues de l'économie spatiale ont été les premières à ne pas postuler un espace homogène en termes de répartition des facteurs de production (ressources naturelles, travail). En fait, ce modèle est apparu au début du XXe siècle sous la plume d'un économiste et sociologue Werner Sombart (qui a d'ailleurs également été le premier à conceptualiser le modèle de la base économique). Ce modèle a été ensuite repris par des économistes du développement tels que Samir Amin puis sous une forme plus formalisée par les modèles de la nouvelle économie géographique, qui se focalisent sur l'analyse des forces centrifuges et centripètes. Pour autant, bien que le jeu des économies d'échelle, des forces d'agglomération et de dispersion constituent un élément important dans les phénomènes de fragilité, d'autres dimensions, en particulier territoriales et institutionnelles, nous semblent indispensables à prendre en compte, en particulier pour comprendre la place occupée par les enjeux environnementaux dans les phénomènes de fragilité.

Ce chapitre se propose de montrer en quoi l'analyse institutionnelle peut utilement compléter les analyses géographiques de la fragilité, notamment en proposant le cadre conceptuel de Système Socio-Écologique : celui-ci permet de mettre en évidence les interactions entre systèmes sociaux et écologiques, dont le rôle devient crucial dans l'explication des phénomènes de fragilité observés dans bon nombre d'espaces ruraux. Le concept de système socio-écologique nous semble pouvoir éclairer dans quelle mesure les ressources environnementales prennent place et sont gérées par des règles institutionnelles spécifiques dans les espaces fragiles. Comme le soulignent Mac Ginnis et Ostrom (2014), il s'agit d'un cadre conceptuel qui permet de construire différents types d'explications causales, pouvant être tirées de théories diverses. Il s'agit donc bien d'un cadre interdisciplinaire pouvant être mobilisé par des équipes de chercheurs souhaitant travailler ensemble.

Après avoir réalisé, dans une première partie, un bilan sur les intérêts et limites des différentes approches de la fragilité, celles-ci ont été déclinées à un territoire présenté comme fragile dans un grand nombre de publications : les Hautes-Chaumes du Forez (Couturier, 2007 ; Rieutort, 2006). Les apports de l'approche institutionnelle, notamment du concept de Système Socio-Écologique, sont explicités.

Intérêts et limites des principales approches géographiques et économiques de la fragilité

Caractérisation de la fragilité par les approches géographiques et économiques

Les approches géographiques de la fragilité se sont historiquement constituées en opposition aux visions optimistes du « renouveau rural » développées par la DATAR dans les années 1980-1990 et par des auteurs tels que Kayser ou Chapuis. Bret (1991, *in* Hadjou et Duquenne, 2013) définit un espace fragile comme « un système complexe qui ne peut pas se résumer à une analyse des évolutions démographiques… la fragilité s'exprime à travers trois composantes : humaine, économique et géographique ». Pour comprendre la fragilité, les principes de la géographie sont nécessaires en appliquant cinq principes : limite géographique, degré de fragilité, évolution, caractère cyclique, caractère relatif de la fragilité.

Pour Rieutort (2006), un « espace fragile » est révélé par des indicateurs d'effets plutôt de causes supposées, qui se différencie du concept de marginalité (développement à l'écart des modèles de développement dominant).

Du coup, seules des études monographiques permettraient d'appréhender la fragilité par ce type d'approche. Comme Rieutort (2006) puis Simard (2005), Corrado (2010) définit les espaces fragiles par des indicateurs d'effets : « les territoires frappés par le dépeuplement, par une activité productive insuffisante et avec de rares perspectives de travail et un manque de services – dans le sens le plus large – aux personnes et aux entreprises sont traditionnellement considérés comme fragiles » (p. 2). Plus précisément, dans les approches géographiques précédentes (Corrado, 2010) la fragilité est caractérisée par la combinaison de conditions défavorables au développement :
- dépopulation, faiblesse des réseaux locaux et du savoir-faire local,
- manque d'infrastructures et de services,
- faiblesse des secteurs valorisant les ressources locales, petite taille des entreprises.

Par ailleurs, avec le creusement des inégalités territoriales, l'économie a également développé des cadres d'analyse de la fragilité. Il s'agit de travaux de science régionale pouvant faire appel aux cadres théoriques de l'économie industrielle, de l'économie géographique et de la théorie de la base économique. Mouhoub (2014) a mis au point une démarche originale de détermination de la fragilité en identifiant les facteurs de « délocalisabilité » et de « relocalisabilité » pour les entreprises. Il prend en compte à la fois les caractéristiques des produits et celles des tâches ou fonctions des emplois, dans l'industrie et les services. En effet, la prise en compte de tâches dans la littérature économique est très récente mais apporte beaucoup à l'analyse : la nature des tâches et le degré de qualification ne coïncident pas forcément. Les exemples sont nombreux : un radiologiste est très qualifié mais son activité peut être délocalisée et, inversement, l'activité d'un concierge doit être exercée en proximité.

Mouhoub (2014) propose une nouvelle typologie des activités selon le degré de dé(re)localisabilité, puis construit un indice de vulnérabilité des zones d'emploi pour les activités industrielles, la spécialisation des activités (industrielles et de services) permettant de « caractériser les risques de fragilité ou les potentiels d'attractivité et de relocalisation des activités territoriales ». À partir de différentes variables de vulnérabilité (part des tâches routinières, coefficient de vulnérabilité relative, part des emplois dans les secteurs délocalisables) et d'opportunité (concentration relative dans les services cognitifs, part des fonctions d'innovation), six catégories de territoires sont distinguées : zones industrielles de performance extérieure, monospécialisées, en territoire rural, zones servicielles urbaines, touristiques et de proximité, rurales et de services collectifs.

Benhayoun et Lazzeri (2005) puis Jennequin et Mouhoub (2014) ont ainsi utilisé des indicateurs de spécialisation (indicateur relatif de Krugman et indicateur de Hoover) pour étudier les zones d'emploi industrielles normandes affectées par la crise. Ils ont mis en évidence le caractère plus volatil de certains services, notamment ceux associés aux fonctions supports qui, s'ils ne sont pas justement liés à des activités ancrées sur le territoire, sont susceptibles de fragiliser les territoires en cas de spécialisation trop forte (tels que trois zones d'emplois normandes : Évreux, Vernon, vallée de la Bresle).

L'INSEE a également mis en œuvre des méthodologies spécifiques mixant des indicateurs de spécialisation issus de l'économie industrielle et géographique, de poids des activités basiques productives et résidentielles, c'est-à-dire issus de modèles de la base économique[2]. Parmi les nombreux travaux de l'INSEE se situant dans cette perspective, citons Martinelli (2004), qui a mis en évidence « la fragilité économique des zones de Fos-sur-Mer et de l'Étang de Berre... qui se

---

2 – Les modèles de la base économique sont basés sur une vision dichotomique de l'économie régionale : les activités basiques ou motrices qui répondent à une demande extérieure et les activités non basiques qui satisfont à la demande locale. On distingue généralement les activités basiques productives (exportation physique de biens à l'extérieur de la région) et les activités résidentielles (« importation » de revenus de résidents extérieurs à la zone : résidents secondaires, touristes, retraités, migrants alternants, rentiers, etc.) (Pecqueur et Talandier, 2011).

situent aux premiers rangs régionaux pour les quatre critères de fragilité face aux risques de mutation économique ». Les travaux de Diry, Guérin et Vollet (2000) ont également utilisé les modèles de la base économique pour caractériser la fragilité de zones rurales du Massif central (plateaux de l'Aubrac et du Cézallier) afin de mettre en évidence le poids massif de la base économique agricole et les difficultés d'émergence d'une base touristique.

Les processus à l'œuvre dans les phénomènes de fragilité mis en évidence par les approches territoriales

Conscients que les approches plutôt descriptives de la fragilité négligeaient la dimension dynamique des phénomènes à l'œuvre notamment le rôle des acteurs locaux, un certain nombre d'auteurs ont développé ce que l'on pourrait nommer une approche territoriale de la fragilité (Couturier, 2007 ; Corrado, 2010 ; Hadjou et Duquenne, 2023 ; Zanon, 2014).

Couturier (2007) propose deux approches complémentaires pour donner un contenu cohérent au concept de fragilité socio-spatiale :

• Une approche systémique de la fragilité : les composantes et les interrelations entre les composantes des systèmes géographiques fragiles sont marquées par une faible stabilité à court terme ; la fragilité résulte d'une forte dépendance à des facteurs extérieurs souvent peu territorialisés.

• Une approche de type actionnaliste ou dynamique : « les initiatives des acteurs locaux se déploient dans un contexte peu favorable à leur aboutissement et à leur mise en synergie » (Couturier, 2007, p. 23).

Couturier utilise la dialectique marginalité/fragilité socio-spatiale : « la fragilité se manifeste dans les difficultés à ancrer les dynamiques émergentes au sein de réseaux d'acteurs locaux » (p. 31). Il montre ainsi comment la population locale du Haut-Forez tire peu profit des différentes formes d'intégration (économique et sociale).

Corrado (2010) propose « d'avoir un autre regard que celui traditionnel où le concept de fragilité est associé à celui de handicap pour saisir au contraire ce qui peut être encore révélé par des dynamiques innovantes de nature technique, culturelle, sociale, de participation, etc. ». Elle propose une grille de lecture de l'innovation en distinguant dynamiques macro-territoriales de développement (rôle de l'économie de la connaissance dans la diffusion de l'innovation dans des villes de taille moyenne) et micro-territoriales de développement (dynamiques d'innovation liées à des acteurs locaux apportant au territoire des bénéfices de type économique, environnemental, social, etc.). Les territoires fragiles sont concernés par ce deuxième type de dynamique.

Hadjou et Duquenne (2013) se situent dans cette même perspective, qui suppose de prendre en compte la dimension temporelle : la fragilité d'un espace n'est pas conceptualisée comme un état mais comme le résultat d'un ensemble de relations de subordination à un espace dominant. La fragilité est appréhendée comme un processus complexe d'échec de la coordination « interne ou externe » (c'est-à-dire les relations entre acteurs à l'intérieur et avec l'extérieur du territoire) et dans la construction de ressources. La fragilité constitue le résultat d'un processus réversible de déconstruction de ressources et de relations entre acteurs en raison des évolutions internes et externes de l'environnement. La coordination implique des formes spécifiques de proximité (géographique et surtout institutionnelle) entre les acteurs. La transition d'un état fragile à un état moins fragile ou dynamique est due à l'action des acteurs (par exemple pour transformer des ressources génériques en des ressources spécifiques grâce à la mise au point d'un cahier des charges pour des produits agricoles, artisanaux, etc.) à différentes échelles spatiales (du niveau local pour fédérer les producteurs locaux au niveau national afin de promouvoir les signes locaux de qualité). La fragilité est vue comme un processus circulaire et cumulatif entre la valorisation des ressources, l'efficacité des coordinations des acteurs et les processus d'innovation (voir Fig. 1). La transition d'un état fragile à un état de moindre fragilité est liée à l'action coordonnée des acteurs (à dif-férentes échelles spatiales) en vue de spécifier des ressources et de promouvoir l'innovation. Dans ce cadre, une approche territoriale de la fragilité basée sur la notion de ressources suppose d'analyser plus particulièrement deux dimensions : la coordination entre acteurs et l'innovation. Partant de ce cadre théorique de la fragilité, Hadjou et Duquenne (2013) ont développé une approche méthodologique (Analyse en Composantes Principales) pour identifier les zones fragiles du Nord de la Grèce à partir d'indicateurs de difficultés de coordinations, de diversification des ressources territoriales et de handicaps.

Fig. 1 – L'approche territoriale du concept d'espace fragile

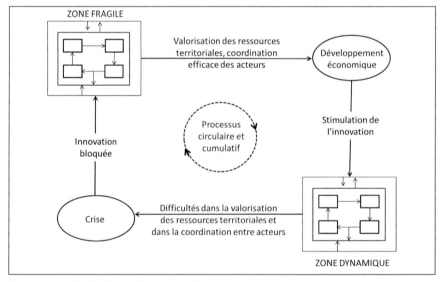

Source : d'après Hadjou et Duquenne, 2013.

Zanon (2014) replace les zones fragiles dans les différents courants de l'écono-mie territoriale. D'abord, pour lui, certains territoires de montagne peuvent présen-ter des fragilités en termes écologiques, d'organisation territoriale et de caractéris-tiques socio-économiques.

Par rapport aux travaux précédents sur la fragilité, son analyse introduit deux angles d'attaque théoriques nouveaux mobilisés à la fois par l'économie institutionnelle, la géographie sociale et la sociologie pour identifier les leviers de développement des espaces fragiles : le rôle du capital social et le mode de gestion des biens communs.

Pour Zanon (2014), le capital social joue un rôle crucial pour les zones fragiles situées en montagne en favorisant la diffusion des informations, la conception de nouveaux modes d'utilisation des ressources et le renforcement de l'identité locale. Le capital social peut jouer à la fois sur la cohésion interne et la capacité à tisser des réseaux avec l'extérieur, en particulier pour l'accès à de nouveaux marchés. Outre l'accessibilité, trois grands types de réseaux interagissent : les réseaux institutionnels (hiérarchiques et coopératifs), sociaux (liens informels avec les organisations professionnelles, associatives) et économiques (liens inter-entreprises).

Zanon (2014) ajoute un autre aspect caractéristique des zones fragiles et spécifiques des territoires alpins selon lui (que l'on retrouve largement, à notre sens, dans bien d'autres espaces montagnards, notamment dans le Massif central) : la présence de biens communs (estives, bois) qui fournissent des ressources essentielles à la vie économique locale. Les comportements de collaboration et de coopération sont cruciaux pour définir de nouvelles pratiques de gouvernance à la fois pour ces biens communs « traditionnels » mais aussi nouveaux de par leur rôle croissant dans l'attractivité des territoires (paysage notamment). Ce cadre théorique emprunté à Ostrom permet ainsi à Zanon (2014) d'identifier les acteurs collectifs stratégiques, leurs objectifs et leurs effets sur le développement de zones rurales fragiles dans les Alpes italiennes. À notre sens, cette démarche (la seule que nous avons identifiée qui mobilise les apports de l'approche institutionnelle appliquée explicitement à une analyse de la fragilité) nous semble particulièrement féconde à poursuivre en raison de l'importance croissante des enjeux environnementaux dans le développement des zones fragiles. C'est justement ce que nous nous proposons de faire en retenant l'une des déclinaisons de l'approche institutionnelle : le Système Socio-Écologique (SSE).

Comment prolonger l'approche territoriale du concept d'espace fragile par une lecture institutionnelle en termes de Système Socio-Écologique ?

Anderies *et al.* (2013) mobilisent le concept de Système Socio-Écologique (SSE) pour distinguer les concepts de résilience, de robustesse et de fragilité et les situer dans le champ émergent des « sciences de la durabilité ». Après avoir présenté rapidement le *corpus* théorique des SSE, l'accent sera mis sur l'une de leurs dimensions rarement mise en avant : les fragilités cachées.

Un SSE est un système écologique très fortement lié à un système social. Le modèle conceptuel comprend quatre éléments principaux (Tab. 1) : une ressource (A), qui peut être utilisée par plusieurs utilisateurs de cette ressource (B). Les infrastructures publiques combinent deux formes de capital réalisé par les hommes : physique (par exemple, canaux, barrages pour la gestion d'une ressource comme l'eau) et social (règles de gestion, coûts de transaction associés). Enfin, les fournisseurs d'infrastructures publiques (association locale, services de l'État) gèrent les infrastructures publiques.

**Tab. 1 – Les principaux éléments en jeu
dans les systèmes socio-écologiques**

Éléments SSE	Exemples	Problèmes potentiels
A – Ressource	Eau	Incertitude
	Paysage, Biodiversité	
B – Utilisateurs de la ressource	Agriculteurs utilisant le système d'irrigation	Utilisation frauduleuse de l'eau
	Prestataire touristique utilisant le paysage ou la biodiversité dans son activité	Utilisation gratuite du paysage, pas de contribution au maintien du paysage
C – Fournisseurs d'infrastructures publiques	Association ou conseil des utilisateurs locaux	Conflits internes ou indécision sur la stratégie à adopter, pertes d'information
	Association foncière, réserve naturelle, parc naturel régional	
D – Infrastructures publiques	Travaux d'ingénierie, d'entretien de la voirie, du paysage	Usure, manque d'entretien dégradant le bien commun
Règles institutionnelles		
Environnement externe	Changement global, climatique, économique, politique	Changements soudains ou immédiats qui ne sont pas pris en compte

Source : d'après Anderies *et al.*, 2013.

À partir d'un schéma de rétroactions entre un système dynamique complexe et un processus de prise de décision (Fig. 2), Anderies *et al.* (2013) mettent en évidence le coût caché de la robustesse : les fragilités cachées. Un système plus robuste aura une sensibilité plus forte à une perturbation (c'est-à-dire que ses caractéristiques propres évolueront plus fortement qu'un système moins robuste), même s'il résiste à une perturbation plus importante.

Dans leurs premiers travaux, Anderies *et al.* (2013) sont partis d'une représentation simple d'un SSE comme une boucle de rétroaction. Dans ce système, la résilience (c'est-à-dire la capacité à maintenir la structure et les fonctions face à des chocs) et la robustesse (la préservation de caractéristiques particulières malgré l'existence d'incertitudes liées à l'environnement) sont très similaires. Le système dynamique complexe (le territoire) et le processus de prise de décision sont en interaction. Pour illustrer ces interactions, les auteurs ont utilisé une relation linéaire simple et un diagramme de réponse de fréquence. L'axe des ordonnées est la fréquence de perturbation (ex. : un choc climatique) et l'axe des abscisses est la mesure du log du ratio de l'amplitude de l'effet sur le choc initial. Si la mesure est négative, le système réduit l'effet du choc sur sa production (en s'adaptant). Si la mesure est positive, le système amplifie les chocs. Les relations de sensibilité sont

Fig. 2 – Conceptualisation des interactions entre un système dynamique complexe et un processus de prise de décision

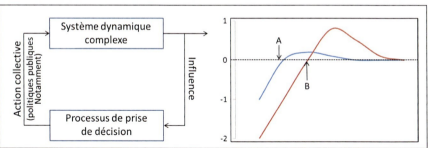

Source : d'après Anderies *et al.*, 2013.

Tab. 2 – Synthèse des cadres théoriques d'analyse de la fragilité en géographie et en économie

Angles d'analyse de la fragilité	Approches disciplinaires retenues	Principales forces motrices ou notions utilisées	Cadres théoriques	Auteurs
Fragilité = résultat	Géographie	Dépopulation, manque infrastructures, faiblesse des secteurs valorisant ressources locales	Fragilité socio-spatiale	Rieutort, 1997, 2006
	Économie	Facteurs de « délocalisabilité » et de « relocalisabilité » (caractéristiques des produits et des tâches)	Économie industrielle	Mouhoub, 2014
		Part et évolution des bases productive et résidentielle	Modèles de la base économique	Diry, Guérin, Vollet, 2000 ; Pecqueur et Talandier, 2011
Fragilité = processus (approches territoriales)	Géographie	Coordination entre acteurs, innovation	Ressource territoriale	Hadjou et Duquenne, 2013
	Géographie et économie	Capital social, gestion bien commun		Zanon, 2014
	Économie	Ressource, utilisateurs de la ressource, infrastructures publiques : Système Socio-Écologique	Économie institutionnelle	Anderies *et al.*, 2004

mises en évidence pour deux types différents de politiques. Pour les chocs de fréquence <A , la politique bleue présente une certaine robustesse et résilience. Pour les fréquences >A, la politique amplifie les chocs (à noter que c'est une propriété fondamentale des systèmes linéaires de rétroaction). Une politique rouge peut être préférée afin d' accroître la résilience et la robustesse du système (la politique rouge est inférieure à la politique bleue pour les fréquences >B). La politique rouge amplifie les chocs d'un facteur 10 contre 2 à 3 pour la politique bleue. Ce schéma illustre un coût fondamental de la robustesse : les fragilités cachées. Bien que cet exemple soit très simple, il rend bien compte des régulations complexes qui entraînent des fragilités cachées.

En fait, un système qualifié de « robuste » n'est pas très efficace en regard d'un ensemble de critères par rapport à un autre qui serait moins robuste. Toutefois, les performances du système robuste ne chutent pas aussi rapidement lorsqu'il est confronté à une perturbation externe ou à un stress interne. Il est frappant de constater que certains territoires parviennent à se maintenir dans des contextes (économiques, environnementaux) très changeants, alors que d'autres éprouvent les plus grandes difficultés. Les institutions jouent un rôle central pour rendre compte de la robustesse des systèmes socio-écologiques.

En synthèse, les cadres disciplinaires de la géographie et de l'économie ont été utilisés pour analyser la fragilité des espaces, quel que soit l'angle d'analyse retenu (Tab. 2). Dans les approches territoriales de la fragilité, les apports de ces deux disciplines se mixent encore plus fortement. Sur la période récente, avec la montée des enjeux environnementaux, parmi les approches territoriales de la fragilité, l'économie institutionnelle semble d'autant plus pertinente qu'elle rend possible de mieux comprendre les forces (robustesse) et fragilités (parfois cachées) des territoires.

La complémentarité des analyses géographiques et économiques (institutionnelles) de la fragilité : application aux Hautes-Chaumes du Forez

Depuis plusieurs décennies, le plateau vallonné d'altitude des monts du Forez porte, dans sa partie sommitale, un large espace reconnu de grande valeur patrimoniale environnementale et culturelle (biodiversité, paysage, pastoralisme) : les Hautes-Chaumes du Forez. Il est qualifié de fragile sur le plan environnemental, agricole, démographique, et plus globalement socio-économique (Berger *et al.*, 1990 ; Couturier, 2007). De plus, les études d'économie industrielle ont montré que les facteurs de « délocalisabilité » étaient importants au sein des bassins d'emploi proches de la zone des Hautes-Chaumes (zones à spécialisation mono industrielle) (Mouhoub, 2014). Dans les communes de cette zone, l'économie productive est peu diversifiée, essentiellement agricole ; quant à l'économie résidentielle, elle est essentiellement constituée des revenus de transfert des retraités. Il nous a donc semblé particulièrement pertinent de montrer la complémentarité des analyses géographiques et économiques (notamment celles issues de l'économie institutionnelle) au travers de la mobilisation d'un concept pluridisciplinaire pour ce cas d'étude. Outre une connaissance approfondie du territoire, notamment dans le cadre de divers travaux d'évaluation de politiques publiques territoriales telles que le programme européen LEADER (Mathé *et al.*, 2014), cette analyse a été réalisée à partir d'une synthèse des travaux déjà réalisés sur la zone tant dans le cadre d'articles de recherche (Couturier, 2007 ; Cournut *et al.*, 2012) que de démarches initiées par les acteurs locaux tels que des éléments de diagnostics de territoire (Cournut et Rapey, 2016).

Le foncier des Hautes-Chaumes (environ 8 000 hectares de landes et pelouses d'altitude), essentiellement agricole (catégorie A dans la figure 3) est détenu par quatre catégories de propriétaires :

- De nombreux propriétaires individuels ayant des parcelles morcelées et résidant dans des communes éloignées de la zone.
- Des coopératives d'estive constituées par des éleveurs de plaine situées à la périphérie du massif.
- Des communes de montagne.
- Des « sections » ou hameaux de communes (forme originale de propriété collective de type « communautaire », appelée propriété sectionale).

Les utilisateurs de cette ressource (catégorie B dans la figure 3) sont d'ordres très variés.

La très grande majorité de la surface est mise en valeur par des éleveurs installés dans les plaines ou les coteaux proches. Ces éleveurs se situent dans ce que Couturier (2007) appelle un « modèle productif », c'est-à-dire recherchant une intensification des résultats sur une bonne partie de leurs parcelles de plaine, alors que les parcelles de montagne offrent la possibilité de se décharger d'une partie du troupeau durant les périodes de récolte avec une conduite extensive permettant de bénéficier de certains soutiens publics inhérents aux pratiques extensives des zones pastorales. Ils sont organisés en collectif (syndicat) d'estive dans lesquels les éleveurs délèguent la gestion du pâturage et la surveillance des animaux durant les mois d'été à un tiers qui veille sur l'ensemble durant cette période (berger-vacher). L'état et le poids des animaux à la descente de l'estive (octobre) sont essentiels à leurs yeux. Pour eux, la montagne est d'abord un lieu d'élevage et de production, sans grande valeur patrimoniale. Toutefois, des enquêtes réalisées en 2010 par un collectif de chercheurs (Houdart, Cournut, Rapey, Taverne, 2015) auprès d'acteurs concernés par l'élevage – éleveurs et non-éleveurs – (responsables professionnels, élus locaux, représentants des institutions environnementales) montrent la multiplicité des rôles reconnus à l'élevage dans ce territoire. Le rôle environnemental de l'élevage lié au maintien des paysages ouverts est largement partagé.

Une autre partie de la surface est utilisée par des éleveurs du massif qui assurent le plus souvent la surveillance de leurs animaux par des visites régulières. Une faible partie des surfaces est utilisée par un agriculteur biologique producteur de fourme fermière qu'il commercialise en vente directe.

Les utilisateurs non agricoles sont des randonneurs, VTTistes citadins pour qui la préservation des paysages semi ouverts actuels est importante. Les néoruraux venus s'installer dans les communes de montagne sont également sensibles à la dimension ouverte des paysages.

Les gestionnaires d'infrastructures publiques sont de plusieurs types. On distingue des syndicats (ou coopératives) d'estive pour lesquels les agriculteurs (surtout basés en plaines ou coteaux) ne se préoccupent pas de la gestion du pâturage qu'ils délèguent à un berger.

En lien avec les élus locaux, des acteurs tels que le PNR Livradois-Forez, le Conservatoire des Espaces Naturels interviennent dans la gestion des Hautes-Chaumes en soutenant ou contribuant à la mise en place et au suivi d'actions de développement ou de règlementation visant à la conservation des paysages, des pratiques pastorales, des milieux et espèces naturelles. Le conservatoire acquiert des terrains pour les soustraire aux usages forestiers (du type plantations mono équiennes de résineux) ou touristiques dégradant les milieux. Il cherche même à inscrire son action dans la société locale en pérennisant un savoir-faire en cours de disparition (la fabrication de fourme fermière). Le conservatoire a fourni à un agriculteur cherchant à transformer le lait en fourme fermière des parcelles d'estive et une jasserie (ferme d'altitude). Le bail précise les modalités de mise en valeur pastorale en lien avec des objectifs environnementaux.

La conceptualisation du SSE met en évidence les relations entre les différents éléments ; elle souligne également les éléments de fragilité du système. La rareté des ressources foncières prend place dans le cadre de la relation n° 1 (Fig. 3) entre la ressource et les utilisateurs de la ressource : les demandes tant agricoles que non agricoles sont fortes. Les pressions foncières fortes observées autour de la montagne se reportent sur les estives, en « hypothéquant d'ailleurs d'éventuelles tentatives de développement agricole de l'espace montagnard » (Couturier, 2007, p. 28). La mise en valeur des pâturages extensifs d'altitude est en fait complémentaire de l'optimisation des systèmes relativement intensifiés des pourtours (relation n° 8a). Toutefois, la charge pastorale restant faible, le paysage semble relativement peu évoluer. La fréquentation de loisirs est importante et s'accommode très bien de cette mise en valeur. Les Hautes-Chaumes sont aussi le lieu d'une patrimonialisation émanant de la population urbaine et, plus exceptionnellement, de la société locale (relation n° 8b).

**Fig. 3 – Conceptualisation du Système Socio-Écologique
des Hautes-Chaumes du Forez**

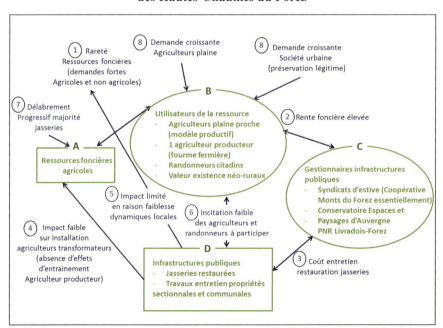

En raison d'une rente foncière élevée (relation n° 2) et du grand nombre de jasseries (360), peu d'entre elles sont réhabilitées. La majorité d'entre elles sont donc délabrées (relation n° 7). Au total, peu de surfaces sont disponibles et achetées par le conservatoire, peu d'agriculteurs transformateurs se sont installés.

Au total, l'analyse de la dynamique des Hautes-Chaumes par la grille des SSE met en évidence l'ensemble des facteurs de fragilité du territoire, notamment ses facteurs de blocage liés à la maîtrise du foncier. Convoités par les agriculteurs périphériques à la zone, ceux-ci maintiennent effectivement le paysage des estives mais aussi des formes alternatives de développement agricole. Les Hautes-Chaumes sont aussi convoités par des populations urbaines qui souhaitent le mettre en patrimoine. Cette caractérisation des facteurs de fragilité souligne également les rares marges de manœuvre permettant de diminuer cet état de fragilité : actions volontaristes du PNR Livradois-Forez ou du conservatoire sur le foncier (mais se heurtant à la faiblesse des porteurs de projet souhaitant s'investir localement), légitimation des demandes urbaines en tentant de valoriser de façon marchande le patrimoine naturel et bâti du territoire par la mise en valeur des jasseries (reconverties en auberge ou en gîte rural).

Longtemps considérées comme des surfaces hétérogènes et difficiles à gérer, les estives collectives (qui constituent la majeure partie des estives du Forez) sont en fait des sources de flexibilité pour les éleveurs confrontés aux variations de climat (Rigolot *et al.*, 2014). En fait, une diversité de « règles » a été mise en place pour parvenir à « maîtriser » la flexibilité des adhérents, en échange d'une assurance de pouvoir bénéficier de l'estive de façon plus ou moins pérenne. Selon ces règles, la prise de risque peut être assumée collectivement ou, à l'inverse, laissée aux adhérents.

La conceptualisation des interactions entre un système dynamique complexe (ici les systèmes d'élevage articulant estives du Forez et prairies de plaine) et les prises de décision individuelles des exploitants et collectives dans le cadre de la coopérative d'estives peut expliciter le schéma théorique présenté précédemment (voir Fig. 3 et 5). La courbe bleue représente la situation « tendancielle ».

Ainsi, ce qui apparaît comme une contrainte et même une fragilité de l'élevage en montagne (des estives collectives dont les surfaces sont hétérogènes) peut se transformer en atout dans un contexte d'incertitudes croissantes relatives au climat (en conférant plus de flexibilité stratégique ou tactique). Pour les fréquences de choc inférieures à A, les estives présentent une certaine robustesse et même les chocs sont relativement amortis via les règles collectives mises en œuvre.

La courbe rouge représente la situation qui pourrait s'accroître dans les années à venir en cas de développement et d'amplification des situations extrêmes. Un durcissement des règles collectives, voire des politiques publiques (type Mesures Agro-Environnementales – MAE –, ou Indemnité Compensatoire des Handicaps Naturels – ICHN), pourrait rendre les systèmes d'élevage encore plus robustes, mais jusqu'à des fréquences inférieures à B. Pour celles supérieures à B, il est très probable que les chocs soient amplifiés d'un facteur 5 à 10 (plutôt d'ordre 1 à 2 dans la situation « tendancielle »). Il pourrait apparaître de nouvelles formes de fragilités jusqu'à présent cachées, par exemple en ce qui concerne la gestion de l'eau ou de la biodiversité. Les actions collectives menées dans le cadre de la coopérative d'estive seront-elles suffisantes pour éviter le développement d'espèces invasives ou la qualité des ressources en eau pour abreuver les troupeaux ? Enfin, il est à noter que ces résultats concernant les estives en Auvergne sont très spécifiques et différents de ceux obtenus dans d'autres contextes géographiques (Nettier *et al.*, 2010).

Fig. 4 – Conceptualisation des interactions entre le système d'élevage des estives du Forez et les processus de prise de décision individuelle et collective

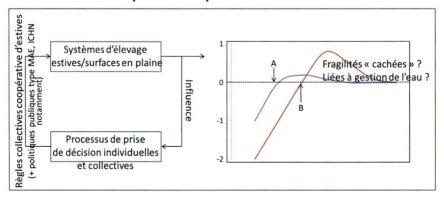

Tab. 3 – Synthèse des principales caractéristiques de la fragilité dans les Hautes Chaumes du Forez

Angles d'analyse de la fragilité	Approches disci-plinaires retenues	Principales caractéristiques de la fragilité
Fragilité = résultat	Fragilité socio-spatiale	Dépopulation, agriculture « productive » valorisant peu les ressources locales
	Fragilité écono-mique	Facteurs de « délocalisabilité » importants : Hautes Chaumes insérées dans une zone à spécialisation mono industrielle
		Base essentiellement productive agricole sur les Hautes Chaumes
Fragilité = processus (approches territoriales)	Fragilité des res-sources territoriales	Coordination entre acteurs faible, peu d'innovations
	Approches institu-tionnelles	Capital social faible, difficultés de gestion des estives en bien commun
		Système Socio-Écologique très spécifique : ressource foncière chère, diversité de « règles » pour les utilisateurs de la ressource foncière, fragilités « cachées » possibles liées à la gestion de l'eau

En résumé, les approches institutionnelles se révèlent tout à fait complémentaires des approches économiques et géographiques qui identifient la fragilité comme un résultat, que ce soit de processus socio-spatiaux ou économiques (facteurs de « délocalisabilité » ou déséquilibre entre bases productive et résidentielle) (Tab. 3).

Conclusion

Très utilisé par les praticiens du développement territorial, le terme de fragilité a été conceptualisé depuis une trentaine d'années par les géographes, qui ont proposé diverses façons de l'approcher puis de l'estimer. Les premiers travaux sont partis d'une approche typiquement géographique pour s'élargir à des modes d'approches plus territoriales et socio-spatiales (Couturier, 2007). En fait, la nécessaire prise en compte des préoccupations environnementales tend à modifier les choses. Ainsi, l'analyse institutionnelle peut-elle apporter des cadres conceptuels interdisciplinaires très utiles : c'est notamment le cas du cadre d'analyse des systèmes socio-écologiques dont on a montré la pertinence sur un territoire identifié comme fragile par les approches géographiques (les Hautes-Chaumes du Forez). Pour opérationnaliser complètement les apports de l'analyse institutionnelle dans l'analyse des fragilités, nous identifions deux enjeux : d'une part, le développement des applications sur des terrains variés et mettant en jeu des biens publics ou mixtes pour lesquels les phénomènes d'exclusion sont plus ou moins possibles (paysages habituels ou remarquables, biodiversité, etc.) ; d'autre part, un front de recherche plus conceptuel sur les apports respectifs de robustesse, résilience et fragilités cachées. Les points communs et différences avec les notions de « résilience régionale » (Maru, 2010) ou de « vulnérabilité urbaine » (Krellenberg *et al.*, 2014) seraient à expliciter.

Fig. 5 – Représentation des modèles de développement à l'interface des systèmes écologique, social et sociotechnique

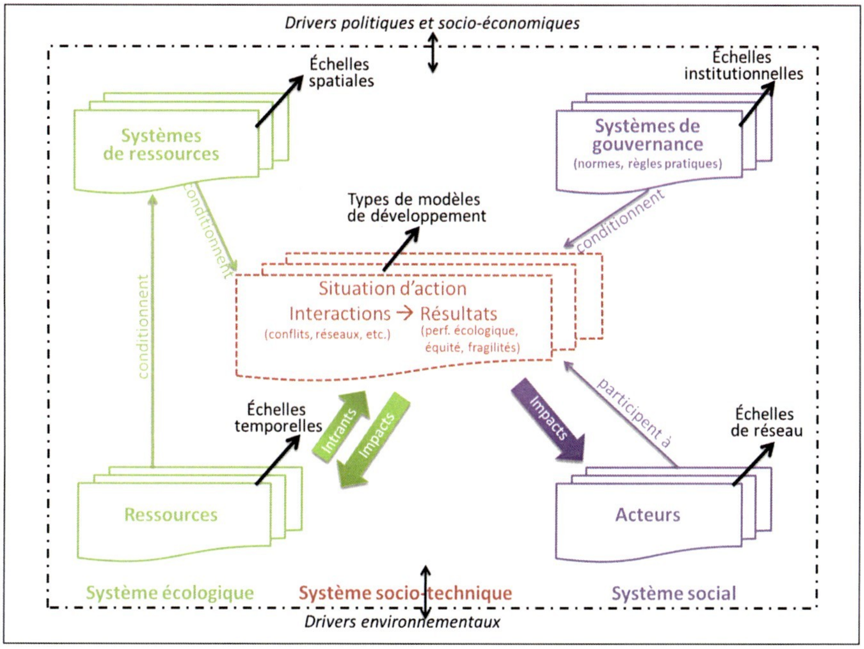

Source : d'après Mac Ginnis et Ostrom, 2014.

Les élargissements récents du cadre de système socio-écologique (Mac Ginnis et Ostrom, 2014) offrent, de ce point de vue, des perspectives intéressantes. L'une des principales avancées conceptuelles réside dans l'identification des situations d'action issues d'interactions spécifiques (conflits, réseaux), qui prennent place dans le cadre de systèmes sociotechniques spécifiques. Ces interactions se traduisent par des résultats propres en termes de performance écologique, économique, d'équité, de fragilités (cachées ou non) (voir Fig. 5). À partir de ressources agencées en systèmes de ressources (et se déclinant à plusieurs échelles spatiales) et de systèmes de gouvernance (eux-mêmes se déployant à diverses échelles institutionnelles), ce cadre conceptuel ouvre la possibilité d'identifier plusieurs types de modèles de développement (qui s'adossent chacun à des ensembles de situations de gestion particulières).

Références bibliographiques

Anderies J.M, Folke C., Walker B., Ostrom E., 2013 – Aligning Key Concepts for Global Change Policy: Robustness, Resilience and Sustainability, *Ecology and Society,* 18 (2), p. 1-8.

Anderies J.M, Janssen M., Ostrom E., 2004 – A Framework to analyse the robustness of Socio-ecological systems from an institutional perspective, *Ecology and Society*, 9 (1), p. 1-18.

Benhayoun G. et Lazzeri Y., 2005 – Degré de vulnérabilité des zones d'emplois face à la concurrence internationale », *Cahier de prospective du Plan*, n° 5.

Berger G., Bergeron R., Bourgier J.-P., Commere R., Couhert J.-P., Crétin C., Degorce C., Etlicher B., Gerest H., Jallat H., Jansen C.R., 1990 – *Les Monts du Forez : le milieu et les homme*s, Centre d'Études Foreziennes, Université Jean-Monnet, 231 p.

Corrado F., 2010 – Les territoires fragiles dans la région alpine : une proposition de lecture entre innovation et marginalité, *Revue de Géographie Alpine*, 98-3, 10 p.

Couturier P., 2007 – Espaces ruraux marginaux ou fragiles : les catégories analytiques à l'épreuve des pratiques socio-spatiales dans le Haut-Forez, *Norois*, 202, p. 21-33.

Cournut S., Rapey H., Nozières M.-O., Poccard-Chapuis R., Corniaux C. , Choisis J.-P., Ryschawy J., Madelrieux S., 2012 – Dynamics of livestock farming in extensive livestock farming territories: what processes are going on ?, *10th European Symposium on Farming and Rural Systems Research and Extension,* Aarhus (Danemark), 1-4 Juillet, 2012, 8 p.

Cournut S., Rapey H., 2016 – Perspectives, la diversité de l'élevage : une force pour le territoire, Agriculture, Panorama et perspectives, *Monographie Agriculture 2016 du Parc Naturel Régional Livradois-Forez*, PNR Livradois-Forez, 22 p., http://fr.calameo.com/read/000011057952fbcd8cb37.

Diry J.-P., Guérin M., Vollet D., 2000 – Organisation et diversité de développement économique des zones rurales « périphériques » : le cas de l'Aubrac et du Cézallier, *Géographie-Economie-Société*, 2 (2), p. 337- 362.

Hadjou L., Duquenne M.-N., 2013 – A theoretical and methodological approach of « fragile » areas: The case of greek regions crossed by the egnatia road, *Regional Science Inquiry*, vol. 2, p. 45-58.

Houdart M., Cournut S., Rapey H., Taverne M., 2015 – La contribution de l'élevage au développement durable des territoires : points de vue d'acteurs du Livradois-Forez, *in* Diemer A., Marquat C., *Regards Croisés Nord Sud du développement durable*, Editions De Boeck, 376 p.

Jennequin H., Mouhoub E.M., 2014 – Services et vulnérabilité des territoires traditionnellement industriels : la spécialisation tertiaire des zones d'emploi haut-normandes, *RERU*, N°2, p. 315-364.

Krellenberg K., Link P., Welz J., Harris J., Barth K., Irarrazaval F., 2014 – Supporting local adaptation: the contribution of socio-environnemental fragmentation to urban vulnerability, *Applied Geography*, 55, p. 61-70.

Mac Ginnis M.D, Ostrom E., 2014 – Socio-Ecological system framework: initial changes and continuing challenges, *Ecology and Society*, 19 (2), p. 30-41.

Martinelli D., 2004 – Les territoires n'ont pas les mêmes atouts face aux risques de mutations économiques, INSEE, *L'essentiel*, n° 68, 4 p.

Mathé J., Vollet D., Lépicier D., Berriet-Solliec M., Le Roy A., 2014 – Évaluation régionale LEADER en Auvergne : un bilan mitigé et contrasté en termes de valeur ajoutée, *Sciences Eaux et Territoires*, p. 38–43.

Maru Y.-T., 2010 – Resilient regions: clarity of concepts and challenges to systemic measurement, *CSIRO Working Papers Series*, 36 p.

Mouhoub M.-E., 2014 – *Les dimensions territoriales des délocalisations et relocalisations d'activité en France, Étude relative aux relocalisations d'activités industrielles en France*, 254 p.

Pecqueur B., Talandier M., 2011 – Les territoires à base économique résidentielle et touristique, *Territoires*, 2040, p. 30-55.

Nettier B., Dobremez L., Coussy J.-L., Romagny T., 2010 – Attitudes des éleveurs et sensibilité des systèmes d'élevage face aux sécheresses dans les Alpes françaises, *Revue de Géographie Alpine*.

Rieutort L., 1997 – Les moyennes montagnes d'Europe occidentale : affaiblissement ou réadaptation des campagnes, *Norois*, n° 173.

Rieutort L., 2006 – Un territoire sensible, *in* Rieutort L. (dir.), *Massif central, Hautes Terres d'initiatives*, Clermont-Ferrand, CERAMAC, Hors Série, Presses Universitaires Blaise-Pascal, p. 15-26.

Rigolot C., Roturier S., Dedieu B., Ingrand S., 2014 – Climate variability drives livestock farmers to modify their use of collective summer mountain pastures, *Agronomy Sustainable Development*, p. 899-907.

Simard M., 2005 – La fragilité de l'espace rural québécois, le cas des petites localités du bas-Saint-Laurent, Enjeux et perspectives d'avenir, *Ruralia*, 16/17, 7 p.

Zanon B., 2014 – Local Development in Fragile Areas: Re-territorialization in Alpine Community, *International Planning Studies*, p. 335-358.

Les espaces fragiles,
entre inertie des structures
et diversité des trajectoires

Troisième partie

Espaces fragiles – Construction scientifique, dynamiques territoriales et action publique
Presses Universitaires Blaise Pascal, Territoires 1, 2017, p. 197-212

Fragilité économique et adaptations des espaces industriels

Economic fragility and adaptation of industrial spaces

Marjolaine Gros-Balthazard*

Résumé : Depuis plus de quarante ans, l'industrie française connaît de profondes mutations structurelles. Elles se traduisent par d'importantes recompositions sociales et spatiales. Confrontés à un processus de désindustrialisation presque inéluctable, renforcé par la crise économique survenue en 2008, de nombreux espaces, caractérisés par le poids de l'industrie dans l'économie locale, semblent particulièrement fragilisés. Mais derrière cette fragilité apparente, se trouve une pluralité de situations. L'étude révèle des dynamiques d'évolution de la population et de l'emploi très contrastées au sein de ces espaces industriels. Alors que certains perdent emplois et population, d'autres s'inscrivent davantage dans des dynamiques de croissance. Les résultats montrent que, au-delà de logiques sectorielles et de développement local, les capacités d'adaptation de ces espaces dépendent également de leur capacité à profiter d'autres dynamiques de développement, métropolitaines ou résidentielles, en fonction de leur situation géographique (territoires périurbains, frontaliers).

Abstract: In the past 40 years, French industry has undergone profound structural changes that have led to significant social and territorial restructuring. Faced with a seemingly unavoidable process of deindustrialization, compounded by the economic crisis of 2008, many areas where industry plays a dominant role in the local economy seem to have been particularly affected. However, this apparent frailty covers a wide variety of situations. This study shows the highly contrasting dynamics of population and employment within these industrial areas. While some are losing jobs and population others are experiencing growth. The results show that sectoral and local development rationales cannot account alone for these contrasting dynamics. The ability of these areas to adapt also depends on their capacity to make use of other development dynamics, whether metropolitan or residential, according to their geographical location (suburban, border areas).

Dans un contexte d'accélération du rythme des changements, nombreux sont les espaces pouvant être perçus comme fragiles. Ces changements d'ordre économique, social, politique ou encore environnemental, qu'ils soient internes ou externes à ces espaces, viennent bousculer leur développement. Nous nous intéressons particulièrement ici à la fragilité économique des espaces industriels.

---

* UMR 5194, PACTE, Communauté Université Grenoble Alpes.

Depuis le début des années 1970, la vulnérabilité de ces espaces ne cesse de s'accroître en raison de multiples chocs, principalement économiques, auxquels ils sont confrontés. De nombreux facteurs sont venus modifier l'activité industrielle dans son organisation sociale, mais aussi spatiale affectant directement les espaces caractérisés par un fort poids de l'industrie dans l'économie locale. Dans l'imaginaire collectif, ceux-ci véhiculent une image négative, une image d'espaces en difficultés, heurtés par la désindustrialisation et les crises économiques successives.

La crise économique apparue en 2008, consécutive à la crise des *subprimes*, a renforcé encore un peu plus les divergences territoriales, en pénalisant essentiellement ces espaces (Davezies, 2012). Elle a rappelé leur fragilité économique. Or, force est de constater que ces espaces, fragilisés par leur passé industriel, sont très différents les uns des autres. Ils recouvrent une pluralité de situations (des espaces industriels aux espaces industrialisés plus tardivement) qui demande à reconsidérer l'homogénéité de cette catégorie et sa fragilité d'ensemble. Quand certains d'entre eux perdent population et emplois, d'autres se situent davantage dans des dynamiques de croissance. Certains résistent sensiblement mieux que les autres, témoignant de capacités d'adaptation variées. Celles-ci peuvent provenir de facteurs endogènes, mais l'influence de l'ouverture des espaces est également à prendre en compte. Et, finalement, considérant la distinction entre croissance et développement, ce que nous percevons comme une fragilité économique ne pourrait-elle pas être source d'autres modèles d'adaptation ? Autrement dit, la décroissance elle-même ne pourrait-elle être envisagée comme une ressource ?

Des espaces fragilisés par les mutations industrielles

En France, la désindustrialisation s'est progressivement installée au cœur des débats politiques, économiques et sociaux notamment du fait de ses multiples conséquences sociales et territoriales (fermetures d'usines, suppressions d'emplois, délocalisations d'activités) (Bost, 2014). Deux marqueurs principaux – la valeur ajoutée et l'emploi – permettent d'en rendre compte (Le Blanc, 2012). En 2012, la valeur ajoutée industrielle ne représentait plus que 13 % du PIB contre 24 % en 1975. Le constat est similaire pour les emplois : sur la même période, la part des emplois industriels dans l'ensemble des emplois est passée de 28 % à 13 %. Ces données macroéconomiques laissent à imaginer la fragilisation potentielle des espaces marqués par le poids de l'industrie. Les tendances explicatives de cet apparent recul démontrent que l'industrie n'est plus ce qu'elle était et, conséquemment, ses territoires non plus.

Les déterminants macroéconomiques de la désindustrialisation

Un large consensus existe autour des déterminants principaux du recul de l'emploi industriel, avec une tentative notable de quantifier la contribution de chacun (Demmou, 2010) : en cause deux principales tendances, inextricablement liées.

L'entrée dans une nouvelle phase de mondialisation des économies conduit, dès les années 1980, à un accroissement de la compétition internationale. L'émergence de nouveaux concurrents alimente le processus de désindustrialisation (Fontagné et Lorenzi, 2005) et engendre la constitution d'une nouvelle division internationale du travail et du processus de production. Les délocalisations d'activités, se développant, acquièrent une place particulière dans le débat sur la désindustrialisation (Bost, 2014). Emblématiques du redéploiement et de la réorganisation mondiale des activités (Bouba-Olga, 2009 ; Messaoudi, 2014), il ne faut pas pour autant surestimer leur rôle. Aussi, soulignons qu'une partie de la désindustrialisation résulte de la pression des pays développés, l'exacerbation de la concurrence ne provenant pas uniquement des pays émergents et ne portant pas exclusivement sur les prix (Gallois, 2012 ; Saeger, 1997).

Parallèlement à cette ouverture internationale croissante, d'importantes mutations structurelles engendrent une profonde transformation de l'industrie relativisant son recul et sa disparition. Ainsi, la diminution des emplois industriels, plus que proportionnelle à l'évolution de la production industrielle en volume, révèle-t-elle l'existence d'importants gains de productivité. Techniquement, la mécanisation et l'automatisation sont à la base de cet accroissement de la productivité et contribuent directement à la fin de l'industrie de main-d'œuvre (Leboutte, 1997). Une hausse du niveau des qualifications s'effectue (Damette et Scheibling, 2003) : la proportion de cadres, d'ingénieurs, de techniciens croît au détriment de celles des ouvriers, notamment non qualifiés. L'augmentation du taux d'encadrement, de 10 % à 17 % entre 1992 et 2012, en témoigne. Alors que l'emploi industriel diminue et notamment l'emploi des ouvriers non qualifiés, le nombre de cadres s'accroît (APEC, 2013). Ce constat pose la question de la place de la classe ouvrière (Leboutte, 1997), de son avenir ce qui n'est pas sans soulever de nombreuses interrogations en termes de qualifications dans une optique de reconversions professionnelles. À ces gains de productivité s'ajoute le recours à l'externalisation de certaines activités, auparavant incluses dans le secteur industriel. Même s'il a désormais ralenti, il a également fortement contribué au recul de l'emploi industriel. Il s'agit d'une variable d'ajustement pour des entreprises entrées dans une logique de compétitivité renforcée et de recentrage sur leur cœur de métier. Initialement, l'externalisation se limitait à des activités à faible valeur ajoutée et qualification (nettoyage, sécurité...), des activités non stratégiques (Gallois, 2012 ; Halbert, 2004). Puis, en s'accélérant au cours des années 1980/1990, elle s'est progressivement élargie à d'autres fonctions plus complexes et stratégiques (systèmes d'information, conseil juridique...) (Le Blanc, 2012). Le recours à l'intérim s'inscrit dans cette même logique. Ce mouvement d'externalisation provoque un transfert toujours plus important de valeur ajoutée et des emplois vers le secteur des services et laisse, de fait, apparaître une intégration croissante industrie/services. Le mouvement de tertiarisation de l'économie est donc à relativiser puisque nombreux sont les services liés à l'industrie. Au final, l'externalisation n'engendre pas de réelles pertes d'emplois ni de qualifications, ses conséquences en termes de délocalisations extra-nationales sont moindres ; en revanche, son impact territorial infra-national participe au processus de métropolisation des activités (tertiaires et supérieures notamment).

À travers les mutations industrielles structurelles développées – gains de productivité et recours à l'externalisation –, et conséquemment à l'exacerbation de la concurrence, la désindustrialisation apparaît comme une réalité objective (Bost, 2014). Nous devons néanmoins l'appréhender comme un phénomène s'inscrivant dans une évolution plus globale du système productif. Loin des idées reçues, la concurrence étrangère ne suffit pas à expliquer l'intégralité du recul de l'emploi industriel (Demmou, 2010). Si les déterminants de la désindustrialisation apparaissent comme fortement macroéconomiques, il n'en reste pas moins que ses impacts sont profondément spatiaux : en France, comme dans la majorité des pays développés, certains espaces paraissent particulièrement affectés par ce contexte (Martin, Sunley, Tyler et Gardiner, 2016).

Les impacts spatiaux de la désindustrialisation

L'essor de ces activités péri-productives, parallèlement aux mutations sus-citées, engendre de « profondes réorganisations sociales, urbaines et territoriales » (Carroué, 2013). Les emplois, mais aussi les espaces productifs ne sont plus ceux d'hier. L'ensemble de ces mutations fragilise les espaces caractérisés par un héritage industriel important, l'industrie ayant occupé, voire occupant toujours, un poids conséquent dans l'économie locale. La crise économique de 2008 l'a bien montré à travers l'accélération du processus de désindustrialisation et la mise en lumière des disparités territoriales (Davezies, 2012).

En allant plus loin, Guilluy analyse l'adaptation à la mondialisation économique et le double mouvement de désindustrialisation des villes et métropolisation des emplois comme le principal moteur de la transformation sociale des territoires. Entre métropoles mondialisées et France périphérique apparaîtraient de nouvelles lignes de fractures territoriales (Guilluy, 2011). Malgré les critiques légitimes dont ils font l'objet et en s'extrayant de leur caractère trop schématique, les travaux de Guilluy mettent en évidence des recompositions territoriales sous l'effet de la mondialisation et des mutations économiques ainsi que le processus de concentration des richesses dans les grandes métropoles, comme le souligne Charmes (2014).

Si ces espaces sont fragilisés par l'ensemble du contexte décrit, il semble nécessaire de dépasser le discours de la fracture qui est loin de révéler toute la complexité des enjeux de développement territorial contemporains. La désindustrialisation n'est pas un processus qui se déploie uniformément. L'idée d'homogénéité des espaces industriels est à déconstruire : il ne s'agit pas d'un ensemble d'espaces en déclin.

Les espaces industriels, un ensemble complexe et hétérogène

Les espaces industriels forment un ensemble loin d'être homogène dans leurs caractéristiques mais également dans leurs trajectoires. Si la mutation des systèmes productifs les a effectivement fragilisés, certains s'en sortent mieux que d'autres. Nous proposons une définition plus précise de ces espaces ainsi qu'une analyse de leurs dynamiques socio-économiques.

Des espaces aux bassins de vie industriels

La définition même du terme espaces industriels pose question, dans la mesure où ceux-ci sont de nature très diverse et connaissent des évolutions contrastées.

Le Blanc, qui dans le cadre de la démarche *Territoires 2040* travaillait sur les espaces de la dynamique industrielle, résume bien la complexité, tout d'abord géographique. « Débordant les limites classiques du bassin, le territoire de l'industrie n'a cependant pas de périmètre géographique unique et clairement établi. Il ne peut *a priori* être assimilé ni aux découpages administratifs en vigueur […] ni aux segmentations économiques classiques […] » (Le Blanc, 2012, p. 80). Le contour de l'industrie est lui-même complexe à définir. Les mutations industrielles précédemment évoquées en modifient continuellement les frontières. Afin de délimiter ces espaces, il a donc fallu faire des choix à la fois en termes d'échelle et de variable illustrant le caractère industriel.

Nous avons choisi de travailler à l'échelle des bassins de vie[1] de l'INSEE et de nous appuyer sur l'industrie telle que définie par l'INSEE[2]. La définition proposée se rapproche des contours de l'industrie classique en ne considérant pas l'interpénétration croissante industrie/services. Cela convient pour les ambitions de cette étude. Le caractère industriel des bassins de vie est donc appréhendé à travers l'emploi (au lieu de travail) dans le secteur industriel. Enfin, puisqu'il s'agit de cerner la fragilité des espaces industriels, l'analyse de l'industrialisation des espaces se concentre sur les données de 1975, autrement dit, aux alentours des premiers grands chocs affectant l'industrie traditionnelle, aux prémices des mutations industrielles et de l'internationalisation de la production[3].

Les données de 1975 dévoilent une France encore très industrielle : près d'un emploi sur trois (30,4 %) est alors un emploi industriel. La moyenne par bassin de vie s'élève à 25 %[4] et 50 % des bassins de vie possèdent plus de 23 % d'emplois industriels. L'industrie est, de fait, encore très présente. Nous proposons de retenir 411 bassins de vie comme étant « industriels », dans la mesure où ils se situent dans

---

1 – Le bassin de vie apparaît comme l'échelle supra communale la plus appropriée pour notre étude. Par définition, d'après l'INSEE, un bassin de vie « constitue le plus petit territoire sur lequel les habitants ont accès aux équipements et services les plus courants ». Contrairement à d'autres découpages territoriaux administratifs, il s'agit de fait d'un espace vécu, déterminé par la pratique des habitants. Le bassin de vie dispose donc d'une certaine réalité territoriale et, de par sa relative petite taille (notamment par rapport à la zone d'emploi), limite le risque d'hétérogénéité du territoire qu'il recouvre.

2 – « En première approximation, relèvent de l'industrie les activités économiques qui combinent des facteurs de production (installations, approvisionnements, travail, savoir) pour produire des biens matériels destinés au marché » (http://www.insee.fr/fr/methodes/default.asp?page=definitions/industrie.htm).

3 – Le choix de 1975 s'est aussi fait par pragmatisme pour retracer au mieux l'évolution des différents secteurs d'activités économiques. Les nomenclatures se succédant, il est difficile, voire impossible, d'assurer le passage de l'une à l'autre. Entre 1973 et 1993, la *nomenclature d'activités et de produits* a été utilisée, remplaçant la *nomenclature des activités économiques* en usage de 1959 à 1973. Débuter notre étude en 1975 nous permet, outre la pertinence de cette date dans l'histoire industrielle, de n'utiliser qu'une nomenclature jusqu'en 1990.

4 – Cet écart (25 % d'emplois industriels par bassin de vie en moyenne contre 30,4 % d'emplois industriels dans l'ensemble) s'explique avant tout par le fait que les bassins de vie les plus industriels sont en moyenne plus peuplés que les autres bassins de vie.

le quartile supérieur en 1975[5], c'est-à-dire qu'ils possèdent au minimum 34,9 % d'emplois industriels à cette date. D'après la figure 1, ces espaces se situent en grande majorité dans le grand quart nord-est. Sans trop d'étonnement, les régions Hauts-de-France, Auvergne-Rhône-Alpes et Grand Est sont celles qui accueillent le plus grand nombre de bassins de vie industriels en 1975. On voit ainsi clairement apparaître les contours des vieilles régions industrielles que nous pouvons définir comme les régions qui « dans le passé, ont été marquées par un poids prédominant de l'industrie dans les structures de l'activité économique et dont le corollaire social fut une forte prédominance ouvrière dans les structures sociales » (Houillon, 2002, p. 283). Le poids des secteurs industriels « traditionnels » (sidérurgie, tex-

Fig. 1 – L'emploi industriel dans les bassins de vie en 1975

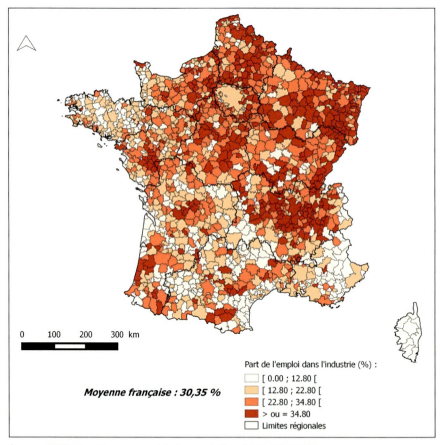

Source : INSEE – Recensement de la population 1975, IGN 2014.
Méthode : La discrétisation s'est effectuée en fonction des quartiles : chaque classe regroupe 411 bassins de vie. Notons que la plus forte part de l'emploi dans l'industrie s'établit à 83,6 % dans le bassin de vie Vrigne-aux-Bois (Ardennes).

5 – La distribution équilibrée des taux d'emploi industriel de l'ensemble des bassins de vie ne permet pas de fixer un seuil plus naturel.

tile…) y était important. Mais nous apercevons également des espaces industriali-sés plus tardivement en lien avec les politiques de décentralisation industrielle me-nées par la DATAR dès les années 1960 (dans le pourtour de la région parisienne) ou encore des espaces où l'industrie se développe à la faveur de l'émergence de nouveaux secteurs (agroalimentaire et secteurs de haute-technologie). La suite de l'étude portera sur l'ensemble de ces bassins parmi les plus industriels en 1975.

Derrière un déclin industriel national, des dynamiques d'emplois contrastées

Étant données les caractéristiques diverses que recouvrent les bassins indus-triels, il semble nécessaire de reconsidérer leur fragilité d'ensemble en analysant leurs dynamiques sur un temps long.

Dans un premier temps, nous proposons d'étudier l'évolution de l'emploi in-dustriel ainsi que l'évolution de l'emploi total dans les bassins de vie retenus (bas-sins de vie ayant plus de 34,9 % d'emplois industriels en 1975). Au niveau natio-

**Fig. 2 – Évolution de l'emploi industriel
dans les espaces industriels 1975-2012**

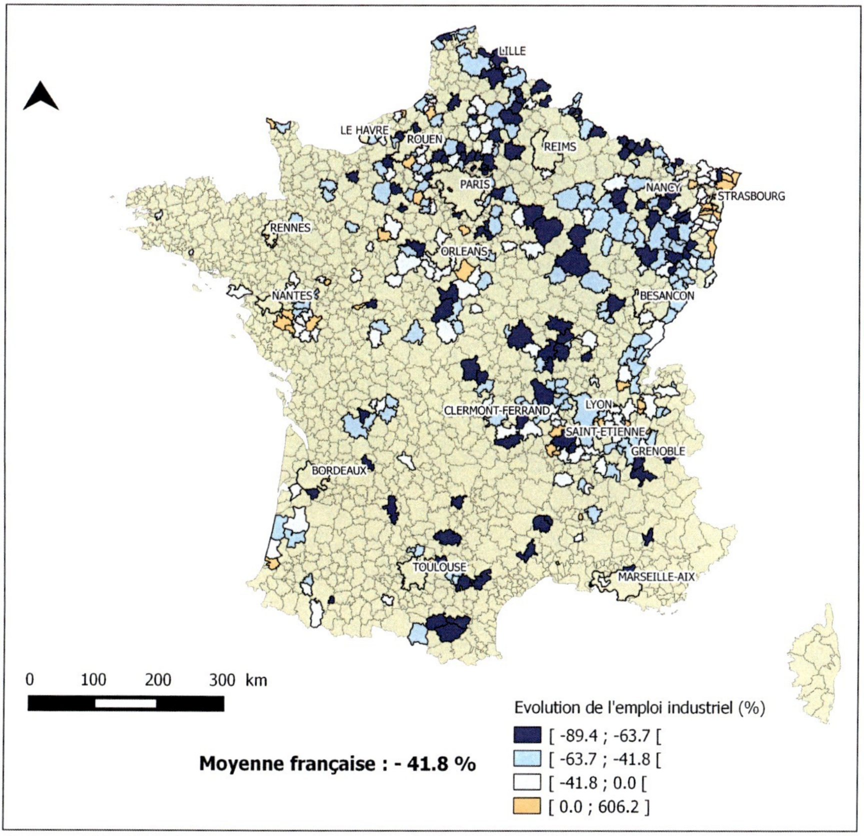

Source : INSEE – Recensement de la population 1975 et 2012, IGN 2014.

nal, entre 1975 et 2012, les emplois industriels ont diminué de 41,8 % (soit plus de deux millions d'emplois perdus dans l'industrie). Comme le montre la figure 2, la désindustrialisation est effectivement à l'œuvre dans la majorité des bassins de vie industriels. Seuls 10 % d'entre eux ont vu l'emploi industriel se développer ces quarante dernières années. À l'inverse, la plupart ont connu un recul des emplois industriels plus rapide que la moyenne nationale. C'est le cas notamment de l'arc jurassien, des bassins de vie lorrains et du Nord. Mais c'est aussi le cas dans les principaux bassins de vie industriels métropolitains (Lyon, Lille, Grenoble).

Ce processus est loin d'être linéaire. Si la désindustrialisation semble relativement lente lorsqu'est considérée l'évolution de la valeur ajoutée nationale, elle apparaît brutale, violente et spatialement « injuste » en termes de pertes d'emplois. Des plans sociaux importants, largement médiatisés, en témoignent. Lorsque l'on regarde les données disponibles, on s'aperçoit que certains bassins de vie perdent entre deux recensements (soit environ 7 ans) plus de 50 % de leurs emplois industriels. C'est le cas, par exemple, du bassin de vie de Longwy (Meurthe-et-Moselle)

Fig. 3 – Dynamiques d'emplois dans les bassins de vie industriels (1975-2012)

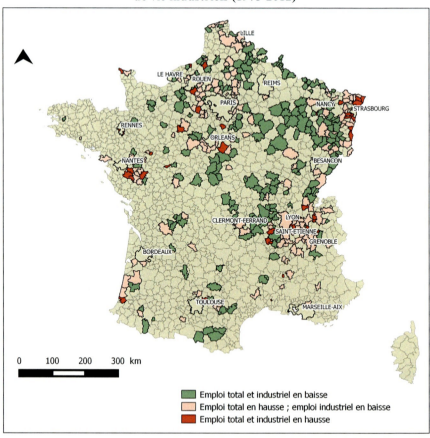

Source : INSEE – Recensement de la population 1975 et 2012, IGN 2014.

où est enregistrée une perte de six mille emplois industriels entre 1982 et 1990. On imagine l'impact d'un tel choc pour l'espace industriel considéré.

Pour autant, les bassins de vie confrontés à un déclin des emplois industriels, même très important, peuvent s'engager dans une autre voie de développement. Nous proposons une comparaison de l'évolution de l'emploi industriel et de l'emploi total. Celle-ci permet d'apercevoir d'éventuels processus de reconversion de la part de ces espaces. Sur la figure 3, sont visibles les trois grands types de trajectoires qui se dégagent de cette comparaison.

La moitié des bassins de vie industriels – soit 205 – se caractérise par un double déclin : l'emploi industriel diminue tout comme l'emploi total. Le déclin de l'emploi industriel entraîne un déclin de l'emploi total que les autres secteurs ou modèles de développement ne parviennent pas à compenser. Ces bassins, situés globalement sur une diagonale Sud-Ouest–Nord-Est, semblent particulièrement fragiles. Il s'agit principalement de régions de tradition industrielle (Saint-Dié-des-Vosges, Thionville…). D'autres bassins de vie se trouvent néanmoins dans des dynamiques plus favorables. Malgré un déclin de l'emploi industriel, 161 d'entre eux voient l'emploi total s'accroître. En d'autres termes, ils semblent résister via une reconversion résidentielle ou productive. Ces bassins de vie sont nombreux en Rhône-Alpes, Ile-de-France et Alsace. Enfin, comme l'indique la figure 3, à rebours du mouvement national de désindustrialisation, certains bassins – 44 – connaissent un développement industriel qui alimente, au moins partiellement, une croissance de l'emploi total. Assez dispersés sur le territoire français, nous en retrouvons notamment autour de Strasbourg et dans le Choletais.

La figure 3 montre la complexité des recompositions spatiales sous l'effet des mutations économiques. Les dynamiques des espaces industriels en termes d'emploi sont très diverses et le seraient encore davantage si nous approfondissions la question sectorielle. Pour certains bassins, la fragilité économique est manifeste et peut contribuer à alimenter un processus de décroissance de population.

Déclin industriel et processus de décroissance : la double peine ?

La littérature démontre, au niveau international, l'existence d'un lien entre déclin économique et décroissance démographique des villes et des territoires (Friedrichs, 1993 ; Rieniets, 2009 ; Baron *et al.*, 2010 ; Reckien et Martinez-Fernandez, 2011). D'ailleurs, les villes en décroissance démographique se concentrent largement dans des territoires spécifiques, en particulier dans d'anciennes régions industrielles (Wolff *et al.*, 2013). Une partie des espaces industriels, souvent ruraux ou organisés autour d'une petite ville souffre effectivement, depuis plusieurs décennies, comme l'exprime François Cusin, de multiples peines (travail peu qualifié, taux de chômage élevé, déficit d'image lié à leur passé industriel, à leur situation géographique…). Ces peines diminuent largement leur attractivité à l'égard de populations qui pourraient soutenir une diversification de leur activité : des retraités, des touristes, des cadres… (Cusin, *in* Fol *et al.*, 2014). Il faut toutefois rappeler une tendance typiquement française : par opposition aux pays où la population est très mobile, le déclin des villes industrielles françaises est limité par l'ancrage résidentiel et territorial de populations confrontées à la suppression ou à la délocalisation de leur emploi et souvent par un solde naturel positif (Cusin *in* Fol *et al.*, 2014). Cet ancrage provient à la fois du poids de configurations résidentielles ainsi que de logiques familiales et professionnelles (Vignal, 2003). À cet ancrage personnel s'ajoute une tradition française à (a)ménager les territoires, parfois au détriment de ceux qui y vivent.

La figure 4 rend compte de l'évolution de la population entre 1975 et 2012 ainsi que de la contribution migratoire dans les bassins de vie industriels. L'ancrage des populations, s'il limite le déclin démographique de certains espaces ne suffit pas, bien souvent, à inverser la dynamique. 31% des bassins de vie industriels sont ainsi confrontés à un déclin de leur population. Ils se retrouvent principalement sur une diagonale Sud-Ouest/Nord-Est recoupant celle des bassins perdant des emplois (en vert sur la figure 4). Pour la majorité d'entre eux (105), la perte de population est alimentée par un déclin migratoire. Inversement, dans le Sud-Ouest notamment, dix-neuf bassins de vie bénéficient d'une contribution migratoire positive qui ne suffit pas à contrebalancer le déclin naturel (Tarascon-sur-Ariège, Castres…).

Fig. 4 – Dynamiques de population dans les bassins de vie industriels (1975-2012)

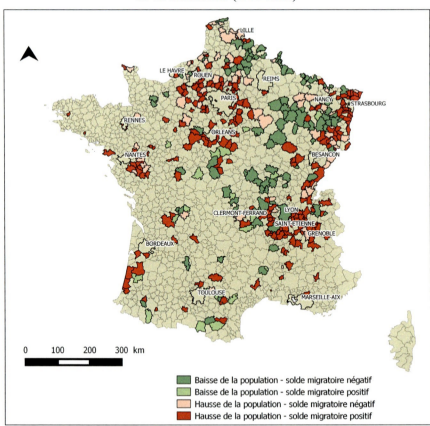

Source : INSEE – Recensement de la population 1975 et 2012, IGN 2014 ;

Toutefois, la majorité des bassins se trouve dans des dynamiques de population positives. Pour certains (224), la contribution migratoire positive est en partie au moins à l'origine de cette croissance. Pour d'autres (62), ce n'est pas le cas, mais la croissance naturelle compense. On s'aperçoit du dynamisme de certains espaces qui recoupent, là encore, sans étonnement, la carte d'évolution des emplois. On peut néanmoins noter les dynamiques démographiques positives de l'arc jurassien alors même que les emplois sont en déclin. Cela rappelle l'importance des logiques frontalières sur lesquelles nous reviendrons.

Finalement, la fragilité des bassins industriels résulte à la fois de pertes d'emplois et de pertes de population, les deux étant souvent liées. Le tableau 1 révèle l'existence d'un lien fort entre les deux.

Tab. 1 – Dynamiques d'emplois et de population des bassins de vie industriels

Nombre de bassins de vie		Dynamique de l'emploi		
		Emploi total et industriel en baisse	Emploi total en hausse ; emploi industriel en baisse	Emploi total et industriel en hausse
Dynamique de la population	Baisse de la population ; SM négatif	**84**	19	2
	Baisse de la population ; SM positif	16	3	
	Hausse de la population ; SM négatif	33	24	5
	Hausse de la population ; SM positif	72	**115**	**37**

Sources : INSEE - Recensements de la population 1975 et 2012, calculs de l'auteur.
Lecture : 84 bassins de vie industriels se caractérisent à la fois par une baisse de l'emploi (total et industriel) et par une baisse de la population (avec un solde migratoire négatif) entre 1975 et 2012.

Cette relation entre évolution de l'emploi et de la population fonctionne à double sens, comme nous l'explique la littérature. D'un côté, un solde migratoire positif, autrement dit une arrivée de population supérieure aux départs, entraîne nécessairement le développement d'emplois présentiels. De l'autre, une zone économiquement dynamique peut favoriser l'attrait de population, même si cela se vérifie de moins en moins, y compris pour les individus actifs (Gonnard, 2006). Le débat *jobs follow people* ou *people follow jobs* n'est pas tranché (Hoogstra, van Dijk et Florax, 2011; Partridge et Rickman, 2003);

Le tableau 1 en témoigne : les dynamiques des espaces industriels sont assez hétérogènes. Loin d'être globalement fragiles, les analyses révèlent, au contraire, la capacité dont ont pu disposer certains de ces bassins pour réorienter leur développement.

L'adaptation différenciée des espaces industriels

Pour reprendre les termes de Davezies, « dans un monde en constante évolution, les avantages comparatifs des différents territoires changent » (Davezies, 2015, p. 80). La fragilité actuelle de ces espaces, auparavant locomotives du développement du pays, le montre bien. Depuis que la crise a revêtu son caractère structurel, dès les années 1970/1980, certains d'entre eux ont déjà démontré leurs capacités d'adaptation. Si, pour certains, elles tiennent à des facteurs endogènes, il nous semble important de souligner les effets de l'essor des mobilités.

Structure de l'activité économique et développement local

Les espaces industriels pâtissent bien souvent de leur spécialisation initiale dans des secteurs désormais majoritairement en déclin. Il n'y a effectivement pas de différence majeure d'évolution sectorielle entre la France métropolitaine et l'ensemble des espaces industriels. Une étude de la FNAU, réalisée sur la période « post-crise », 2008-2012, corrobore ces résultats en montrant la forte logique sectorielle qui domine derrière les pertes d'emplois des territoires industriels (FNAU, 2014). En d'autres termes, les tendances d'évolution de l'emploi sont fortement dépendantes de la structure sectorielle de l'économie de ces territoires héritée du passé.

L'approche purement sectorielle ou structurelle n'est cependant pas complètement satisfaisante pour expliquer les dynamiques de ces espaces. Comme le soulignent Benko et Lipietz, « la prise en compte des facteurs locaux dans les dynamiques économiques apparaît aujourd'hui comme une évidence et comme une impétueuse nécessité » (Benko et Lipietz, 1992, p. 41). D'importantes dynamiques de développement local, voire territorial, s'exercent et expliquent, en partie, les capacités d'adaptation des espaces industriels. Dans la lignée de la réactualisation italienne de la notion de districts marshalliens, ont été mis en évidence des exemples français de développement industriel localisé (Pecqueur, 2014). Or, parmi les espaces qui gagnent à la fois population et emplois, semblant donc relativement moins fragiles, nous retrouvons les systèmes productifs localisés emblématiques de la vallée de l'Arve et du Choletais. Cela appelle à dépasser la notion d'espace pour se rapprocher de celle de territoire entendue comme une construction socio-spatiale qui permet au collectif concerné d'influencer ses trajectoires de développement. Les territoires disposent donc de capacités endogènes pour s'adapter et conduire au mieux le changement[6]. Mais, s'ils sont effectivement des opérateurs de changement, il faut souligner que, dans un contexte d'interconnexion territoriale croissante, ces facteurs endogènes spécifiques à chacun ne permettent pas d'expliquer entièrement leur développement (DATAR, 2010). La réalité mobile et l'interconnexion territoriale croissante qui en résulte viennent bousculer ce paradigme.

---

6 – Cet article s'inscrit dans un travail de thèse en cours au sein duquel sont étudiées les trajectoires des territoires industriels dans un contexte de mutations économiques. Une place importante est accordée aux dynamiques territoriales et notamment à leur capacité à assurer une pérennité de l'activité industrielle, y compris sous de nouvelles formes.

L'ouverture des espaces

Au-delà de facteurs purement endogènes, pour comprendre l'adaptation de ces bassins, il convient également de considérer leur ouverture ainsi que l'influence des liens entretenus avec les espaces voisins. La mobilité des individus participe désormais pleinement aux mutations observées de deux façons principales.

D'une part, nous l'avons vu, les bassins de vie frontaliers ou encore ceux situés dans l'Ouest de la France, dynamisé ces dernières années, démontrent des capacités de rebond – l'emploi industriel décroît mais l'emploi total se développe. Cette situation provient de l'attractivité résidentielle de ces bassins. Celle-ci influence leur adaptation en permettant le développement, tout au moins, d'une économie résidentielle. D'autre part, la quasi-totalité des bassins de vie qui voient emploi et population croître se trouve majoritairement en périphérie d'espaces métropolitains (Paris, Grenoble, Lyon, Saint-Étienne, Bordeaux, Marseille…). Cela ne signifie pas que tous les bassins de vie industriels se situant à proximité d'une métropole sont dans des situations favorables. Mais, dans certains cas, le contexte géographique associé à des dynamiques plus globales, ici la métropolisation et la périurbanisation, peut venir expliquer certaines dynamiques. Celles-ci ne dépendent plus uniquement de dynamiques socio-économiques internes, mais aussi de celles des territoires voisins. Dès lors, le développement de systèmes productivo-résidentiels (Davezies et Talandier, 2014) peut être considéré comme une modalité d'adaptation, potentiellement temporaire, des espaces en difficultés économiques.

Qu'ils soient issus de dynamiques de développement local, d'une spécialisation sectorielle favorable ou de l'essor des mobilités, différents éléments ont permis à des espaces industriels de s'adapter au processus de désindustrialisation. Toutefois, certains demeurent inéluctablement, depuis quarante ans, dans une situation que nous pourrions qualifier « de déprise ».

La décroissance, une ressource ?

Comme l'analyse des données d'emploi et de population en témoigne, certains bassins de vie industriels cumulent déclin économique et déclin démographique. Cette situation caractérise notamment les espaces appartenant aux vieilles régions industrielles. Mais la décroissance, issue de ce double déclin, que nous avons perçue jusqu'à ce stade comme une fragilité économique, ne pourrait-elle pas être une ressource ?

Comme l'envisage Liefooghe, « un territoire [peut] être résilient en adaptant sa structure et son fonctionnement à une certaine forme de décroissance » (Liefooghe, *in* Hamdouch *et al.*, 2012, p. 25). Dans nos sociétés modernes, tout phénomène de décroissance est associé à une image négative, est saisi comme un problème voire reste impensé des politiques publiques. Or, croissance ne signifie pas développement. Les espaces industriels en difficulté s'apparentent à des territoires en décroissance, sur lesquels est généralement porté un regard négatif. Mais l'histoire est souvent cyclique et l'idée selon laquelle ces espaces pourraient constituer le terreau pour un nouveau mode de développement économique n'est pas à exclure. Les vides et les creux, laissés notamment par des entreprises et une population en partance, ne seraient-ils pas, par exemple, des opportunités à saisir (disponibilité foncière, faibles prix de l'immobilier, attention particulière des territoires envers les nouveaux arrivants…) ? Ces espaces ne pourraient-ils pas profiter des nombreux changements qui viennent bousculer les modalités de croissance extensive et devenir des modèles d'un développement plus durable ? En France, Loos-en-Gohelle fait ainsi figure d'exemple pour un modèle de développement alternatif à travers une politique volontariste axée sur la préservation de l'environnement (Caron, 2013 ; Chibani-Jacquot, 2015).

Conclusion

La longue et complexe histoire de la désindustrialisation pénalise, depuis plus de quarante ans, de nombreux espaces industriels. Mais derrière ce premier constat, force est de constater que ces espaces sont très différents les uns des autres. Loin de minimiser les difficultés économiques de ces bassins, il est nécessaire de s'éloigner du discours de la fatalité. Tous ne sont pas aussi fragiles qu'il n'y paraît et une partie non négligeable de ces espaces est parvenue à profiter et tirer parti d'autres dynamiques de développement, qu'elles soient notamment métropolitaines ou bien résidentielles. D'autres ont pu s'appuyer sur des facteurs plus endogènes, tels que leur spécialisation sectorielle favorable ou encore certaines configurations territoriales particulières tels que les systèmes productifs localisés. Mais, à côté, demeurent des bassins de vie industriels qui cumulent *a priori* les handicaps : éloignés de grandes villes, traditionnellement spécialisés dans des activités en déclin, faiblement dotés en facteurs d'innovation… Pourtant, le processus de décroissance à l'œuvre pourrait constituer une ressource si tant est qu'il soit accepté. La question de leur possible rebond reste ouverte.

Références bibliographiques

Baron M., Cunningham-Sabot E., Grasland C., Rivière D., Van Hamme G (eds), 2010 – *Villes et régions européennes en décroissance : maintenir la cohésion territoriale ?*, Paris, Hermès science, 346 p.

Benko G., Lipietz A. (eds), 1992 – *Les Régions qui gagnent, districts et réseaux : les nouveaux paradigmes de la géographie économique*, Presses universitaires de France, 436 p.

Bost F., 2014 – *La France : mutations des systèmes productifs*, Paris, Sedes, 253 p.

Bouba-Olga O., 2009 – Les nouvelles géographies du capitalisme : Comprendre et maîtriser les délocalisations, Paris, Seuil, 156p.

Caron, J.-F., 2013 – *Loos-en-Gohelle, la conversion d'un territoire*, Projet, nº 336-337, p. 105-110.

Carroué L., 2013 – *La France : les mutations des systèmes productifs*, Paris, Armand Colin, 238 p.

Charmes E., 2014 – *Une France contre l'autre ?*, La Vie des idées [en ligne].

Chibani-Jacquot P., 2015 – *Loos-en-Gohelle, ville pilote du développement durable*, Paris, Les petits matins, 192 p.

Cusin F., 2014 – *Les dynamiques urbaines au prisme des mobilités résidentielles longues,* in *Mobilités résidentielles, territoires et politiques publiques*, Villeneuve-d'Ascq, Presses universitaires du Septentrion, p. 65-96.

Reghezza M., 2011 – La vulnérabilité : un concept problématique, *La vulnérabilité des sociétés et des territoires face aux menaces naturelles. Analyses géographiques*, PULM, p. 35-40.

Damette F., Scheibling J., 2003 – *La France : permanences et mutations*, Paris, Hachette, 255 p.

DATAR, 2010 – *Territoires 2040 – Aménager le changement*, Paris, La documentation française, 103 p.

Davezies L., 2010 – *La crise et nos territoires : Premiers impacts*, Rapport pour l'ADCF, Caisse des Dépôts et Institut CDC pour la recherche, 96 p.

Davezies L, 2012 – *La crise qui vient : la nouvelle fracture territoriale*, Paris, La République des idées / Seuil, 128 p.

Davezies L., Talandier M., 2014 – *L'émergence de systèmes productivo-résidentiels : Territoires productifs – territoires résidentiels : quelles interactions ?*, Paris, La Documentation Française, 144 p.

Davezies L., 2015 – *Le Nouvel Égoïsme territorial : Le grand malaise des nations*, Seuil, 103 p.

Demmou L., 2010 – *La d*ésindustrialisation en *France, Document de travail, n° 1*, Direction Générale du Trésor, 52 p.

Demmou L., 2010 – Le recul de l'emploi industriel en France entre 1980 et 2007. Ampleur et principaux déterminants : un état des lieux, *Économie et statistique*, vol. 438, n° 1, p. 273-296.

FNAU, 2014 – *La crise, l'industrie et les territoires*, Dossier FNAU, 24 p.

Fontagné L., Lorenzi J.H., 2005 – Désindustrialisation, délocalisations, *Les rapports du Conseil d'analyse* économique, n° 55, 400 p.

Friedrichs J., 1993 – A theory of urban decline: economy, demography and political elites, *Urban Studies*, vol. 30, n° 6, p. 90–917.

Gallois L., 2012 – *Pacte pour la compétitivité de l'industrie française*, Rapport au Premier Ministre, Commissariat général à l'investissement, 74 p.

Gonnard S., 2006 – *L'inversion des flux migratoires interrégionaux : de nouveaux rapports entre migrations internes et développement territorial ?*, Thèse de doctorat en urbanisme, aménagement et politiques urbaines, Université Paris-XII, 380 p.

Guilluy C., 2011 – Les métropoles et la France périphérique, *Le Débat*, vol. 166, n° 4, p. 42-52.

Halbert L., 2004 – *Densité, desserrement, polycentrisme et transformation économique des aires métropolitaines. Interpréter la concentration des activités d'intermédiation dans la zone centrale de la région francilienne*, Thèse de doctorat de géographie, 344 p.

Hamdouch A., Tanguy C., Depret M.-H., 2012 – *Mondialisation et résilience des territoires : trajectoires, dynamiques d'acteurs et expériences*, Québec, PUQ.

Hoogstra G. J., van Dijk J., Florax R.J.G.M., 2011 – Determinants of Variation in Population–Employment Interaction Findings: A Quasi-Experimental Meta-Analysis, *Geographical Analysis*, vol. 43, n° 1, p. 14-37.

Houillon V., 2002 – La sous-activité féminine d'une région de tradition industrielle. Le cas de la région Nord-Pas-de-Calais (France), *Espace, populations, sociétés*, vol. 20, n° 3, p. 283-293.

Le Blanc G., 2012 – Les espaces de la dynamique industrielle – État des lieux et problématiques, *Territoires 2040*, n° 3, p.78–99.

Leboutte R., 1997 – *Vie et mort des bassins industriels en Europe, 1750-2000*, Paris, L'Harmattan, 592 p.

Martin R., Sunley P., Tyler P., Gardiner B., 2016 – Divergent cities in post-industrial Britain, Cambridge, *Journal of Regions, Economy and Society*, vol. 9, n° 2, p. 269-299.

Liefooghe C., 2012 – La flèche du temps et le système, ou comment analyser la résilience d'un territoire, *Mondialisation et résilience des territoires : trajectoires, dynamiques d'acteurs et expériences*, Québec, PUQ, p. 21-40.

Messaoudi D., 2014 – Les délocalisations industrielles dans les mutations des systèmes productifs français, *Revue Géographique de l'Est*, vol. 54, n°1-2 [en ligne].

Partridge M.D., Rickman D.S., 2003 – The waxing and waning of regional economies: the chicken–egg question of jobs versus people, *Journal of Urban Economics*, vol. 53, n° 1, p. 76-97.

Pecqueur B., 2014 – Esquisse d'une géographie économique territoriale, *L'Espace géographique*, vol. 43, n° 3, p.198-214.

Reckien D., Martinez-Fernandez C., 2011 – Why do cities shrink?, *European Planning Studies*, vol. 19, n° 8, p. 1375–1397.

Rieniets T., 2009 – Shrinking cities: causes and effects of urban population losses in the twentieth century, *Nature and Culture*, vol. 4, n° 3, p. 231–54.

Saeger S. 1997 – Globalization and deindustrialization: Myth and reality in the OECD, *Review of World Economics*, vol. 133, n° 4, p. 579-608.

Veltz P., 1997 – *Mondialisation, villes et territoires : l'économie d'archipel*, Paris, Presses Universitaires de France, 288 p.

Vignal C., 2003 – *Ancrages et mobilités de salariés de l'industrie à l'épreuve de la délocalisation de l'emploi. Configurations résidentielles, logiques familiales et logiques professionnelles*, Thèse de doctorat en urbanisme, aménagement et politiques urbaines, Université Paris-XII, 654 p.

Wolff M., Fol S., Roth H., Cunningham-Sabot E., 2013 – Shrinking Cities, villes en décroissance : une mesure du phénomène en France, *Cybergeo: European Journal of Geography*, [En ligne].

Les dynamiques des arrière-pays méditerranéens français : une marqueterie territoriale entre marge et périphérie

Dynamics of the French Mediterranean hinterlands: a territorial patchwork between margin and periphery

Pierre-Antoine Landel*, Pascal Mao*,
Andréas Rey*, Nicolas Robinet*

Résumé : Cette contribution vise à porter un nouveau regard sur les arrière-pays méditerranéens français et les dynamiques de développement territorial qui les animent. La notion d'arrière-pays est discutée afin d'en définir les contours et de saisir les relations entretenues avec les « avant-pays ». Différentes analyses statistiques et cartographiques sont proposées pour mieux caractériser ces espaces d'arrière-pays et leurs évolutions. Les entrées privilégiées se focalisent sur des indicateurs visant à spécifier les fonctions productives, résidentielles et touristiques de ces espaces. En variant les indicateurs et les échelles d'analyse, il est possible de différencier des processus et des logiques de développement. Si la résidentialité a tendance à s'affirmer avec une forte homogénéité, en particulier à partir du recensement de 1999, il existe une très forte hétérogénéité de la place des secteurs agricoles et touristiques localement. Plus la maille territoriale est fine, plus l'analyse des arrière-pays fait ressortir une marqueterie de leurs dynamiques de développement.

Abstract: *The aim of this paper is to take a new look at the French Mediterranean hinterlands and the stimulating forces of the dynamics of their territorial development. The notion of hinterland is discussed to define its nature and to understand its relations with the foreland. Various statistical and cartographic analyses are presented to define more clearly the characteristics of the foreland areas and their evolution. The paper focuses on indicators selected to specify the productive, residential and tourist functions of these areas. By varying the indicators and the scales of analysis, it is possible to differentiate the processes and rationales of development. While the number of permanent residents is increasing over the same territory in particular since the census of 1999, the trends of the local agricultural and tourist sectors varies widely. The more local the territorial network, the more the analysis of the hinterland reveals a patchwork of development dynamics.*

* UMR 5194, PACTE-CERMOSEM, Université Grenoble Alpes.

L'ANR MED-INN-LOCAL[1] analyse les transformations des arrière-pays méditerranéens, en insistant plus particulièrement sur l'accroissement des mobilités entre arrière-pays et espaces globalisés. Longtemps considérés comme des espaces fragilisés par plus d'un siècle d'exode rural, et affectés de profonds handicaps socio-spatiaux, la situation des arrière-pays mérite d'être interrogée. Parmi les caractérisations possibles des espaces fragiles, la notion d'arrière-pays est pertinente, de par sa capacité à intégrer les mobilités. Le propos vise à actualiser la définition des arrière-pays méditerranéens français et à caractériser les dynamiques qui les animent. L'hypothèse principale est que le type de dynamiques est influencé par l'intensité et la nature des relations que ces espaces entretiennent avec les « avant-pays ». Dans certains cas, ces relations reposent sur des échanges économiques et sociaux, dans d'autres cas il s'agira d'échanges liés à des pratiques résidentielles et récréatives. Les situations d'isolement liées aux caractéristiques géographiques, aux conditions d'accessibilité, mais aussi aux dynamiques socioculturelles inscrites dans l'histoire longue des territoires sont de plus en plus rares. Certains de ces espaces connaissent des évolutions remarquables, du fait de leur insertion dans des logiques de spécification et d'innovation pendant que d'autres restent inscrits dans des logiques de quasi « relégation ».

Après une approche bibliographique portant sur l'évolution de la notion d'arrière-pays, une analyse propose de mieux caractériser cette dernière ainsi que son évolution, à partir d'un arsenal statistique important. L'objectif est de distinguer deux catégories d'espaces : ceux relevant d'une relative « autonomisation » (les marges), à l'inverse de ceux qui existent dans une relation de dépendance vis-à-vis des centres (les périphéries). Cette première investigation est suivie d'une approche plus fine mobilisant des données relatives aux dynamiques agricoles, touristiques, résidentielles, récréatives ou mixtes. Le but est de démontrer la diversité des logiques de développement présentes localement dans ces arrière-pays.

L'arrière-pays : une notion évolutive

Il existe deux façons d'approcher la notion d'arrière-pays. La première consiste à questionner la position relative de cet espace vis-à-vis d'un avant-pays. La seconde passe par une observation des fonctions économiques associées aux dynamiques démographiques. Les espaces méditerranéens marqués par un puissant mouvement de littoralisation (Liziard, 2013) sont des révélateurs de ces évolutions.

La notion d'arrière-pays, entre périphéries et marges

Initialement, la notion d'arrière-pays renvoie à la géographie du commerce et transport maritime. Selon Georges (1970), l'arrière-pays incarne « l'espace dans

---

1 – Le présent article s'inscrit dans le cadre des travaux de l'ANR MED-INN-LOCAL (INNovations autour de la Valorisation des Spécificités LOCALes dans les Arrière-pays MEDiterranéens) coordonné par l'IRD, et impliquant sept équipes françaises, marocaines et tunisiennes.

lequel s'effectue la collecte et la diffusion des marchandises traitées par un port maritime ». Le terme « arrière-pays » serait donc la traduction littérale du mot allemand *Hinterland* (de *Hinter*, « derrière » et de *Land*, « terre », mot usité aussi en anglais). Dans leur dictionnaire, Lévy et Lussault (2003) n'ont pas retenu l'entrée « arrière-pays » mais confirment la définition de *Hinterland*. Cette notion ne paraît pourtant pas être cantonnée aux seuls espaces littoraux ou fluviaux. En effet, ces derniers proposent que « les notions d'*hinterland* et de *foreland* ont été étendues à toutes les situations où des relations s'établissent entre deux espaces distincts et complémentaires. Les villes assurant la coordination sont dites « *gateway* », « porte », « charnière » ou « *hinge* » ». Dans ce cas, on peut parler d'un ensemble de relations d'interdépendances, caractérisées par des liens fonctionnels entre ces deux catégories d'objets géographiques complémentaires : le port ou la ville et leurs espaces périphériques, les arrière-pays.

La dépendance des arrière-pays face à la primauté du pôle lui confère une connotation négative, en le situant à l'arrière d'un espace plus développé. Brunet *et al.* (1993) le caractérise ainsi de « localisation idéologico-géographique qui désigne une sorte de complément spatial en forme de faire-valoir pour qui n'en est pas, arrière par rapport à l'avant, se doublant généralement d'un haut par rapport à un bas, d'une périphérie (ruralisante) par rapport à un centre (généralement urbain). Tout ce qui est en arrière, *ad retro*, est à la fois vieillot et dépassé dans le temps (« rétro ») et lointain et réduit dans l'espace. À l'écart, dépeuplé, difficile d'accès, relégué, l'arrière-pays est le complément indispensable du plat pays ou du bas pays auquel il renvoie implicitement, étant souvent en cours de reconquête postérieure par le tourisme ». Cette approche laisse à penser l'idée d'une discontinuité entre arrière-pays et avant pays. Dernier cercle concentrique éloigné du pôle, il se situerait au-delà des espaces périurbains et rurbains au sein de zones où s'opèrerait une (relative) perte d'influence du centre en termes de dynamiques productives et résidentielles.

D'après un dossier thématique consacré aux « arrière-pays » publié en 1997 dans la revue *Montagnes Méditerranéennes*[2], la notion évolue en la reliant aux terminologies voisines de « périphéries » en tant qu'objet spatial et de « marges » selon ses caractéristiques économiques et sociales. Ces deux termes ont pu être associés à un arrière-pays à l'intérieur d'un même espace : « celle de périphérie, comme complément du centre et condition de l'exercice de la polarisation ; celle de marge, qui permet de limiter et de « finir » un territoire là où les influences du cœur s'effacent ou en rencontrent d'autres » (Giraut, 1997 ; Brunet *et al.*, 1993). Giraut (1997) et Brunet *et al.* (1993) considèrent cette périphérie comme étant la « partie externe d'un espace, ou partie considérée comme étant sous la domination du centre. Du grec : qui porte autour ». Ils ajoutent que, sous son acception non spatiale, le terme « périphérie » renvoie exclusivement au rapport dominant-dominé, la périphérie étant exploitée et fournissant des ressources et de la main-d'œuvre au centre. Au sens spatial, « n'est retenue que la relation dans l'étendue » (Brunet et *al.*, 1993). Quant à la notion de « marge », Georges (1970) lui consacre trois

2 – CERMOSEM, UMR ESPACE, 1997, *Marges, périphéries et arrière-pays,* n° 6 de la revue *Montagnes méditerranéennes*, 160 p.

entrées : deux premières relevant des domaines de l'océanographie et de la glacio-
logie et une troisième relevant de la géographie économique, où ce terme « qualifie
les opérations et secteurs où la rentabilité des investissements n'est plus assurée ».
Ce dernier semble avoir subi une mutation sémantique au fil des années puisque
Brunet *et al.* (1993) lui donnent un sens plus général : « Bordure, limite dotée de
quelque épaisseur et considérée comme en position de subordination [...] La marge
contient une idée d'espace blanc, vide, libre : écrire dans les marges ; *avoir de la
marge* est avoir de la liberté dans l'espace ou le temps ; une personne *en marge*
est à part, pas comme les autres, avec quelques indépendances, et sans doute aussi
quelque précarité ».

Pour Gumuchian (1997) « les arrière-pays sont des espaces à limites floues
ou du moins susceptibles de varier ». Les différents périmètres administratifs ne
peuvent pas rendre compte de ces espaces, alors même que ces cadres sont les vecteurs d'intervention locale. À l'époque de ces écrits, l'Europe investit massivement
dans les espaces ruraux et montagnards à faible densité afin de poursuivre une politique volontariste de rééquilibrage régional. À partir d'une réflexion sur la notion
de pays, Giraut (1997) déplore, d'une part, « le privilège accordé à une logique politique de pavage (stimulée par les nouvelles politiques contractuelles régionales),
là où la rencontre et le suivi des projets de territoire nécessitent des limites floues et
évolutives » et, d'autre part, le privilège accordé aux logiques de bassins contre une
logique de massif « qui identifie des entités plus homogènes sur un plan environnemental, mais souvent marginalisées dans les découpages administratifs ». Selon
lui, ces marges ne peuvent jouir d'une « autonomie créative » et risquent de « rater
les projets qui n'auraient pas pour base territoriale une entité rationnelle en termes
d'aménagement de l'espace ».

En somme, l'arrière-pays incarne un espace imprécis, d'où l'intérêt de procéder
par une gradation de valeur d'appartenance plutôt que de chercher à catégoriser
l'espace comme appartenant ou non à l'arrière-pays, au travers d'une représentation cartographique. Ces approches différenciées de la notion d'arrière-pays induisent leur positionnement relatif par rapport à d'autres espaces empreints d'une
échelle de valeur. Construit par opposition avec « les avant-pays », c'est-à-dire des
espaces qui s'affirment en tant que centralités, « l'arrière-pays » est, selon Mascellani (2001), « un terme polysémique, idéologiquement connoté ». Il n'en reste pas
moins fortement marqué par la nature des échanges et des relations qu'il entretient
avec des centres d'activité plus marquées. Veltz (1996) dans la lignée d'autres auteurs (Benko, Lipietz, 1992 ; Lacour, Puissant, 1991 ; Viard, 1994) montre comment le développement de pôles régionaux est indissociable des dynamiques de
leurs arrière-pays.

L'évolution des fonctions attribuées aux arrière-pays méditerranéens : résidentialisation, patrimonialisation, innovation

Dans le cas spécifique des espaces méditerranéens français, les fonctions des
arrière-pays étaient traditionnellement associées à la ruralité perçue comme exclusivement agricole. Le périmètre retenu pour cette analyse correspond aux régions Provence-Alpes-Côte-d'Azur, Languedoc-Roussillon et Corse auxquelles

sont ajoutés les départements de l'Ardèche et de la Drôme (tous deux situés en région Rhône-Alpes). Ce choix méthodologique s'appuie sur la définition des territoires éligibles aux Programmes Intégrés Méditerranéens (PIM) mis en œuvre par l'Union européenne entre 1985 et 1992. En analysant cet espace au travers de la typologie des espaces ruraux proposée par la SEGESA en 2003, reposant sur les résultats du recensement de la population de 1999, on confirme leur inscription dans les logiques de « nouvelles campagnes ». Dans ce sens, trois fonctions principales peuvent être associées aux arrière-pays méditerranéens.

La première repose sur une forte attractivité résidentielle, issue de l'inversion du solde migratoire de nombreux espaces ruraux entre 1990 et 1999 (Talandier, 2008). Ce phénomène est conceptualisé par Moss sous le nom de *Amenity migration* dès les années 1980-1990 en Amérique du Nord (Moss, 1987, 1994). Il est repris sous l'appellation de migration d'agrément en France (Perlik, 2006 ; Martin, Bourdeau, Daller, 2012). Dans le cas des arrière-pays méditerranéens, entre 1990 et 1999, ce taux de croissance démographique atteint souvent deux chiffres variant entre 10 à 20 %. Cette tendance se confirme durant la décennie 2000 à 2010 (*Bilan démographique de l'INSEE*, 2012). Ces migrations s'appuient sur de multiples motivations : qualité environnementale, amélioration du cadre de vie, loisirs de proximité, héliotropisme, accès à la propriété, gain économique, éducation des enfants… (Perrier-Cornet, 2002). Elles recoupent aussi une large diversité de publics allant des jeunes actifs, de familles en rupture avec le mode de vie urbain, aux retraités transformant leur résidence secondaire en principale mais aussi aux populations paupérisées et fragiles (Martin, 2014).

La seconde fonction est récréative et touristique. Les arrière-pays sont devenus des terrains de jeux aussi bien pour les publics des villes que pour les nouveaux résidents. Moss (1987, 1994) montre que les loisirs sont une des motivations structurantes dans les migrations d'agrément. Les temporalités sont diverses, allant du temps de loisirs du quotidien, à l'excursionniste de fin de semaine ou de séjours de plus longue durée. Les activités recherchées associent des pratiques de découverte culturelle à des activités liées aux sports de nature (Mao, 2003). Elles participent à la valorisation de ressources patrimoniales et environnementales (Landel, Senil, 2009).

Enfin, la troisième fonction est productive. Dans le domaine agricole, un processus de montée en qualité et de spécification est à l'œuvre (Hirczak, 2007). Cette tendance s'illustre par le développement de produits du terroir, de paniers de biens (Hirczak *et al.*, 2008), de labellisation ou de certification, de conversion à l'agriculture biologique…, à l'origine de formes de résistance de ce type d'exploitations face à l'effacement rapide d'autres systèmes de production traditionnels (Roux, 1992). Ces espaces possèdent aussi un secteur tertiaire dynamique. Il est fortement lié aux deux fonctions décrites préalablement. Des services touristiques diversifiés y sont fortement représentés ainsi que des services à la personne liés à la nouvelle fonction résidentielle.

L'examen de la figure 1 associée à cette typologie montre que toutes les catégories sont présentes dans l'aire d'étude retenue. Les trois fonctions permettent l'émergence d'une nouvelle économie rurale basée sur le présentiel (Terrier, 2006) et le résidentiel (Davezies, 2008). Cette analyse laisserait penser à une apparente

Fig. 1 – Degré d'appartenance à l'arrière-pays méditerranéen français (2010/2015)

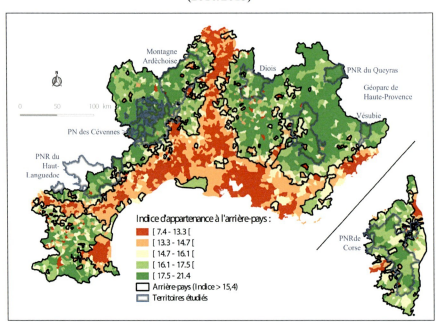

Sources : INSEE (2010, RP2012, 2014), AGRESTE, DATAR 2011, ODOMATRIX 2010, INRA UMR 1041 CESAER, INSEE RP2007, IGN BD GEOFLA.
Réalisation : UMR PACTE, Cermosem (UGA) 2015.

uniformité des modèles de développement territoriaux dans les arrière-pays méditerranéens. C'est ainsi que la DATAR n'y distingue, en 2003, que deux sous-catégories d'espaces. Une première catégorie est qualifiée de « rural à attractivité touristique et entrepreneuriale ». C'est le solde migratoire proportionnellement le plus important de tout l'espace rural (près de 14 % sur la période 1990-1999). Ce sont des territoires moyennement denses (61 hab./km²). Une population âgée s'y installe. Le nombre d'emplois industriels y a augmenté de 32 % entre 1990 et 1999, et les emplois tertiaires de 43 %. L'agriculture y est bien présente, avec une part non négligeable de salariés (12 % d'actifs et 7 % d'exploitants). La population étrangère y est importante qu'il s'agisse de retraités ou d'actifs.

Une deuxième catégorie, appelée « rural à économie touristique », concerne plus spécifiquement les espaces montagnards : Alpes et pré-Alpes et la partie centrale des Pyrénées. L'économie touristique qui valorise des espaces de nature y est de première importance. Les territoires ruraux éloignés des métropoles semblaient préalablement condamnés au déclin démographique et économique. Or, ils attirent de nouveaux résidents et enregistrent une progression rapide des emplois et du revenu... La capacité productive des territoires ne suffit plus à expliquer ces nouvelles tendances, la périurbanisation non plus. Les revenus de transferts, les salaires des agents de la fonction publique et des actifs employés ailleurs, des retraités, les dépenses des touristes… sont autant de revenus qui induisent, également, des dynamiques de développement local et dessinent une autre géographie des espaces ruraux (Talandier, 2008).

Depuis 2010, l'INSEE ne propose plus de catégorie d'espace rural. Tous les zonages sont raisonnés en fonction de l'intensité des relations aux villes en proposant de distinguer cinq catégories : les grandes aires urbaines, les moyennes aires urbaines, les petites aires urbaines, les communes sous influence urbaine et les communes isolées. Cette catégorisation laisse entrevoir les arrière-pays caractérisés par une disjonction croissante entre marges et périphéries. Ces dernières sont définies au travers de l'intensité des mobilités avec les villes, et peuvent être considérées comme proches ou lointaines des pôles urbains. Les marges ne sont entrevues qu'au travers des communes isolées. L'analyse statistique permet de discuter cette hypothèse et d'avancer vers une meilleure caractérisation des dynamiques observées.

Les arrière-pays méditerranéens français à la loupe d'indicateurs socio-productifs

Caractériser l'arrière-pays implique l'appréhension de son emprise spatiale et donc d'envisager une limite entre cet espace et l'avant-pays duquel il se distingue. L'arrière-pays demeurant un espace flou au sens proposé par Rolland-May (1987), il serait caricatural de créer une simple typologie binaire indiquant qu'un espace relève ou non de cette catégorie. Il est donc proposé, ci-après, une gradation de valeur permettant de mettre en place un « indice d'appartenance à l'arrière-pays »

La définition de cet indice s'appuie sur un *corpus* bibliographique (Lacour, Puissant, 1991 ; Benko, Lipietz, 1992 ; Viard, 1994 ; Passégué, 1997 ; Giraut, 1997 ; Gumuchian, 1997 ; Autiéro, 2000 ; Mascellani, 2001 ; Mao, 2003 ; Landel, 2003 ; Terrier, 2006 ; Hirczak, 2007 ; Hirczak *et al.*, 2008 ; Davezies, 2008 ; Landel, Senil, 2009 ; Talandier, 2012) à partir duquel sont identifiés dix-sept critères communs ou fréquents permettant de caractériser les espaces d'arrière-pays.

La méthode consiste à obtenir, pour chaque commune de la zone, un « indice d'appartenance à l'arrière-pays », composite, calculé à partir de ces dix-sept variables. Chacune d'elles est considérée individuellement afin de leur attribuer une pondération pertinente dans le calcul de l'indice. D'un point de vue technique, la valeur logarithmique en base 10 est calculée pour chacune des valeurs de chacun des indicateurs. Pour obtenir un résultat assez fin, certaines valeurs sont divisées par deux. En effet, l'amplitude de la distribution statistique de certaines variables (densité, altitude, capacité d'accueil touristique, accessibilité potentielle de l'emploi et indice de vieillissement) est relativement importante. Leur attribuer une pondération permet aussi d'éviter que le résultat de l'analyse ne soit trop influencé par ces cinq critères. En outre, deux variables sont corrélées négativement par rapport à la notion d'appartenance d'arrière-pays : la densité et le taux de sortie des travailleurs, ce dernier renseignant sur le niveau de mobilité domicile-travail.

La formule appliquée est la suivante :

Indice d'appartenance à l'arrière-pays = (Log10.% Retraités) + (Log10.indice vieillissement / 2) − (Log10.Densités / 2) + (Log10.% Agriculteurs) + (Log10.tx de renouvellement des exploitations agricoles) + (Log10.% Artisans) + (Log10.% Em-

Tab. 1 – Liste de critères de composition de l'indice d'appartenance à l'arrière-pays méditerranéen français (2010/2015)

Catégories	Critères / caractéristiques (auteur mettant particulièrement l'accent sur cette dimension)	Variables statistiques mobilisées	Sources des variables statistiques
Démographiques	Une population vieillissante (Giraut, 1997 ; Gumuchian, 1997 ; Autiéro, 2000)	La part des retraités	INSEE RP2012
		L'indice de vieillissement	INSEE RP2012
	Espace à faible densité	La densité de population	INSEE RP2012
Socio-économiques	L'importance de l'agriculture (Giraut, 1997 ; Gumuchian, 1997 ; Autiéro, 2000 ; Landel, 2003 ; Hirczak, 2007 ; Hirczak *et al.*, 2008)	Le nombre d'emplois au lieu de travail dans l'agriculture	INSEE RP2012
		Le taux de renouvellement des exploitations agricoles entre 1988 et 2010	AGRESTE 2010
	L'importance des petites entreprises artisanales (Autiéro, 2000 ; Davezies, 2008 ; Talandier, 2012)	La part des artisans dans les emplois	INSEE 2014
	Un emploi de proximité (Passégué, 1997 ; Autiéro, 2000 ; Davezies, 2008 ; Talandier, 2012)	Le taux d'emploi interne	INSEE RP2012
		Le taux de sortie des travailleurs	INSEE RP2012
		La part des établissements mono-personnels	INSEE Répertoire SIRENE 2014
	L'importance du tourisme et une forte économie présentielle (Viard, 1994 ; Mao, 2003 ; Landel, 2003 ; Terrier, 2006 ; Davezies, 2008 ; Talandier, 2012)	La capacité d'accueil touristique	INSEE 2015
		La part des résidences secondaires	INSEE RP2012
		La part de la sphère présentielle	INSEE 2012
	Un enclavement marqué (Passégué, 1997 ; Giraut, 1997 ; Gumuchian, 1997)	Les temps d'accès aux services d'usage courant faisant partie de la gamme intermédiaire	INSEE - DATAR 2011
		L'accessibilité potentielle de l'emploi	ODOMATRIX 2010, INRA UMR 1041 CESAER, INSEE RP2007
Spatiales	Un isolement et des zones défavorisées	L'altitude	IGN BD GEOFLA
		Le zonage en zone de montagne	INSEE 2010
		Les Zones de Revitalisation Rurale (ZRR)	INSEE 2010

ploi interne) – (Log10.% Sortie des travailleurs) + (Log10.établissements monoper-
sonnels) + (Log10.capacité d'accueil touristique / 2) + (Log10.% Résidences secon-
daires) + (Log10.% Sphère présentielle) + (Log10.Distance aux services) + (Log10.
Distance à l'emploi / 2) + (Log10.Altitudes / 2) + (Zone de montagne) + (ZRR)

L'obtention des résultats donne lieu à une cartographie des arrière-pays méditerranéens. L'indice d'appartenance à l'arrière-pays est représenté, ici, par une
variation de couleur allant du rouge (valeur minimum de 7,4 sur l'échelle de valeur) au vert (valeur max. de 21,4). Sur l'ensemble de la zone, l'indice moyen est
de 15,4. Pour la suite de l'analyse, ne sont retenues que les communes propres à
la zone d'arrière-pays, c'est-à-dire, celles présentant un indice d'appartenance à
l'arrière-pays le plus élevé et supérieur à cet indice moyen.

La figure 1 montre une très nette distinction entre les espaces d'avant-pays et
d'arrière-pays méditerranéens. Ces derniers concernent principalement les piémonts
et espaces montagnards : Pyrénées, façade sud et est du Massif central, Préalpes,
Lubéron, Baronnies, Ventoux, Buëch, Alpes du Sud et la quasi-totalité de la Corse
(en dehors principalement de Bastia et Ajaccio et de leurs zones périurbaines).

Diverses enclaves apparaissent au sein des arrière-pays. Il s'agit principalement de communes ou d'ensembles de communes organisées autour d'un bourg-
centre ou d'une petite agglomération urbaine. Pour l'Ardèche, par exemple, deux
enclaves principales apparaissent autour d'Aubenas et du Cheylard. À l'inverse,
certains îlots d'arrière-pays existent dans des espaces littoraux. Il peut s'agir de
communes touristiques littorales comme, par exemple, autour de Collioure ou des
Saintes-Maries-de-la-Mer. Certains massifs comme les Maures, une partie des Al-
pilles ou de la Sainte-Baume se distinguent aussi.

Malgré un certain mitage, les zones d'arrière-pays ainsi mises à jour soulignent
une certaine homogénéité. Le traitement statistique et le choix des variables mettent
en évidence un gradient d'appartenance aux arrière-pays, au sein de ces mêmes espaces. Le résultat obtenu se rapproche de la typologie des campagnes françaises
proposée par le CGET en 2011, dans la mesure où il permet de bien distinguer
des espaces périphériques et des espaces marginaux (voir l'Observatoire des Territoires : http://carto.observatoire-des-territoires.gouv.fr/). Par contre, cette méthode
ne permet pas de caractériser ces espaces au regard de la nature et de l'intensité de
leurs relations avec les « avant-pays ».

Quatre dynamiques différenciées

Les approches territoriales sur huit territoires d'arrière-pays méditerranéens

Pour prolonger l'analyse, il est possible de se focaliser sur huit territoires
(Communauté de communes du Diois, Géoparc de Haute-Provence, Montagne Ardéchoise, Parc National des Cévennes, Pays de la Vésubie, Parc Naturel Régional
(PNR) de Corse, PNR du Haut-Languedoc, PNR du Queyras). Ils font tous partie
des espaces d'arrière-pays présentés préalablement. L'approche par les territoires
permet, une fois la distinction faite à petite échelle entre les espaces d'arrière-pays
et les espaces d'avant-pays, d'une part d'observer les dynamiques relationnelles

entre des territoires et leurs avant-pays respectifs et, d'autre part, d'observer les convergences et/ou divergences entre les différents périmètres étudiés. Il s'agît de vérifier un postulat interne aux dynamiques d'arrière-pays selon lequel ces espaces se différencient par leurs fonctions.

Ainsi, en se focalisant sur onze des dix-sept variables statiques mobilisées pour l'identification des arrière-pays, il est possible de démontrer que les moyennes de ces indicateurs statistiques à l'échelle de ces territoires sont extrêmement hétérogènes. Ce choix repose sur l'identification des variables les plus pertinentes pour définir un degré d'appartenance à une catégorie. Il permet de distinguer huit indicateurs significatifs d'une situation de « marge » et trois qui représentent une situation de « périphérie ».

Tab. 2 – Classification multicritères de huit territoires des arrière-pays méditerranéens français (2010/2015)

INDICATEURS	MOYENNE	Arrière-pays méditerranéens	Montagne Ardéchoise	PN Cévennes	PNR Corse	Diois	Géoparc Haute-Provence	PNR Languedoc	PNR Queyras	Vésubie
Situation de "marge"										
Temps accès aux services	17,47	17,10	16,81	28,04	20,60	23,61	13,36	20,75	30,36	
Taux d'accès à l'emploi	92,45	93,13	90,38	90,39	91,81	95,78	85,26	99,32	69,14	
INDICE_VIEILLISSEMENT	168,38	164,24	140,11	403,57	138,81	137,13	147,49	102,21	149,04	
PART_RETRAITES	13,03	14,40	14,12	14,65	15,31	13,81	14,07	11,08	14,53	
PART_AGRICULTEURS	23,63	21,27	18,26	23,04	38,07	20,99	19,82	4,11	0,94	
TX de renouvellement exploit agri	36,05	31,42	47,10	0,00	58,07	42,97	27,63	42,20	31,62	
PART_ARTISANTS	21,05	21,44	25,95	20,07	17,57	22,69	20,73	25,56	34,36	
% ETAB MONOPERSO 2012	80,66	81,47	80,04	78,04	86,53	80,14	81,61	77,10	84,03	
PART Sphère présentielle	59,43	58,95	67,55	64,00	35,32	62,48	63,56	88,13	90,18	
TX emploi interne	39,21	36,47	38,85	36,78	47,59	36,57	39,19	57,86	36,20	
Situation de "périphérie"										
TX de sortie des travailleurs	60,71	63,50	61,06	63,22	52,41	61,71	60,78	42,13	63,80	
Capacité d'accueil touristique	176,49	52,78	104,92	69,03	59,17	131,78	55,44	490,30	63,00	
PART Résidences secondaires	41,59	42,08	41,98	54,27	46,79	41,21	37,47	62,61	46,01	

Les valeurs en rouge correspondent aux valeurs inférieures à la moyenne de l'échantillon, les valeurs en vert lui sont supérieures.
Sources : INSEE (2010, RP2012, 2014), AGRESTE, DATAR 2011, ODOMATRIX 2010, INRA UMR 1041 CESAER.

Le tableau 2 permet de différencier deux types de situations (périphérie et marge) au sein desquelles deux sous-divisions peuvent être opérées (périphérie « résidentielle » et « récréative et touristique » / marge « productive » et « isolée »).

Les « périphéries » se définissent par une dépendance aux avant-pays qui peut être soit liée à une proximité géographique qui en fait des espaces de résidence des actifs travaillant dans les avant-pays, soit des espaces récréatifs et touristiques connectés à ces derniers. Au final, quatre dynamiques différenciées au sein des arrière-pays sont distinguées :

• La « périphérie résidentielle » correspond à la situation d'un territoire présentant un indice d'appartenance à l'arrière-pays relativement fort dans lequel les actifs ont tendance à travailler ailleurs, dans l'avant-pays de référence du territoire. Ce type d'espace est caractérisé par un fort taux d'emploi relevant de ladite « sphère présentielle » et est un complément à l'avant-pays en tant qu'espace de résidence des actifs. L'exemple est ici le Géoparc de Haute-Provence. On voit nettement sa proximité géographique avec les avant-pays de la vallée de la Durance et l'axe de communication Gap–Sisteron–Aix-en-Provence.

• La « périphérie récréative et touristique » correspond à des espaces touristiques marqués par un fort taux de résidences secondaires et une forte capacité d'accueil. La distance géographique est, cette fois-ci, plus importante avec les avant-pays dont ils dépendent. Son caractère d'arrière-pays est très marqué. Le taux d'emploi interne est très fort et les indicateurs socio-économiques plutôt au-dessus de la moyenne des arrière-pays. Le Parc Naturel Régional du Queyras est représentatif de cette catégorie.

Les « marges » correspondent, pour leur part, à des espaces plus autonomes et à des niveaux divers de déconnexion des dynamiques des avant-pays.

• Les « marges productives » correspondent à des arrière-pays dans lesquels la plupart des habitants résident et travaillent. Ils ont un degré d'appartenance très fort aux arrière-pays. L'activité agricole et l'artisanat représentent une part importante dans l'économie du territoire. Le taux d'entreprises unipersonnelles est fort. Le tourisme est principalement marqué par un taux moyen à fort de résidences secondaires. L'exemple de la Communauté de communes du Diois est particulièrement représentatif de cette forme d'arrière-pays.

• Les « marges isolées » correspondent à des espaces plus autarciques et aux dynamiques économiques moins marquées (part faible de l'agriculture et de l'artisanat par exemple, taux d'accès à l'emploi faible). Ces espaces connaissent un vieillissement de la population (indice de vieillissement et part de retraités au-dessus de la moyenne des arrière-pays). Le tourisme est peu représenté hormis sous la forme de résidences secondaires. Le Parc Naturel Régional de Corse correspond à cette catégorie.

Si les critères et les territoires sélectionnés pour cet exemple semblent distinguer les deux tendances, l'analyse complète montre cependant que certains territoires restent difficiles à catégoriser ainsi. En effet, si des récurrences permettent de regrouper ces territoires au sein de différentes formes d'arrière-pays (de périphéries ou de marges), chacun conserve ses caractéristiques propres. Pour aller plus loin, un changement d'échelle s'impose afin de pouvoir prendre en compte cette hétérogénéité.

L'affirmation d'une forte hétérogénéité spatiale des arrière-pays méditerranéens

Les mêmes variables statistiques peuvent être mobilisées à une échelle communale. Elles seront cette fois-ci traitées via la méthode des moyennes mobiles. Ce traitement offre une analyse multicritères permettant de regrouper dans différentes classes des objets ayant des profils statistiques proches selon les différentes variables retenues. Le tableau 3 illustre les résultats de cette typologie réalisée à l'échelle communale. Sont présentées ici les mêmes variables ayant permis de différencier les huit territoires préalablement. Est proposée ensuite une carte de synthèse illustrant les résultats de la typologie (Fig. 2).

L'analyse d'un *corpus* statistique par les moyennes mobiles permet de distinguer les grandes tendances observables au sein de cet ensemble. La méthode consiste à intégrer les données retenues dans un logiciel adapté (ici « Sphinx Plus² ») qui effectuera les calculs. Le résultat donne, pour chaque classe, les moyennes calculées pour chaque variable. Le logiciel affiche, au préalable, un rapport de classification, précisant le nombre de classes et surtout des indicateurs tels que l'homogénéité, c'est-à-dire la distance moyenne des observations au centre de leur classe respective, ou encore la dispersion, soit la distance moyenne des classes entre elles. Ici, il a été choisi de conserver quatre classes afin de voir si les catégories décrites dans la partie 3 pouvaient ressortir. Cette classification donne une bonne homogénéité (donc numériquement faible) et une bonne dispersion (donc numériquement forte) et permet ainsi d'obtenir des classes significatives (Tab. 3).

Tab. 3 – Classification multicritères selon les quatre dynamiques d'arrière-pays méditerranéens français (2010/2015)

	1a. Périphérie résidentielle	1b. Périphérie récréative	2a. Marge productive	2b. Marge isolée	Moyenne arrières pays
Effectif de communes	2386	2872	617	80	
Taux de sortie des travailleurs	71,83	60,054	59,31	61,31	63,126
Capacité d'accueil touristique	24,83	5958,148	18,92	4,89	1501,697
% résidences secondaires	22,78	49,158	47,81	55,74	43,872
% étab. Mono-personnels	78,86	87,758	82,02	83,25	82,972
% agriculteurs	18,93	7,396	27,8	31,65	21,444
Taux d'emploi interne	28,06	59,89	40,66	38,69	41,825
% artisans	24,24	30,928	18,75	17,05	22,742
Temps d'accès aux services	11,8	7,794	21,69	28,58	17,466
Indice de vieillissement	85,14	143,424	236,48	811,68	319,181
% retraités	11,03	12,878	15,04	19,66	14,652

Les valeurs en rouge correspondent aux valeurs inférieures à la moyenne de l'échantillon, les valeurs en vert lui sont supérieures
Sources : INSEE (2010, RP2012, 2014), AGRESTE, DATAR 2011, ODOMATRIX 2010, INRA UMR 1041 CESAER ; traitement : SPHINX Plus².

La figure 2 montre un étonnant morcellement du territoire des arrière-pays méditerranéens vus à travers la problématique posée. Cette mosaïque territoriale illustre une juxtaposition des systèmes territoriaux à l'échelle locale. Cette « marqueterie territoriale » (Mao, 2003) de l'espace méditerranéen rend aléatoire toute définition d'un zonage ou délimitation. Elle permet de relativiser la part des marges « isolées » qui reste réduite sur l'ensemble de la zone. Deux types d'espaces relativement homogènes peuvent être décrits. Le premier repose sur un marquage des espaces montagnards (Alpes du Sud et Pyrénées) par des pratiques récréatives et touristiques. Dans une moindre mesure, l'agriculture reste fortement représentée dans la partie cévenole du Massif central, ainsi que les Préalpes drômoises (Diois,

**Fig. 2 – Répartition des communes selon les quatre dynamiques
d'arrière-pays méditerranéens français (2010/2015)**

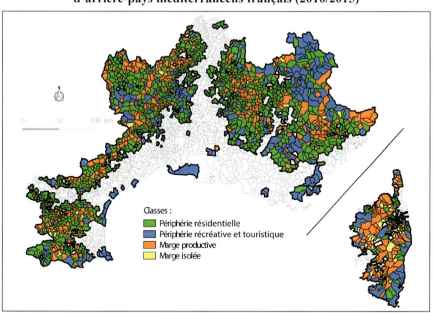

Classes :
- Périphérie résidentielle
- Périphérie récréative et touristique
- Marge productive
- Marge isolée

Sources : INSEE (2010, RP2012, 2014), AGRESTE, DATAR 2011, ODOMATRIX 2010,
INRA UMR 1041 CESAER ; INSEE RP 2007, IGN BD GEOFLA.
Réalisation : UMR PACTE, Cermosem (UGA), 2015.

Baronnies). Le second montre une marqueterie territoriale qui s'affirme dans l'espace intermédiaire (Bonerandi et *al.*, 2003) entre plaine et montagne, dépassant le modèle centre-périphérie, dans une acception d'espaces à enjeux spécifiques. Ces dynamiques peuvent être mises en perspective et précisées, *via* une approche par les représentations, sous l'angle privilégié de la place et du rôle que tiennent respectivement l'agriculture, le résidentiel et le récréatif.

La relative homogénéité des représentations permise par les approches à des méso-échelles est bouleversée par des approches à des micro-échelles. On assiste à un mélange des dynamiques, éloignant des avant-pays certaines périphéries et rapprochant des marges. Ces dernières peuvent se trouver insérées entre deux périphéries de nature différente. La situation la plus hétérogène est celle de la Corse, avec la confirmation d'une zone littorale touristique, mais aussi un mélange entre les quatre types de dynamiques sur le territoire du Parc Naturel Régional, la dynamique productive restant tout à fait significative.

Synthèse et conclusion

Les arrière-pays méditerranéens s'inscrivent dans une dynamique remarquable. Partant d'un *continuum* marqué par les liens entre les ports et leurs espaces d'approvisionnement, on assiste à une fragmentation progressive. Une première approche consiste à faire des arrière-pays un ensemble à la fois périphérique et marginal. Une seconde entrée les distingue, puis voit l'affirmation de trois logiques de développement distinctes : résidentielle, récréative et touristique, productive. L'approche statistique multicritères à l'échelle communale permet de proposer un gradient d'appartenance à des arrière-pays. Pour étudier le fonctionnement des arrière-pays, nous avons choisi de privilégier l'analyse des flux de déplacements liés aux mobilités domicile-travail, afin de déterminer, dans un premier temps, pour chaque territoire retenu, son (ou ses) « avant-pays » de référence, puis d'estimer ensuite dans quel niveau de dépendance se trouve l'arrière-pays, ou, au contraire, son degré d'autonomie au regard de la part d'activités productives.

La notion d'espaces défavorisés doit être caractérisée au travers des relations qu'ils entretiennent avec les avant-pays. Entre relégation, complémentarité proche ou lointaine et spécification s'affirment quatre types qui mériteraient d'être mieux caractérisés au regard de critères exprimant le degré d'autonomie territoriale. Les données indicatrices des capacités humaines (ex. : niveau de formation), du potentiel fiscal ou des capacités d'organisation territoriale (ex. : coefficient d'intégration fiscal des intercommunalités) pourraient ouvrir des perspectives intéressantes.

À partir de ces catégories, nous avons poursuivi une démarche plus fine, mobilisant la méthode des moyennes mobiles. En montrant de très fortes discontinuités spatiales dans les modèles et formes de structuration territoriale, cette analyse impose d'émettre quelques réserves quant à la capacité de faire entrer les arrière-pays méditerranéens dans une logique de planification territoriale trop uniformisante et stricte. Pourtant, si on dépasse le premier niveau de mise en œuvre d'éventuelles recompositions territoriales inscrites dans des bassins cohérents, il est possible d'imaginer la mise en réseau d'espaces répondant à une diversité de types et de formes d'organisations, développant des interrelations à l'origine de potentiels d'innovations.

Toutes les possibilités d'investigation n'ont pas pu être mobilisées. Les résultats proposés découlent d'une progression pas à pas, issue d'une approche bibliographique, d'une analyse statistique et d'une connaissance des terrains. D'autres données, tout à fait pertinentes au regard de la problématique, auraient pu être utilisées, en particulier celles contenues dans la « base permanente des équipements » de l'INSEE qui fournit des informations géolocalisées sur les services à la population. Il serait aussi possible d'évaluer la dépendance d'un territoire à un autre sur la base de l'accès aux services et de compléter les paramètres à considérer dans l'estimation du degré d'autonomisation d'un territoire. Par ailleurs, d'autres aspects auraient pu être approfondis. Les premiers travaux sur le renouvellement des entreprises et plus particulièrement des exploitations agricoles, laissent apparaître des résultats encourageants. La possibilité d'élargissement de cette méthode à l'ensemble de l'espace méditerranéen reste enfin à vérifier. Elle ouvrirait des perspectives en matière de caractérisation des processus de spécification des arrière-pays au regard de leur degré d'autonomie.

Références bibliographiques

Autiero S., 2000 – *Un espace à étudier : l'arrière-pays, un espace d'étude : Provence-Alpes-Côte d'Azur. Une analyse spatiale de l'arrière-pays*, Thèse de doctorat en Géographie, Université de Nice-Sophia Antipolis, 294 p.

Benko G., Lipietz A., 1992 – *Les Régions qui gagnent. Districts et réseaux : les nouveaux paradigmes de la géographie économique*, Paris PUF, coll. « Économie en liberté », 424 p.

Bérenguer J., 1986 – Les programmes intégrés méditerranéens : objectifs des PIM et perspectives pour l'agriculture en Ardèche, Drôme et Provence-Alpes-Côte d'Azur, *Revue de géographie de Lyon*, Vol. 61, n° 4.

Bonerandi E., Landel P-A., Roux E., 2003 – Les espaces intermédiaires, forme hybride : ville en campagne, campagne en ville ?, *Revue de Géographie Alpine*, Tome 91, n° 4, p.65-77.

Bourdeau P., Daller J.-F., Martin N., 2012 – Les migrations d'agrément : du tourisme à l'habiter, Paris, L'Harmattan, 408 p.

Brunet R., Ferras R., et Théry H., 1993 – *Les mots de la géographie, dictionnaire critique*, Paris, Reclus, La documentation Française, 518 p.

CERMOSEM, 1997 – Marges, périphéries et arrière-pays, *Montagnes méditerranéennes*, n° 6, 160 p.

Chapuis R., 1986 – *Les ruraux français*, Paris, Masson, 224 p.

DATAR, 2003 – *Quelle France rurale pour 2020 ? Contribution à une nouvelle politique de développement durable*, Étude prospective de la Datar, CIADT, 3 septembre 2003.

Davezies L., 2008 – *La République et ses territoires, la circulation invisible des richesses*, Seuil, La république des idées, 109 p.

Georges P., 1970 – *Dictionnaire de la géographie*, Paris, PUF, 448 p.

Giraut F., 1997 – Pays et arrière-pays. Quelques hypothèses sur la nature et les fonctions contemporaines des arrière-pays de montagnes méditerranéennes, *in* « Marges, périphéries et arrière-pays », *Montagnes méditerranéennes*, n° 6, CERMOSEM, UMR ESPACE, 160 p.

Gumuchian H., 1997 – À propos de quelques notions : marges, périphéries et arrière-pays, *in* « Marges, périphéries et arrière-pays », *Montagnes méditerranéennes*, n° 6, CERMOSEM, UMR ESPACE, 160 p.

Hirczak M., 2007 – *La co-construction de la qualité agroalimentaire et environnementale dans les stratégies de développement territorial. Une analyse à partir des produits de la région Rhône-Alpes*, Thèse de doctorat en géographie, Université Joseph Fourier, UMR PACTE-Territoires, 339 p.

Hirczak M., Moalla M., Mollard A., Pecqueur B., Rambonilaza M. et Vollet D., 2008 – Le modèle du panier de biens, *Économie rurale*, 308, 55-70.

Liziard S., 2013 – *Littoralisation de la façade nord-méditerranéenne : analyse spatiale et prospective dans le contexte du changement climatique*, Thèse de doctorat en Géographie, Université de Nice-Sophia Antipolis, 390 p.

Lacour C, Puissant S., 1991 – *Espaces régionaux, nouvelles métropoles internationales, nouveaux déserts : les « atlanticités »*, Bordeaux Éd. de l'IERSO.

Landel P-A., 2003 – L'installation en agriculture : un révélateur des relations entre les agriculteurs et leurs territoires, *Campagnes et société : Fonctions et usages des campagnes françaises, Actes du colloque : Le devenir de l'agriculture et des espaces ruraux*, Châteauroux, 7-8 décembre 2001, Collection du CEDETE, Presses Universitaires d'Orléans, 13 p.

Landel P-A., Senil N., 2009 – Patrimoine et territoires, les nouvelles ressources du développement, *Revue Développement Durable*, dossier n° 12, http://developpementdurable.revues.org/index7563.html

Lévy J., Lussault M., 2003 – *Dictionnaire de géographie et de l'espace des sociétés*, Paris, Belin, 1033 p.

Mao P., 2003 – *Les lieux de pratiques sportives de nature dans les espaces ruraux et montagnards, Contribution à l'analyse de l'espace géographique du sport*, Thèse de doctorat de l'Université Joseph Fourier, Institut de Géographie Alpine, Grenoble, 2 Tomes, 693 p.

Mascellani S., 2001 – *Pertinence de la notion d'arrière-pays dans l'organisation des espaces de la façade méditerranéenne française*, Thèse de doctorat en Géographie, Université d'Avignon et des pays de Vaucluse, 335 p.

Moss L.A.G. (ed.), 2006 – *The Amenity Migrants: Seeking and sustaining Mountains and their Cultures*, CAB International, Santa Fe, USA, 336 p.

Passégué S., 1997 – L'accessibilité routière comme critère d'indentification de l'arrière-pays, *in* « Marges, périphéries et arrière-pays », *Montagnes méditerranéennes*, n° 6, CERMOSEM, UMR ESPACE, 160 p.

Perlik M., 2006 – The Specifics of Amenity migration in the European Alps, *in* Moss L.A.G. (ed.), *The Amenity Migrants: Seeking and sustaining Mountains and their Cultures*, CAB International, Santa Fe, USA, 336 p., 215-231.

Perrier Cornet P., 2002 – *Repenser les campagnes*, Éd. de l'Aube, 280 p.

Roux B., 1992 – Marginalisation et développement local dans les espaces ruraux de l'Europe du Sud, *Revue d'Économie Régionale et Urbaine*, 4, 5-42.

Suchet A., Clave A., (sous presse) – A-t-on vraiment besoin du concept d'arrière-pays en géographie du tourisme ?, *in* N. Bernard et P. Duhamel (Éds.), *Tourisme, marge et périphérie* [titre provisoire], Rennes, Presses universitaires de Rennes.

Talandier M., 2008 – Une autre géographie du développement rural : une approche par les revenus, *Géocarrefour*, Vol. 83/4, 259-267.

Terrier C., 2006 – L'économie présentielle, un outil de gestion du territoire, *Cahiers ESPACES*, numéro spécial Observation et Tourisme (www.revue-espaces.com).

Rolland-May C., 1987 – La théorie des ensembles flous et son intérêt en géographie, *Espace géographique*, Tome 16, n° 1, 42-50.

Veltz P., 1996 – *Mondialisation, villes et territoires, L'économie Archipel*, PUF, Paris, 262 p.

Viard J. 1994 – *La Société d'archipel ou les territoires du village global*, La Tour d'Aiguës, DATAR, Éd. de l'Aube, coll. « Monde en cours », 128 p.

Espaces fragiles – Construction scientifique, dynamiques territoriales et action publique
Presses Universitaires Blaise Pascal, Territoires 1, 2017, p. 229-246

Régions marginales et espaces fragiles en Slovaquie

Marginal regions and fragile areas in Slovakia

Michel Lompech*

Résumé : La notion d'espace fragile est-elle adaptée pour décrire les différentes marges de Slovaquie ? Après un rappel du contexte historique en première partie, l'auteur explique les différents critères qui déterminent les marges et la fragilité des territoires en Slovaquie, avant d'expliquer pour quelles raisons cette catégorie d'espaces n'est pas prise en compte par les politiques de développement.

Abstract: *Is the concept of fragile areas suitable for describing the different territorial margins of Slovakia? The article begins with a recapitulation of the historical context, followed by a presentation of the different criteria that determine the territorial margins and fragility of Slovakia and finishes with an explanation of the reasons why this category of areas is not taken into consideration in development policies.*

La notion d'espace fragile permet-elle de comprendre la situation des espaces restés en marge de la profonde transformation économique qu'a connue la Slovaquie depuis vingt-cinq ans ? On se propose de répondre à cette question en reliant les analyses que géographes et sociologues ont produites sur l'espace rural durant les vingt dernières années. Ils ont utilisé différentes acceptions de la marginalité et de la périphérie pour décrire les effets spatiaux des phases de transition des années 1990 et de croissance de la décennie suivante. De manière implicite plus qu'explicite, elles renvoient au modèle centre/périphérie pour décrire des situations de marges spatiales qu'ils étudient, que ce soient lors de la première expansion économique, durant le régime socialiste ou après. Marginalité et périphérie sont conçues négativement comme la situation d'espaces non intégrés au modèle socio-économique dominant (qu'il s'agisse du système socialiste ou de l'Union Européenne). La géographie française dispose, depuis les travaux d'Alain Reynaud (Reynaud, 1981), d'une mise au point des concepts de centre, périphéries, isolat, et de leurs emboîtements spatiaux. Le recours à ces notions permet de com-

* Université Clermont Auvergne, AgroParisTech, INRA, Irstea, VegAgro Sup, Territoires, F-63000 Clermont-Ferrand, France.

prendre la formation de ces espaces en crise ou en retrait du développement économique, leur degré d'insertion ou d'éloignement de la dynamique nationale. De son côté, le *Dictionnaire d'analyse spatiale* définit la marge comme « une aire en bordure du territoire et qui s'en distingue par sa non-conformité aux caractéristiques d'ensemble ». C'est aussi « un espace qui, en raison même de son éloignement du centre, présente des propriétés plus ou moins différentes de celles du territoire auquel il appartient ». La notion d'espace fragile (Couturier, 2007 ; Governa, 2008 ; Zanon, 2014) ajoute à la marge une dimension sociologique en soulignant les faiblesses des sociétés locales présentes dans ces territoires de marge. Elle souligne la spécificité de certains territoires slovaques et l'élaboration de programmes de développement local adaptés.

Dès les débuts de la transformation post-socialiste, les équipes de sociologues se sont intéressées aux effets de la polarisation produits par les forces du marché sur les mutations socio-spatiales. Les premiers travaux se sont appuyés sur les phénomènes majeurs impliqués par les grands indicateurs : le chômage, la question rom, le vieillissement. Les différenciations socio-spatiales n'ont été étudiées qu'à la suite. L'étude des différenciations spatiales doit prendre en compte des chemins de dépendance qui forment les structures régionales. Cela demande de retracer les formes d'industrialisation et de modernisation des économies régionales réalisées au cours du XXe siècle. Une approche synchronique dégage, à partir de différents critères, les mutations actuelles de la marginalité spatiale. On montrera enfin que les politiques territoriales tardent à prendre la mesure des disparités spatiales. Il apparaît évident qu'étudier les processus de « marginalisation » constitue un moyen de comprendre les processus de transformation.

Le temps long de la production des marges spatiales

Le développement de la Slovaquie offre un exemple classique de la métamorphose de la marginalité territoriale. Le XXe siècle se partage à ce titre en deux périodes. Durant la première moitié du XXe siècle, la marginalité territoriale débouche sur la mise à l'écart, par le système industriel capitaliste naissant, de certains espaces, notamment de la plus grande partie de la Slovaquie paysanne, dont la réduction de l'emprise sur le pays apparaît comme un processus de long terme. Cette modernisation s'effectue, par ailleurs, dans le cadre d'un jeune État, la Tchécoslovaquie, dont le cœur économique, Prague, se situe bien plus à l'Ouest. Dans la seconde moitié du siècle, les politiques d'industrialisation et d'urbanisation du socialisme se font selon un nouveau paradigme modernisateur. Elles surmontent la marginalité de certains territoires, mais produisent des contextes géographiques défavorables à d'autres.

Les trajectoires de la marginalité découlent ainsi, dans plusieurs régions, de processus historiques. L'industrialisation à ses débuts ne les intègre à la nation que de manière périphérique. Aucun investissement d'envergure ne fait évoluer leur base économique ni ne transforme leurs structures sociales (l'agriculture y demeure prépondérante) et ne les fait sortir des modes de vie traditionnels. Ces régions donnent ensuite lieu à une intense émigration de travail vers des espaces proches ou éloignés, ou à l'étranger. Elles sont généralement situées à proximité des grands axes de communication. Malgré des profils démographiques très différents, elles ont adopté, dans un passé proche ou lointain, un fonctionnement socio-spatial similaire. Beaucoup de montagnes ont ainsi connu la décrue : les massifs très tôt délaissés du Spiš (la Spišská Magura), les basses montagnes dépeuplées du Sariš (Bardejov, Svidník), du Zemplín (de Medzilaborce et Snina), alors que les massifs du Kysuce, de l'Orava, densément occupés, ont gagné en population. D'autres zones se dépeuplent : la plaine méridionale du Gemer (Rimavská Sobota), les plateaux de faible densité du Hont (Krupina) et du Novohrad (Lučenec, Veľký Krtíš, Póltar). La population a donc diminué dans les régions d'altitude du fait de leurs difficultés de circulation et de l'absence de villes importantes, la faiblesse de l'encadrement urbain tenant elle-même à une accessibilité médiocre, sauf quand ces régions pouvaient compenser ces handicaps par leur vitalité démographique (Orava, Kysuce). Cette décrue s'est produite également dans les plaines qui n'avaient pas de villes ou d'industries suffisamment puissantes pour retenir la paysannerie.

Au milieu du XXᵉ siècle, lorsque, sous l'action de la planification socialiste, l'industrialisation gagne enfin ces zones, cet héritage migratoire ne disparaît pas entièrement. Dans la plupart des cas, les grands investissements se concentrent sur l'exploitation des matières premières et sont conçus pour employer la main-d'œuvre locale faiblement qualifiée. Cette politique, pour avoir eu un impact immédiat et fait diminuer, sur une courte période, la marginalisation de ces espaces, s'avère très risquée sur le temps long. Son caractère artificiel transparaît dès lors que l'interventionnisme étatique s'efface et qu'avance la transition vers l'économie de marché. Cela prouve que les programmes d'activation conçus dans les années 1980 ne sont pas parvenus à renverser la situation. Un même contexte se rencontre dans les régions qui étaient dominées par l'industrie extractive, comme au sud du Spiš (Gelnica) et à l'est du Gemer (Revúca). Des districts méridionaux se sont intégrés à l'économie nationale grâce à leur agriculture et en développant des filières agro-alimentaires (Levice ou Rimavská Sobota). Une telle spécialisation n'a que partiellement réussi à Lučenec ou Veľký Krtíš qui n'ont pas mis à profit un avantage climatique comparable, et qui, très partiellement industrialisés, voient leurs retards perdurer.

Les changements socio-politiques et socio-économiques qui ont dominé le XXᵉ siècle permettent, dans le même temps, de comprendre la reconversion des territoires durant la phase de transformation. Certaines sociétés locales, que les cycles économiques antérieurs avaient reléguées en situation de marges, se retrouvent en effet bien placées dans la dynamique actuelle. Ce sont des territoires qui héritent de certaines caractéristiques de marginalité, mais qui, grâce à leur expérience, leur propre capacité d'innovation et de mobilisation, parviennent à enrayer le déclin. Il ne s'agit pas seulement de villes, mais aussi de territoires ruraux qui disposent d'entreprises ou des groupes d'acteurs dotés de capacités de rebond. Cette perspective s'observe, par exemple, dans la reconversion du secteur de l'armement dans le Považie, ou dans le dynamisme dont font preuve les petites entreprises de la Basse Orava (Dolný Kubin, Tvrdošin) profitant de leur relation privilégiée avec la Pologne, ou bien encore de la conversion au tourisme dans les Tatras. La marginalisation d'un territoire est donc relative à la position géographique dans l'ensemble régional.

Le potentiel de développement est donc étroitement dépendant du contexte géographique. Le rythme soutenu de croissance depuis l'entrée dans l'Union Européenne exerce sa dynamique selon des logiques de différenciation et de polarisation, qui s'appuient dans chaque type de régions sur de nombreux facteurs. Cette évolution conduit, d'une part, à la constitution de régions développées majoritairement urbaines, dotées d'une base économique élargie (surtout dans le secteur secondaire et les services) et, de l'autre, à des régions en retard, freinées par de nombreux facteurs défavorables. Ces espaces à dominante rurale ont des potentiels faibles, disposent d'une base économique étroite et peu diversifiée, d'un niveau médiocre de qualification des actifs, sont éloignés des principaux axes et mal desservis par les réseaux de transport, etc. Les grandes lignes de cette différenciation épousent clairement l'axe majeur du pays qui part de Bratislava et de sa région métropolitaine en direction de l'Est du pays.

Ce gradient ouest/est, un peu déformé selon la direction du Váh, dessine donc les lignes directrices au niveau national et la répartition du maillage urbain complète le tableau de disparités régionales, entre des *okres* (district) dotés d'un réseau étoffé de villes et ceux plus ruraux. Appartiennent aux espaces bien plus développés que la moyenne, Bratislava et les capitales régionales occidentales (Trnava, Nitra et Trenčín). Ils tirent leur niveau élevé de la concentration d'activités secondaires et tertiaires dans leurs aires urbaines, de la qualité de leurs infrastructures, de leur positionnement géographique ainsi que de leur faible taux de chômage et de la qualité de la formation de leurs actifs. La puissance de ces districts et l'aggravation de la situation du reste du territoire renforcent leur domination et accentue les disparités. Bratislava exerce une influence directe sur sa région proche, et toutes les cartes montrent son rayonnement sur les districts de Dunajská Streda et de Malacky, deux districts au caractère agricole pourtant prononcé. Ces zones nord-ouest et sud-est de la capitale offrent des cas de « métamorphisme de contact » (Reynaud, 1981) dans lequel une périphérie est intégrée et annexée à la suite d'une profonde dynamique de croissance. Pour le sud du Záhorie (Malacky), c'est un vrai retournement de situation : autrefois isolé le long du Rideau de fer, il se retrouve aujourd'hui au centre de l'espace danubien. La concentration des activités, l'arrivée des investissements étrangers et le bénéfice de l'insertion dans la dynamique européenne renforcent et élargissent donc le centre déjà riche de l'Ouest. L'espace rural y profite largement de la diversification de la base économique qui apporte de nouvelles fonctions. À l'inverse, dans les régions orientales, la croissance se concentre surtout en ville où la mono-activité demeure la règle, ce qui entraîne dans les campagnes, des mutations sociales inachevées et des standards d'équipement incomplets.

Les différentes étapes de croissance ont donc produit des marges, c'est-à-dire des espaces restés à l'écart de la dynamique économique, le plus souvent d'échelle régionale ou infra-régionale. Au niveau local, différentes réformes administratives ont multiplié un autre type de marge, de taille plus réduite, constituant de vraies périphéries internes. Elles sont la conséquence directe du schéma national d'urbanisme mis en place dans les années 1970. Cette organisation de l'espace reposait sur le principe de la hiérarchisation de différents niveaux de centralités. Une armature de pôles centraux devait constituer des foyers du développement régional, assurer la desserte en services, et concentrer les investissements en équipement public. La mise en œuvre de ce plan prévoit la concentration autoritaire de la trame des localités autour de villages centres. Le regroupement administratif signe la fin de l'existence juridique des communes fusionnées. Cette centralisation engendre une hypertrophie des structures verticales et sous-estime les liens horizontaux entre les différents niveaux de localités d'un même territoire. Elle dévalue les formes d'autogestion et ignore les capacités de développement endogène des sociétés villageoises. Les plus petites communes se retrouvent de la sorte asphyxiées. Les fusions ont donné lieu, selon une logique descendante, à des procédures bureaucratiques, sans prise en compte des intérêts locaux, des besoins en équipement ou en transport, car le principal objectif est de réduire le nombre de communes et de simplifier l'armature urbaine, afin d'édifier ensuite, à moindres coûts, des réseaux d'équipement. Si l'application de cette réforme a prioritairement touché la Slovaquie de l'Ouest, les petites communes des régions les plus périphériques du centre et du nord ont pu, elles-aussi, être affectées. Nombre de communes sont condamnées à disparaître ou bien sont cantonnées à n'être plus que des hameaux de résidences secondaires ou des bases de loisirs. Leurs infrastructures se délabrent, les conditions de vie des habitants se détériorent, et des signes de déprise s'observent dans le paysage. Ces directives ont eu un très fort impact dans la décennie 1970 : elle concentre en effet 51 % du total de l'exode rural de la période 1955-1980. Malgré un léger assouplissement des contraintes administratives, cette tendance récessive n'a pu s'arrêter par la suite. Cette politique n'obtient cependant que des résultats partiels, assez éloignés des objectifs attendus. Les transferts de population profitent, en effet, surtout aux centres d'importance d'arrondissement (chefs-lieux d'*okres*) qui voient leur population augmenter dans les années 1970-1980 de plus de 33 %, alors qu'elle ne progresse que de 1,1 % dans les bourgs dits « d'importance locale ».

Densités, tailles des communes et processus spatiaux : les critères de la marginalité

La sociologie et la géographie mobilisent une large palette d'indicateurs et une grande variété d'approches pour étudier les régions périphériques et les marges spatiales. Les différents travaux aboutissent cependant à un constat partagé. Les régions les plus marginales se concentrent essentiellement au sud, à l'est et au nord-est du pays. Sur un total des 39 *okres* désignés par plusieurs travaux comme des régions marginales, plus de la moitié (21) se rangent dans la catégorie des districts ruraux, remplissant la condition d'avoir au moins 50 % de la population vivant dans des communes rurales avec des densités inférieures à 150 hab./km². Ce seuil est une limite haute pour la définition de l'espace rural, l'analyse des espaces fragiles demande un examen de niveaux beaucoup plus fins.

Faible densité et fragmentation communale

En Slovaquie, la densité moyenne de la population est de 110 hab./km², et la distance moyenne entre localités de 3,5 km. Ces données de base démontrent combien le peuplement est relativement compact, à quoi on peut ajouter que plus de 98 % de la population vivent dans des lieux de concentration de l'habitat, et donc que seulement une très petite minorité de la population vit dans un habitat isolé.

Fig. 1 – Les espaces de faible densité en Slovaquie

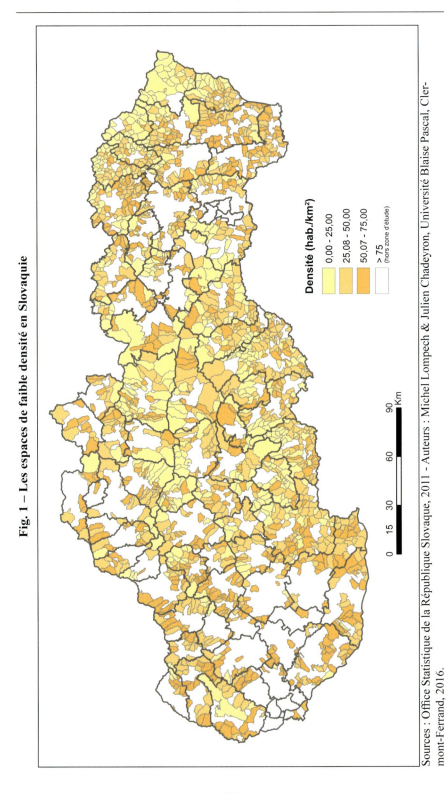

Densité (hab./km²)

0,00 - 25,00
25,08 - 50,00
50,07 - 75,00
> 75
(hors zone d'étude)

0   15   30   60   90
Km

Sources : Office Statistique de la République Slovaque, 2011 - Auteurs : Michel Lompech & Julien Chadeyron, Université Blaise Pascal, Clermont-Ferrand, 2016.

Malgré ce fait de structure, les espaces continus de faible densité existent, renvoyant à la notion de marge comme « espace vide » (Fig. 1). La distribution fait apparaître, par contraste, les espaces urbanisés et métropolisés de l'Ouest et le réseau de villes moyennes et petites qui maille tout le pays, à l'exception des districts du Nord-Est. On remarque que la faible densité voisine également avec la proximité urbaine, même à l'intérieur de la région de Bratislava. À l'échelle nationale, 516 communes (sur 2 932) ont un peuplement inférieur à 25 hab./km². Sans surprise, elles se situent sur les grands finages de montagne, hautes et basses Tatras, grandes et petites Fatras, mais aussi sur le semis de petites communes du Nord-Ouest. Les contours soulignent l'importance du relief, configuration très évidente dans les Carpates blanches, mais repérable dans tous les massifs, même ceux qui sont isolés (Vihorlat, les collines volcaniques sur la frontière hongroise). Les anciens marécages de la plaine orientale sont relativement « vides », alors que la plaine pannonienne a une occupation humaine plus intense, bien que des *openfields* de faible densité existent au sud de Nové Zámky et de Levice. Au final, la faible densité forme enfin un complexe géographique dans de nombreux districts de l'Est, du Centre et du Sud. Sur ces territoires, la marginalisation régionale et la faible densité font système depuis longtemps.

Les seuils les plus bas, inférieurs à 10 hab./km², s'observent dans 117 communes qui ne regroupent fort logiquement que 1 453 habitants, soit 0,2 % de la population totale. Certaines situations sont très particulières comme les très grandes communes forestières, Skatčín (*okres* Snina) qui englobe, sur 162 km² une grande partie de la forêt des Beskides, Nová Bystra en Orava (125 km²), ou correspondent au statut de camp militaire, comme à Lešť (145 km², *okres* Krupina), ou dans les Petites Carpates, ou enfin la vaste zone de Javorina (316 km²), abandonnée par l'armée en 2011, qui s'étendait sur dix-neuf communes et quatre districts (Kežmarok, Stará Ľubovňa, Sabinov et Levoča). Dans ces ensembles, la faible densité s'explique par les dimensions démesurées, alors que, dans d'autres secteurs, elle tient à la fois à la fragmentation de la trame locale et au déséquilibre démographique irréversible des populations villageoises. De nombreuses petites communes du Nord-Est sont en effet épuisées par un exode rural continu et se retrouvent aujourd'hui en voie d'extinction, privées de maire faute de volontaire et gérées directement par l'administration centrale : ainsi, exemple limite, le village ruthène d'Ondavka (Bardejov), situé sur la frontière polonaise dans les Beskides et ses seize habitants, dont aucun ne veut être maire depuis 2010. Le district de Svidník a même compté en 2014 jusqu'à vingt-deux communes dans cette situation !

Car, si la faible densité est une donnée générale de la géographie du peuplement, un autre aspect est essentiel : l'éclatement en un très grand nombre de petites communes, villages et hameaux. Sur un total de 2 883 communes en 2014, 2 759 relèvent de la catégorie rurale et 90,9 % d'entre elles ont moins de 2 000 habitants (Gajdoš, 2015). Celles de moins de 500 habitants représentent 39,6 % de l'ensemble des communes rurales et celles de moins de 1 000 habitants 66,3 %. Ces chiffres expriment combien la finesse du maillage communal est bien une structure fondamentale de la Slovaquie, que l'on peut comparer à d'autres campagnes européennes dont le tissu communal n'a pas été rationalisé (France, Espagne). Elle s'observe dans des *okres* ruraux comme dans ceux qui sont majoritairement urbains. Cette omniprésence des petites voire très petites communes représente un défi pour la gestion et l'organisation du développement local, et les différentes administrations sont défavorables à leur existence. Elles jugent problématique la gestion des leurs finances publiques, impossible une desserte scolaire complète, compliquée leur intégration dans les schémas régionaux de couverture médicale, de transports publics, ou enfin dans leur bassin d'emplois. Pourtant, ces communes participent à la diversité territoriale du pays.

C'est d'ailleurs au nom de leur identité bafouée que de nombreuses localités réclament, dès 1990, de retrouver leur autonomie. Ces villages supprimés par l'ancien schéma dit « d'urbanisation dirigée » cumulent difficultés économiques, retard d'équipement en plus d'autres problèmes. De 1990 et 2001, il y eut ainsi 267 réhabilitations. Ce mouvement concerne en priorité des municipalités ayant entre 200 et 499 habitants. Une centaine d'entre elles (37,5 %) regroupe un total de 34 261 personnes. 47,6 % de ces communes affichaient une population stable et 27,3 % en diminution sur la période 1991-2001. Ces restaurations se déroulent selon deux cas de figure : soit un village se sépare d'une ville, soit la zone d'influence d'un ancien bourg-centre se fragmente. En 2001, cependant, le gouvernement, jugeant irraisonnable ce processus de division cellulaire spontanée, l'a arrêté en ne le permettant qu'aux seules communes de plus de 3 000 habitants. Cette marqueterie de petites communes sous-équipées et rendues réticentes, par expérience, à toute réforme de l'administration locale, forme donc un aspect de la fragilité de nombreux territoires ruraux.

L'indice de marginalité et ses évolutions

Les sociologues ont employé le concept de marginalité pour caractériser les effets spatiaux de la transition sur les espaces ruraux. Les enquêtes de terrain et la recherche d'indicateurs qualitatifs ont précisé les différentes marginalités à l'œuvre. Les géographes, avec quelque retard, en ont cartographié les formes à des niveaux fins. Pour comprendre la formation des espaces de marge, que ce soit selon une approche théorique ou empirique, il est en effet nécessaire d'adopter une vision multidimensionnelle, en recourant à des indicateurs dont on suit l'évolution dans un cadre spatio-temporel. Pour une recherche d'analyse spatiale, la géographe Lucia Máliková (Máliková, 2016) a construit une matrice de quatorze variables dont elle suit l'évolution pour trois types d'espaces qui avaient été identifiés par des travaux antérieurs (Falťan, 1995) comme les plus sensibles à la marginalisation : les zones de montagne (594 communes), les zones frontalières (830) et les zones à la fois montagnardes et frontalières (388) et ce pour les années 1991, 2001 et 2011 (Fig. 2). L'analyse diachronique de ces paramètres permet de comprendre le fonctionnement spatial des processus de relégation.

La densité de population et la distance routière à une ville de plus de 20 000 habitants déterminent la position géographique de chaque commune. Ces éléments sont relativement stables en raison des paramètres qui entrent dans leur calcul (superficie de la commune, infrastructure routière). Les autres données (8) sont au contraire très fluctuantes : rapport de dépendance, de vieillissement, chômage, part de la migration de travail, progressivité de la structure économique, niveaux d'équipement en in-

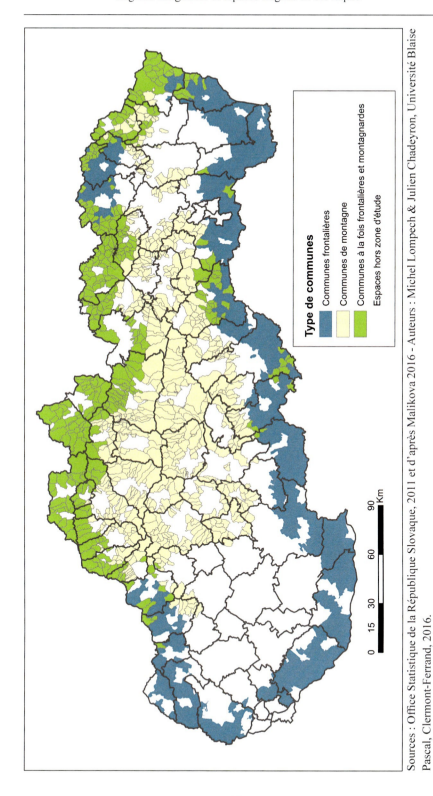

Sources : Office Statistique de la République Slovaque, 2011 et d'après Malikova 2016 - Auteurs : Michel Lompech & Julien Chadeyron, Université Blaise Pascal, Clermont-Ferrand, 2016.

Fig. 2 – Espaces ruraux et types de marginalités en Slovaquie

frastructures. L'évolution de ces variables socio-économiques reflète des mutations essentielles de la marginalité et des formes que prend la périphérie. Sur les deux décennies, elles enregistrent les grands événements : la transition à l'économie de marché, l'entrée dans l'Union européenne et la crise économique de 2008.

Le déclin démographique des campagnes s'arrête durant la première décennie de transformation : 86,4 % des communes voient même leur population augmenter. Durant la seconde, en revanche, la baisse reprend dans certaines communes, bien que la part totale de communes en croissance demeure majoritaire dans l'ensemble (55,89 %). Les deux premiers types (frontalier et montagnard) ont une évolution parallèle, à la différence de la catégorie mixte (communes de montagne à proximité d'une frontière), pour laquelle la moitié des communes connaît une diminution du nombre d'habitants entre 2001 et 2011. Ainsi la transition a-t-elle paradoxalement freiné le recul démographique dans l'espace rural, bien que, après 2000, la tendance récessive ait repris dans certaines communes. Sur la période 1991-2011, les gains de population s'expliquent essentiellement par deux facteurs. Interviennent, d'une part, les taux de natalité, traditionnellement élevés, des montagnes « natalistes » de l'Orava et du Kysuce, ou des régions du Gemer ou du Spiš (en raison des comportements reproductifs spécifiques de la minorité rom). Apparaît, d'autre part, la périurbanisation, manifeste dès 2001, à Bratislava et Košice bien-sûr, comme autour des principales villes. Le « rural » ne désigne donc plus désormais une catégorie unique, globalement marginalisée, ni même un espace démographiquement déficitaire, car un processus différencie désormais nettement les territoires. Toutefois, soldes naturels et migratoires restent négatifs dans les communes jugées non attractives, essentiellement les plus petites et celles qui se trouvent en périphérie éloignée.

Les trois indicateurs suivants se rapportent à la composition de la population. Le premier concerne la formation des actifs. Elle s'améliore dans presque toutes les communes et sur les deux décennies : la campagne, autrefois « attardée », réagit ainsi désormais de même manière que la société globale, bien que sur un rythme plus lent. Les deux autres variables, rapport de dépendance[1] et vieillissement, fournissent d'autres enseignements sur les effets des structures d'âge des populations de ces territoires. Le rapport de dépendance entre générations baisse sur la période de 70,47 % dans toutes les communes de 1991 à 2001 et de 87,25 % entre 2001-2011. L'évolution est inverse pour le troisième indicateur, le vieillissement, qui s'accentue dans plus de 84 % des communes dans la première décennie et de 70 % dans la seconde. Seules les régions démographiquement « vivantes » conservent une partition équilibrée entre actifs et inactifs.

Une donnée supplémentaire intègre la dimension de la diversité ethnique, que la statistique désigne sous le vocable de « vulnérabilité », qui correspond en fait à la minorité rom. Elle prend en compte la démographie spécifique de ces groupes, à côté d'autres caractéristiques : le faible niveau de qualification et de formation, les questions de santé, différents problèmes économiques ou sociaux. L'ensemble de

---

1 – Il calcule le rapport, dans une population donnée, entre la somme des cohortes de 0 à 14 ans et de plus de 65 ans sur les effectifs de celles de 15 à 65 ans. On l'exprime en pourcentage.

ces facteurs constitue cette vulnérabilité et place ces territoires à l'écart des normes majoritaires dans la société slovaque. Cet indicateur s'est même renforcé durant les deux décennies dans plus de 80 % des communes considérées, et dans des mesures comparables pour chaque type de structure rurale. Cette augmentation s'explique par la croissance naturelle de cette minorité et par le solde migratoire négatif pour les autres groupes. Cette série d'indicateurs sociaux tient compte également de la provenance des habitants (« l'autochtonie »). Sur les deux décennies, on constate une réduction de la part des « natifs » dans chaque type. Enfin, le chômage est bien évidemment le principal indicateur signalant la marginalisation. Sur les deux décennies, il a connu d'importantes oscillations, autant dans ses valeurs que dans sa répartition. Les principales aires de sous-emploi s'identifient aisément, car elles correspondent à la polarisation de l'ensemble de la société selon une direction nord-est/sud-ouest.

Ces variables forment donc un « indice de marginalité » (Máliková, 2016) qui enregistre les transformations des espaces de marges. Les communes affichant les valeurs de cet indice les plus fortes constituent des angles-morts des espaces régionaux (Fig. 3). En 1991, il y en avait 217 sur les 1 812 communes de l'échantillon (soit 11,98 %), 231 (12,75 %) en 2001 et 178 communes (9,82 %) en 2011. Proportion et répartition montrent donc une grande stabilité. En montagne, ces communes fortement marginalisées se retrouvent en particulier au sud et à l'est du pays. Pour la catégorie mixte (à la fois montagnarde et frontalière), se dégagent trois ensembles au sud, au nord et à l'est du pays. La figure 3 montre également la résilience d'une périphérie interne dont la position est indépendante des discontinuités frontalières ou du gradient ouest/est. On remarque que ces communes dessinent les confins des *okres* qui sont déjà eux-mêmes des espaces marginaux. C'est la configuration de « l'angle-mort » de A. Reynaud, une zone de vide interstitiel épousant les limites administratives d'une organisation de l'espace très polarisée. Bien que ce phénomène continue de s'étendre au nord-est de la région de Prešov et dans la partie méridionale de celle de Banská Bystrica, la proportion que ces communes occupent dans le pays demeure relativement stable. Joue ici l'héritage d'une marginalité de longue durée, qui relève d'un fait de structure à l'œuvre dans les mutations contemporaines. L'effet cumulatif des tendances anciennes, que les économistes nomment *path dependency*, est considérable dans l'évolution récessive de telles trajectoires communales.

La répartition des communes placées en marge et en périphérie dans les trois périodes corrobore en grande partie les recherches antérieures qui ont analysé le fonctionnement de ces espaces, que ce soit au niveau local ou le plus souvent à l'échelon régional. Quelle que soit la catégorie (frontalière, montagnarde, mixte), la première décennie voit une aggravation et la suivante un renversement de tendance, bien que l'amélioration soit toutefois moins rapide dans les zones de montagne. Chaque type a en effet réagi différemment aux changements. Ainsi, alors que les communes de la catégorie mixte (388) sont moins nombreuses que celles de montagne (594) ou frontalières (830), l'effectif de communes affichant des valeurs élevées équivaut, pour cette catégorie (mixte), à la somme des communes des deux autres catégories ayant les mêmes valeurs. Si l'on suit les évolutions sur un plan diachronique, on constate que les répercussions de la polarisation sur l'espace local

Fig. 3 – Marginalités et distance sur les communes rurales

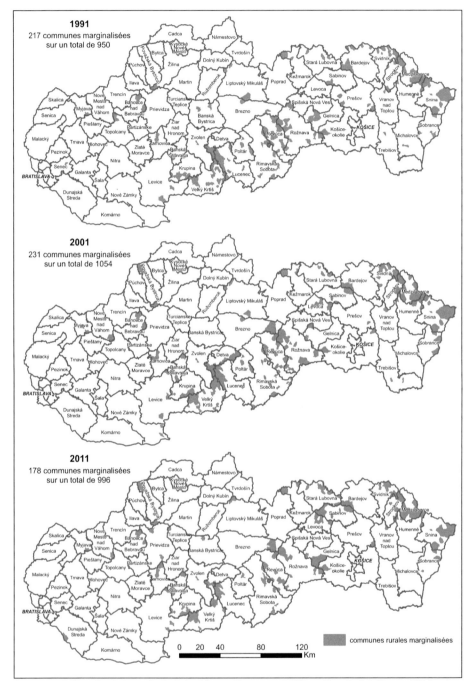

Sources : Office Statistique de la République Slovaque, 2011 et d'après Malikova 2016 - Auteurs : Michel Lompech & Julien Chadeyron, Université Blaise Pascal, Clermont-Ferrand, 2016.

se stabilisent dans plus d'un tiers des communes. Les deux autres tiers sont formés soit de communes subissant un accroissement de la dynamique polarisante sur la période 1991-2001, suivi d'une diminution de 2001 à 2011, ou bien de communes où cet impact demeure modéré durant la première décennie et s'atténue dans la seconde, ou bien enfin de communes faiblement affectées durant la première phase mais très fortement ensuite. Il s'agit alors surtout de communes relevant de la catégorie mixte. Les espaces à la fois montagnards et frontaliers cumulent donc les spécificités qui accentuent leur marginalisation. De nombreux fonds de vallée, en position de « bout du monde », enclavés, bornés par une frontière, souvent exclus du développement touristique, sont relégués en périphérie de l'espace social.

Des marges aux espaces fragiles

Les différentes phases de transformation et de post-transformation ont accentué les disparités au sein de l'organisation régionale de la Slovaquie. Les forces différenciatrices se sont exercées en priorité sur l'espace rural, d'abord selon une polarité interrégionale, mais aussi entre localités. S'il existe des facteurs communs, chaque territoire offre donc des différences quant à l'extension, l'importance et la répartition des marges. Ira (Ira, 2003) dresse l'inventaire des modalités que prend la marginalité dans l'espace rural : accroissement de l'exode rural des régions marginales et retour à la campagne dans certaines régions centrales ; exclusion et marginalisation de groupes particuliers (les communautés rom, les chômeurs de longue durée, les personnes âgées derniers « natifs » des villages) ; accentuation de la marginalisation de l'espace rural, diminution de la desserte en transport public. Seul le nouveau regard porté sur l'environnement constitue un élément positif. Il apparaît enfin que des mouvements de retour à la campagne durant les années de transition ont masqué la marginalisation dans le bilan démographique de l'espace rural.

Les sociologues Gajdoš et Moravanská ont publié, en 2009 (Gajdoš, Moravanská, 2009), un atlas de la Slovaquie selon des catégories d'espaces présentées par commune au niveau national, puis par districts. Deux types d'espaces relèvent de la catégorie des espaces marginalisés et fragiles. Leur examen permet de compléter notre réflexion.

Le premier type rassemble une centaine de communes dites « en situation d'effondrement ». Tout y exprime la régression : proportion dominante de la population âgée, petit nombre d'enfants, part réduite d'activité. Le chômage est cependant faible, en raison certainement du petit nombre d'actifs et de l'émigration de travail touchant prioritairement les jeunes. Les maisons vacantes sont nombreuses dans ces villages. Les rares actifs travaillent dans l'agriculture, très peu dans les deux autres secteurs. Le niveau de formation est élémentaire et le taux de mobilité est supérieur à la moyenne nationale. Il s'agit pour l'essentiel (74 %) de communes de moins de 200 habitants (le quart restant est constitué de communes de moins de 500 habitants). On les trouve d'abord dans la région de Prešov : sept dans l'*okres* de Snina, onze dans celui de Medzilaborce, sept dans celui de Svidník comme dans celui d'Humenné. En Slovaquie centrale, c'est le cas du nord du district de Rimavská Sobota. Rapportée aux effectifs de chaque région ou district, la part de la population vivant dans ces communes est heureusement infime. Cependant dans celui de Medzilaborce, elle représente tout de même 15,6 % du total. Cette aire marginale des Beskides forme une « périphérie de la périphérie » pour reprendre la terminologie de Reynaud, un espace rural décadent, vidé de sa population et abandonné à l'état de marge forestière.

Le deuxième type est en fait une sous-catégorie du premier. Il distingue treize villages où le taux d'émigration est nettement supérieur à la moyenne nationale, et qui ont un niveau de chômage supérieur à celui de leur type. Ce sont toutes de très petites communes, ce qui montre l'importance de l'émigration de travail dans les territoires de marges, qui transparaît de manière évidente sur des unités de petite taille fortement vieillies. On les trouve dans plusieurs *okres* du Centre et de l'Est : ainsi les hameaux de Jarabá, 28 hab. (district de Brezno), Vyšná Jablonka (Humenné) 54 hab., mais aussi parfois à l'Ouest comme le village de Trebichava, 38 hab. (Banovce nad Bebravou). Cette une émigration de main-d'œuvre qui se dirige vers des bassins agricoles (Allemagne du Nord, Tyrol italien) ou des grands chantiers urbains (les grandes villes allemandes, Prague, Bratislava). Des réseaux locaux organisent cette mobilité qui concerne une grande partie des actifs de ces villages. Ils renouent ainsi avec une mémoire de mobilité saisonnière qui remonte au début du XXe siècle.

Le creusement des disparités entraîne la formation d'îlots de pauvreté, où les conditions de vie sont difficiles et qui souffrent de nombreuses pathologies sociales, ce qui rend compliquée la formulation de perspectives territoriales. L'accumulation de handicaps enferme ces territoires dans des causalités cumulatives circulaires, dont il est bien difficile de dénouer les logiques. Cette forme de marginalité s'inscrit en effet dans un cercle vicieux, quand un facteur (par exemple la situation périphérique d'une région en développement, le chômage, le faible niveau de formation) en influence d'autres, qui, par la suite, interagissent pour aboutir à des situations de stagnation ou d'effondrement. Différents marqueurs soulignent des conditions aigües de privation et de pauvreté de ces territoires en situation d'impasse. Ces zones se trouvent essentiellement dans la région de Prešov et au sud de celle de Banská Bystrica. Elles ressortent de leur ensemble régional par un niveau de vie extrêmement faible, un chômage durablement élevé, un nombre croissant de personnes dépendantes, un taux d'activité réduit, l'absence de développement et des carences en équipements publics. La localisation périphérique explique la faible mobilité (en raison de la mauvaise accessibilité), qui complique les déplacements de travail, l'accès à la formation, l'ouverture culturelle. Le potentiel spatial est donc faible de par sa qualité, au regard de sa composition sociale et en termes d'équipement ou de retard des infrastructures. La localisation marginale provient de la position frontalière, ou bien en périphérie très éloignée des centres métropolitains. Cette configuration correspond à la définition que Reynaud donne de l'isolat attardé.

Marges spatiales et fragilités des sociétés locales, entre politiques régionales et développement local

Durant la décennie de la transition, les gouvernements ont abandonné toute vraie politique régionale pour s'en remettre aux forces du marché. Il en est logiquement résulté une polarisation accentuée et la marginalisation des espaces périphériques. Seule l'ouverture des migrations de travail à l'étranger a représenté une porte de sortie pour les populations locales, entravée puis encouragée par l'accès à l'espace Schengen. Le programme SAPARD de convergence avec les normes européennes tient lieu de politique rurale à partir de 1999 ; il est entièrement guidé par la modernisation technique des infrastructures, sans différenciation spatiale de l'effort d'investissement. Le secteur agricole mobilise alors le thème du développement rural à ses fins, c'est-à-dire que l'essentiel des aides européennes est orienté vers l'achat de matériels, le renouvellement des cheptels, la mise aux normes des bâtiments. Or les territoires défavorisés sont généralement dépourvus d'acteurs agricoles capables de constituer des dossiers de demande de subvention, en raison de l'héritage du dualisme agraire : les rares coopératives qui subsistent sont réduites aux acquêts, comme de nombreuses exploitations sociétaires et, de toute façon, ont considérablement réduit le nombre de leurs emplois (Lompech, 2015), de sorte que l'impact territorial des investissements est faible. Enfin, l'agriculture paysanne qui subsiste dans certains de ces territoires n'est pas en mesure d'accéder aux financements européens.

Depuis l'adhésion en 2004, la politique régionale n'entend pas corriger les disparités, mais veut attirer des investissements directs étrangers (construction automobile, industrie mécanique et chimique) en renforçant des pôles de croissance (Bratislava, Trnava, Nitra, axe du Váh). L'option libérale sous-entendue est que cette dynamique se diffusera dans les territoires ruraux. Aux conséquences en termes d'aménagement de ces choix macro-économiques s'ajoute l'absence d'une définition opérante de l'espace rural, qui entrave la formulation d'outils spécifiques au développement rural ou local (zones prioritaires, sessions de formations, animation territoriale) et l'application différenciée des politiques régionales. Sur un autre plan, les réalisations (équipements publics, opérations de voierie, travaux d'embellissement, mobilier urbain) menées dans le cadre du programme national *Obnové dediny* (« Villages rénovés ») ne se répartissent pas après une évaluation de la hiérarchie des besoins, mais selon le principe d'une répartition égalitaire entre régions et partis politiques. On conçoit que, à cette aune, ce ne soient pas les espaces les plus pauvres ni les plus démunis qui en tirent le plus avantage. La cartographie des opérations confirme d'ailleurs que les zones fragiles ne sont pas les premières bénéficiaires. Les petites communes sont, au final, souvent laissées pour compte des programmes d'infrastructures (réseaux publics, électriques, routiers). Ainsi Falťan signale-t-il que les villages du plateau du Hont (Banská Štiavnica, Krupina) connaissent un problème spécifique d'eau potable, alors qu'aucun programme adapté n'a été mis en place (Falťan, 2011).

Les « ensembles territoriaux supérieurs » (*Vyšší Uzemný Celok*, VÚC) forment l'échelon intermédiaire entre l'État et les communes depuis la réforme de 1999. Aucune assemblée des trois régions les plus déprimées (Banská Bystrica, Prešov, Košice) n'a engagé de réflexion sur les conséquences, pour les territoires ruraux, des nouveaux aménagements et des projets d'investissements, ce qui entraîne de graves dysfonctionnements, les mesures affichées par les politiques régionales se heurtant souvent à l'offre réelle en services et à l'état du réseau de transport. Elles n'ont pas davantage modulé leurs aides selon des critères prenant en compte des gradients de marginalité au sein de leur territoire régional.

À l'échelon communal, l'initiative la plus aboutie à ce jour est le programme européen *Agenda 21*, qui a remporté un vrai succès en Slovaquie. Son objectif est la rédaction de plans d'action sur la thématique du développement durable. Cette démarche se fonde sur la pratique et l'expérience des intérêts locaux, elle cherche à résoudre des questions que les habitants ont estimé prioritaires. Cette opération est basée sur la mobilisation des ressources locales et sur une démarche participative, selon une conception endogène du développement local. Sa mise en œuvre a cependant démontré toute la difficulté que l'on rencontre pour rassembler, dans une commune d'une région en retard, les prérequis nécessaires à sa réalisation, de sorte que l'inadaptation de ses mécanismes aux espaces fragiles slovaques paraît évidente. La question scolaire est un élément supplémentaire qui dessert ces communes. Après les fermetures imposées par la politique d'urbanisation dirigée des années 1970-1980, le maintien des écoles rurales est une question très sensible. Les petites communes isolées réclament le maintien des classes à petits effectifs, face à une institution peu favorable.

Quels leviers actionner pour créer du développement local dans ces espaces fragiles ? C'est en effet par rapport à la notion de développement endogène que l'on peut identifier la fragilité d'un territoire, car « la fragilité se manifeste dans les difficultés à ancrer les dynamiques émergentes au sein de réseaux d'acteurs locaux » (Couturier, 2007). L'absence de dynamique endogène trouve son origine dans les multiples tensions qui traversent les sociétés locales, provoquées par les conflits liés à la privatisation des sociétés publiques, à la transformation des coopératives agricoles, à l'effondrement de bassins d'emplois industriels. L'expérience des fusions communales forcées constitue ensuite une mémoire très douloureuse et la crainte demeure aujourd'hui encore de toute forme d'intégration. Il est même très délicat d'établir de bonnes relations entre les villages pour former des intercommunalités à l'échelle de petits territoires. Enfin, pour les sociologues (Gajdoš, Pašiak, 2008), l'analyse qui scinderait les acteurs du développement selon leur capital social, financier ou culturel, telle qu'elle a été tentée pour les Alpes italiennes (Zanon, 2014), ne permet pas de saisir les ressources des sociétés locales d'espaces de faibles densités, relégués depuis longtemps en périphérie par le système dominant. Les acteurs locaux y sont peu nombreux et le rôle des individualités peut être déterminant.

Références bibliographiques

Atlas rómskych komunít na Slovensku 2013, Ministère du Travail, des Affaires sociales et de la Famille, Bratislava, 122 p.

Bavoux J.-J., Chapelon L., 2014 – *Dictionnaire d'analyse spatiale*, Armand Colin, 608 p.

Couturier P., 2007 – Espaces ruraux marginaux ou fragiles : les catégories analytiques à l'épreuve des pratiques socio-spatiales dans le Haut-Forez, *Norois*, vol. 202, n° 21-33.

Falťan Ľ. (dir.), 2011 – *Malé vidiecke sídla na Slovensku začiatkom 21. storočia*, SAV, Bratislava.

Falťan Ľ., Gajdoš P., Pašiak J., 1995 – *Sociálná marginalita území Slovenska*, SAV, 223 p.

Gajdoš P., 2015 – *Ako sa mení vidiek na Slovensku*, SAV, 292 p.

Gajdoš P., Moravanská K., Falťan Ľ., 2009 – *Špecifiká sídelného vývoja na Slovensku*, SAV, 179 p.

Gajdoš P., Pašiak J., 2008 – *Sociálne zdroje lokálneho a regionálneho rozvoja*, SAV, 217.

Governa F., 2008 – Le développement local des zones fragiles, *Revue de Géographie Alpine | Journal of Alpine Research*, vol. 96, n° 3, 27-40.

Ira V., 2003 – Rural space in Slovakia: changes of spatial structures and spatial behavioural patterns, *Acta Universitatis Carolinae-Geographica*, 27, 119-130.

Lompech M., 2003 – *Décollectivisation et politique de développement rural en Slovaquie*, thèse de doctorat, Université Paul Valéry.

Lompech M., 2015 – Les coopératives de montagne en Slovaquie, *Revue de Géographie alpine*, vol. 103, n° 1, [http://rga.revues.org/2755].

Máliková L., 2016 – *Fenomén marginality a periférnosti v rôznych typoch rurálnych štruktúr na Slovensku* (časopriestorová *analýza)*, mémoire de fin d'études, Université Comenius, 165 p.

Reynaud A., 1981 – *Société, espace et justice*, coll. « Espace et liberté », PUF, 263 p.

Zanon B., 2014 – Local Developpement in Fragile Areas: Re-territorialization Processes in an Alpine Community, *International Planning Studies*, vol. 19, n° 3-4, 335-358.

Espaces fragiles – Construction scientifique, dynamiques territoriales et action publique
Presses Universitaires Blaise Pascal, Territoires 1, 2017, p. 247-256

Pour conclure…
Les espaces fragiles, entre modestie, variabilité et perspectives de renouveau

Franck Chignier-Riboulon*

Les auteurs de l'ouvrage s'interrogent sur les manières d'appréhender la notion d'espaces fragiles. Si plus d'un se réfère à des indicateurs (Rieutort et *al*., Edouard, Gros-Balthazar, Lacquement, Vollet), d'autres mettent en avant des explications liées à un regard compassionnel sur certains espaces, tout particulièrement les quartiers en politique de la ville (Genestier, Jacquenod-Desforges). Plus rarement est prise en compte la fragilité naturelle, comme dans le cas de l'espace saharien tunisien (Dhaher). Toutefois, marges spatiales et espaces fragiles ne semblent guère distincts et Laurent Rieutort et *al*. soulignent la relativité de la notion. Cependant, si la marge indique généralement une situation d'éloignement (social, économique, spatial) ou de périphérisation, le qualificatif « fragile » inclurait, quant à lui, selon Hélène Roth, une part de politiquement correct, et, de fait, de non-dits. Autrement dit, il recouvre une image publique à sauvegarder, la fragilité apparaissant probablement comme moins discriminante et stigmatisante que d'autres termes, telle la marge. Pour autant, prudence, compassion, succession de politiques publiques et indicateurs ne suffisent pas forcément et ils amènent à s'interroger sur les difficultés à établir une définition reconnue. Cela interpelle sur ce qui pourrait faire sens commun. Plus largement, il est vrai que toute tentative de caractérisation se heurte à la subjectivité de l'ambition, même derrière une apparente objectivité du moment, comme certains auteurs le montrent si bien ici. Parmi d'autres exemples, les dictionnaires de géographie témoignent de l'importance des contextes, des représentations dominantes (Gumuchian, 1991), de l'âge ou du vécu des auteurs ; les définitions évoluent, les mots changent, gagnent ou perdent de la valeur d'usage, voire existent des « migrations de mots » selon la formule de Stéphane de Tapia (1999, p. 125). Pour les espaces fragiles, le point commun de la plupart de ces définitions, qu'elles soient rurales ou urbaines, françaises ou étrangères, est avant tout leur connexion avec des politiques publiques. Or, rappelons-le, ces politiques publiques, et ces définitions, sont des lectures datées des problématiques spatiales (sociales, économiques, culturelles, aménagistes…) marquées par le prisme des représentations et des idéologies, ici comme en d'autres domaines (Thériault, 1994).

* Université Clermont Auvergne, AgroParisTech, INRA, Irstea, VegAgro Sup, Territoires, F-63000 Clermont-Ferrand, France.

La subjectivité de l'analyse et la relativité des définitions et des situations sont alors des éléments centraux.

Dans cette optique, cette subjectivité de l'approche est observable de plus d'une manière. La question des échelles spatiales, maintes fois évoquée dans les différents chapitres de ce livre, rend fort humble, car les réalités changent en fonction des échelles prises en considération. De fait, les situations sont complexes et les différents auteurs le soulignent à dessein (Lompech, Suchet, Landel *et al.*), montrant une réalité de « marqueterie territoriale» (Landel *et al.*) ou de « mosaïque » (Grison), ou mettant en perspective les évolutions différenciées sur une période donnée, comme, par exemple, Hélène Roth ou Guillaume Lacquement pour les *Länder* est-allemands. De même, la relativité des outils d'analyse est un autre élément limitant la portée de toute définition. En effet, ces outils sont des constructions, souvent nationales et teintées d'héritages historiques (voir les exemples slovaque et allemand dans cet ouvrage, pour nous distancer d'un regard franco-centré). Dans ces conditions, les logiques de seuils, de découpages, de périmètres statistiques, de densités (Mathieu, 2007)... complexifient à leur tour toute géographie de ces espaces. Les approches sont donc biaisées. Au final, la temporalité et la spatialité des termes, et leurs définitions, amènent à une modestie, à tout le moins géographique, des auteurs et des acteurs. La notion de fragilité est alors bien liée au regard (de l'analyste, du technicien, de l'élu…) et à la perception d'un « bon développement », comme nous le rappellent les textes retenus (Lompech, Lacquement...) ou des articles plus anciens (Rieutort, 2006).

L'idée de fragilité reste néanmoins séduisante par la dimension risque qu'elle contient. Elle exprime des difficultés réelles, à venir ou craintes. Cette intégration du risque d'une aggravation de la situation, ou d'un basculement, semble le principal élément distinctif de la définition. Elle incarne, en outre, non seulement le risque, mais aussi les possibilités d'accompagnement ou de redéveloppement, voire toute mesure de prévention. Par ailleurs, elle ne saurait se résumer à des formes d'exclusion ou de mise à l'écart, subies, la fragilité résultant également de paramètres internes aux lieux, freinant ou contrecarrant toute possibilité de réintégration dans une dynamique de développement ou de rapprochement. Les questions de blocages internes restent à appréhender pour souligner les perspectives d'espoir, quand l'espace fragile est, en définitive, devenu un espace touché par une forme de marginalité, à l'instar de la marge. Même si, dans une certaine mesure, la notion de fragilité fait moins rêver que la marge et son imagerie, un espace non ou mal contrôlé, aux frontières de l'urbanité ou de la société, avec une part, plus ou moins forte, de coupure ou d'isolement souhaitée, voire voulue. En effet, la marge ne s'arrête pas à une réalité socio-économique, sa définition est plus large : elle inquiète ou fait rêver, comme une *terra incognita* ou un monde de l'au-dehors social et géographique magnifié par certains auteurs (Bialot, 2012 ; Vautrin, 2001, pour Paris, ou Bulnes, 2015, pour Barcelone et Madrid) ; elle est pour partie séduisante car elle exprime l'utopie, l'espace de tous les possibles, avec une créativité dessinant les tendances de demain. Ici, la marge est l'espace des marginaux et de la marginalité, et donc pas seulement un espace du retard. Or, hormis l'idée d'un risque de détérioration, l'espace fragile est, lui aussi, fréquemment une marge, par son rapport à l'espace et à ceux du dehors. Dans ces conditions, l'entrée par les politiques publiques et le politiquement correct est trop étroite, les espaces fragiles ne se réduisent pas non plus à des kilomètres carrés ou à des périmètres tracés d'en haut. Car ce sont des territoires, et le territoire est vivant, affectif ; et cette affectivité est un paramètre compliquant, ou accompagnant, les processus de renouveau.

L'espace fragile, une construction territoriale

L'espace fragile n'est pas seulement le résultat d'une mise à l'écart, ou d'une forme d'exclusion subie ou un lieu de relégation, il est tout autant le produit de représentations collectives donnant un visage, une psychologie particulière à un lieu, avec ses émotions et le positionnement particulier de ses habitants.

La territorialité, une sentimentalisation active de l'espace

Comme le rappelait Bernard Elissalde (2002), depuis près de quatre décennies maintenant, les géographes dissocient l'espace du territoire, distinguant un espace social (au sens large du qualificatif) d'un espace approprié. Si l'espace social présente différents aspects (des interrelations du quotidien, des mobilités, des cadres institutionnels…), l'espace approprié, ou territoire, est lui-même très divers. Cette pluralité ne sera abordée ici que dans sa dimension attachement et préservation, qui n'est pas sans conséquence sur les phénomènes d'accompagnement ou, au contraire, de résistance aux changements. Cet attachement, affectif et constitutif de l'être, est plus marqué dans les relations au lieu habité, car il correspond au domicile et aux territoires de proximité, avec des logiques de conservation (Bourdieu, 1980). Parfois, la territorialité est encore plus forte, constituant une part importante de l'identité. Dans certains cas, il arrive même que cette appartenance soit une véritable identification, contrariant toutes mesures, toutes « intrusions » risquant de modifier le territoire-repère, comme dans des quartiers en grande difficulté sociale (Dubet, 1995 ; Lapeyronnie, 2008 ; Chignier-Riboulon, 2009), des campagnes isolées (*cf.* les travaux du CERAMAC sur le Massif central, Bonnemaison et *al.*, 1999, pour les campagnes des Suds) ou des espaces en proie à des restructurations lourdes (*cf.* les travaux de Fagnoni, Edelblutte ou quelque peu précurseurs de Denise Jodelet). Ces logiques sont le plus souvent psychosociales, mais elles peuvent aussi être individuelles, consacrant des *leaderships*. Leur force entraîne des réactions et actions, porteuses d'innovations, de mouvements collectifs, de rivalités, de refus.

Tous les acteurs collectifs et individuels ne sont pas animés par le même attachement, par la même volonté de. De même, tous les acteurs ne sont pas territorialisés, quoi qu'ils en pensent ou disent. D'aucuns sont plutôt, ou nettement, spatialisés, tels les préfets. Ils agissent sur un périmètre institutionnalisé et appliquent une politique pendant une période. Cela ne signifie pas que tous les préfets mènent la même politique, car les jeux d'acteurs sont essentiels (Subra, 2016), mais ils sont moins contraints par une émotion, une proximité liée à un territoire. Il en est de même de certains élus, plus préoccupés par l'enveloppe de gestion et d'action que par un attachement mobilisateur au territoire (l'ambition, la défense d'un pouvoir répondent plutôt à une autre logique). Au final, sur les scènes locales, ces rapports existentiels aux lieux, forcément subjectifs (di Méo, 1998), animent les intervenants, qui hésitent, s'affrontent, se confrontent, trouvent des compromis, avancent. Dans un tel environnement, les représentations de changements à effectuer ou à accompagner sont extrêmement ardues à faire évoluer.

La marginalité, un rapport au territoire… et aux autres

Si les territorialités jouent un rôle de premier plan dans la question des espaces fragiles, elles sont fréquemment indissociables des phénomènes de marginalité. Certes, bien des auteurs assimilent la marginalité à l'exclusion ou à la marginalisation ou, autrement dit, à un processus subi de mise à l'écart, souvent dans une perspective socio-économique. Pour d'autres, néanmoins, la réalité est plus large (Rioux, 1998), intégrant une définition politique, culturelle et identitaire ; elle n'est, dès lors, pas nécessairement rattachée à des volets sociaux ou économiques. Dans ce cadre, et en fonction des situations analysées, la mise au-dehors n'est pas uniquement subie, elle peut être plus ou moins voulue, plus ou moins consciente, assumée ou souhaitée (Bailly, 1986, cité par Rioux, 1998). Ainsi est posée la question des codes sociétaux alternatifs et la construction de représentations autres. De fait, la marginalité intègre des logiques d'auto-enfermement. De telles attitudes de repli, avec leurs normes et leurs valeurs, précèdent, accompagnent ou succèdent au processus d'exclusion, en en renforçant les effets.

La prise en compte de la marginalité est ancienne, notamment, dès l'entre-deux-guerres, au travers des travaux de l'école de Chicago (Grafmeyer, Joseph, 2009). Ces études sur les groupes marginaux se perpétuent, par exemple sur les SDF (Zeneidi-Henry, 2002). En géographie, Benoît Raoulx soulignait sa présence « dans les réflexions de géographie sociale dès les années soixante-dix » (2001, p. 195). Les pratiques sociales et les représentations accentuent l'isolement, et freinent les processus de réintégration ou de redéveloppement. La marginalité crée un milieu particulier, participant à socialiser ses membres. Et cette socialisation est d'autant plus marquée que le territoire est fermé aux autres, moins par des coupures géographiques que psychologiques et comportementales. Cette marginalité sociale et territoriale témoigne aussi de formes d'intégration dans des milieux et des lieux spécifiques, habituellement en marge (les clochards, les routards et la sociabilité de rue, des quartiers en difficultés sociales…). D'aucuns appliquent aussi cette notion de marginalité aux espaces plus aisés, comme les communautés fermées et les ghettos dorés, mais ces faits sociaux ne concernent pas des espaces fragiles. Pour ces derniers, à terme, avec une temporalité variable, cette marginalité peut prendre des formes fatalistes ou malthusiennes (Chignier-Riboulon, 2007), accroissant la mise au-dehors. Toutefois, malgré la connotation du mot, ce lien pluriel n'est pourtant pas uniquement négatif : il resserre le groupe sur ses pratiques ou bien, lorsqu'un processus de résilience émerge, il facilite la mobilisation et le renouveau.

La transformation, un long refus

L'une des constantes des organisations humaines est la préservation, la conservation d'un monde, d'un environnement connu. Cela rassure en donnant des repères. Cette normalisation du milieu de vie est le résultat d'une construction sociale lente, incluant, dans le cas d'espaces fragiles, marginalités, fatalismes et malthusia-nismes. Les mémoires collectives et individuelles enregistrent alors les normes qui, progressivement, s'imposent. Les modes de production, les vivre ensemble, les re-lations humaines sont inscrits dans cette normalisation devenant normalité. Dès lors, elle constitue un fait difficilement attaquable, et encore plus difficilement évolutif.

Bien souvent, un tel contexte est attaché à d'anciens territoires industriels mar-qués par la domination d'un secteur (même si elle n'est jamais totale), de l'indus-trie lourde au textile. Cependant, la réalité est plus large pour ce qui concerne le poids des mentalités collectives. Ainsi, le monde rural auvergnat a longtemps vécu avec une telle mémoire, à conserver (Fel, 1996 ; Chignier-Riboulon, Jamot, 2005). Les représentations et leurs discours sont issus d'un passé riche en savoir-faire, en culture, en savoir être d'un territoire, en qualité, etc. ; ces périodes sont perçues comme des moments d'équilibre, voire un âge d'or. Les relations sociales entre les acteurs n'empêchent ni rivalités, ni stratégies personnelles, mais le consensus est établi par-delà le poids ressenti de la fragilité. Ce dernier offre une stabilité, un monde confortable pour partie hérité et qu'il faut perpétuer, car il s'impose et fabrique également, en toute logique, une identité positive, et les individus comme les groupes ont besoin d'une image positive d'eux-mêmes et de leur environne-ment (Malewska-Peyre, 1993). Ce monde connu, stable, ne saurait souffrir de re-mises en cause. Ce qui est puissant, en termes de cohésion sociale, est inaltérable. Or, à l'échelle du temps, rien n'est jamais acquis. Plus encore, l'obsolescence, ou l'éventualité d'un déclin, semble pourtant rarement intégrée dans les stratégies lo-cales, du moins la perception du risque est-elle tardive, dépendant de l'évolution des représentations dominantes, et cette réalité ne se limite pas à des espaces dé-finis immédiatement comme fragiles, de Paris (Burgel, 1999 ; Marchand, 2009) à Clermont (Chignier-Riboulon, 2016). La préservation du cadre de son existence relève de la normalité, et les actions menées sont toujours présentées comme suffi-santes, ou du moins les meilleures dans un contexte donné.

Les étapes d'un traumatisme

Quand ils ne sont pas anticipés, les moments de recomposition spatiale sont non choisis, et issus des périodes de déclin, voire de crise. Dans ce type de situations, la psychologie collective territorialisée est centrale quant à la perception des dif-ficultés et des évolutions possibles. Si elle n'est jamais définitivement figée, elle ne se modifie que lentement, et, plus d'une fois, dans la douleur. Elle implique de se concevoir collectivement dans un nouvel environnement local (Giddens, 1991), loin de l'image, devenue imagerie, d'un *optimum*.

Ces mouvements et leurs aspects psychologiques et sociaux s'apparentent à des traumatismes, dans le sens de la fin d'un monde allant de soi, où les repères sont connus. Les psychologues étudiant ces cassures, à l'échelle individuelle (Bracconier, 1995 ; Lecomte, 2004), ont fait des parallèles entre les décès, les séparations sentimentales, les maladies graves et les pertes d'emploi. Globalement, même si les termes et les processus diffèrent d'un auteur à l'autre, de grandes étapes ont été caractérisées pour définir les paliers du traumatisme et, au final, son accepta-tion. Schématiquement, une première phase est celle du choc. Elle s'accompagne d'un déni, d'incompréhensions et de questions. Puis vient celle de la colère, de la résistance. Ensuite, arrive la phase du marchandage, de la négociation. Elle est suivie par une dépression ou une décompensation, à laquelle succède le temps de la résignation, de l'acceptation. Enfin, normalement, le processus s'achève par une reconstruction. L'énoncé de ce schéma évolutif n'indique rien des temporalités ; chacune des périodes étant plus ou moins courte. De même, la profondeur du traumatisme et des états qui lui sont liés est variable. Et les actions engagées à chaque moment accroissent ou ralentissent la portée du choc.

Du refus de voir au refus d'agir, une réalité rassurante

La sentence de Schumpeter sur « la destruction créatrice » n'est pas si simple dans les faits. En effet, comme le souligne François Taulelle, « la mort est douce » (2001, p. 57), par sa fréquente progressivité et même son insensibilité dans les premiers temps. Le temps a façonné un monde avec ses normes, ses équilibres, ses solidarités par-delà les conflits inhérents à toute vie en société. Le déclin, la crise, et plus largement toutes fragilités sont alors une remise en cause d'un ordre établi. Le modifier c'est risquer d'enfreindre la paix sociale, c'est-à-dire de porter atteinte à un ordre des choses. Dès lors, la proximité géographique opère un verrouillage (Torre, Filippi, 2005). Devant l'éventualité de mutations nécessaires, ces dernières sont niées, aussi bien, selon les cas et les modalités proposées, sur le fond que sur la forme. Malgré les débats, les oppositions et les rivalités, un unanimisme va se dégager pour lutter contre tout mouvement de réforme. C'est une forme d'immobilisme, rassurant mais n'apportant pas de solution véritable.

Quelles que soient les situations, les questions de mise à l'écart se révèlent toujours, politiquement, socialement, culturellement, démographiquement... Elles se manifestent par des soldes migratoires négatifs, des entreprises en difficulté, des appels renouvelés aux soutiens publics, des crises sociales engendrées par l'accroissement du chômage et de la précarité. Peu à peu, le sentiment d'une fin d'un ordre de choses se fait jour et affecte toujours plus de personnes, transparaissant dans les discours et les échanges du quotidien. Il finit par se traduire par une réaction devenant collective. Après l'effervescence, les luttes, les proclamations de victoires à venir et de renouveaux à construire ensemble se produit une réaction inverse, teintée de passivité, de découragement. Une telle dépression collective a pour conséquence première un négativisme, touchant à la fois l'avenir et l'estime de soi et du groupe : il en naît une opposition à toute proposition de changement à laquelle s'ajoute, logiquement, une perte d'initiative motrice.

Cette phase est exprimée de plusieurs manières. Fréquemment, le fatalisme s'impose. Un sentiment d'impuissance, de dépassement envahit les acteurs : « quoi que nous puissions faire, cela ne marche(ra) pas ». Ce sentiment est plus ou moins prégnant et durable. Pire, au fil du temps, il peut devenir du malthusianisme économique et territorial. La perspective du changement passe alors pour une destruction de l'environnement équilibré auquel chacun s'est habitué, que cet environnement corresponde à une fragilité/marge/marginalité lentement construite importe peu ; c'est à nouveau un monde normalisé qui risquerait d'être fragilisé. Et un développement prudent, raisonné, paraît la normalité.

Le renouveau, d'une reconstruction psychosociale à une reconfiguration spatiale

La réintégration d'un espace fragile dans une dynamique existante extérieure au lieu, n'est pas chose aisée. Et les causes ne sauraient se résumer à des représentations externes : une grande partie des facteurs d'immobilisme ou de mal action sont internes ; le renouveau est donc fréquemment lent, passant par l'action, inintelligible aux débuts, de personnes et de groupes, plus ouverts mais pas forcément reconnus.

La transformation, du rôle, ingrat, des avant-gardistes à une résilience territorialisée

Confrontés à de tels processus, des acteurs, peu nombreux dans les premières périodes, tendent à tenir un discours d'avant-garde. Ces avant-gardistes ont une aptitude à percevoir les besoins locaux, à les révéler et à comprendre les évolutions nécessaires pour y adapter leur territoire (Bloch-Lainé, cité par Parodi, 1998). Ce sont des personnes pensant l'avenir dans un environnement qui ne le voit pas/plus. Elles ont une intelligence de situation (Jarcewski, Gwosdz, 2007, à propos de Mielec, en Pologne) ou apportent un regard, un savoir-faire extérieur. Elles sont fréquemment isolées au début, travaillant dans l'indifférence, l'opposition et même l'opprobre, en raison du poids des représentations et discours dominants. Puis, lentement, dans le meilleur des cas, elles accèdent aux antichambres et, plus tard, à la lumière du jour, par une participation à la construction de projets. Ces éclaireurs voient alors leur action reconnue, mais bien après, lorsqu'elle a été reprise. Car l'action individuelle n'a de sens que si elle est comprise et soutenue par une volonté collective (Pecqueur, Zimmermann, 2004). Ces avant-gardistes sont quelquefois des géographes, comme Phlipponneau à Rennes et en Bretagne ou Dugrand à Montpellier, ou des hommes politiques, comme Borloo à Valenciennes ou, en Espagne, la première municipalité socialiste et communiste de Salamanque projetant un classement de la ville à l'UNESCO (Villar-Castro, 2007). Au demeurant, même lorsque les élus ont été convaincus, la partie n'est pas gagnée, les premiers pas sont souvent faits contre la majorité de la population, même si l'action a suivi la prise de conscience. Néanmoins, l'intentionnalité (Gumuchian, Pecqueur, 2007) est centrale, car elle permet de relancer la fabrique du territoire.

Préalablement, du point de vue de la psychologie sociale, les représentations ont changé. L'acceptation des mutations s'est affirmée. Toutefois, là encore, les étapes à franchir sont nombreuses. Les débuts sont marqués par des oppositions fortes à tout ce qui peut être perçu comme des risques inconsidérés ou des propositions inadaptées à un espace fragile. De ces évolutions naît néanmoins une autre manière de produire et d'être socialement. Les mouvements d'avant-garde sont alors à l'origine de processus de résilience territorialisés, désormais mieux couverts par les géographes (Reghezza-Zitt, Rufat, 2015). Cette notion, aujourd'hui à la mode, a été développée par les psychanalystes et les psychologues, en particulier grâce à Boris Cyrulnik. Marie Anaut la définit comme la capacité « à continuer à se projeter dans l'avenir en dépit d'événements déstabilisants » (2005, p. 34). Elle est « un processus dynamique comprenant une adaptation positive dans le cadre d'une adversité significative » (p. 47). Dans cette perspective, les acteurs locaux se doivent de faire preuve d'un engagement initial important, avec une nécessaire inventivité, à l'image des fraises de Huelva, créées en Californie, puis implantées dans cette province sous l'impulsion pionnière de Antonio Medina, un avocat (Medina-Minguez, 2008). Leur action repose alors sur la mobilisation durable d'un capital territorial (Lacquement, Chevalier, 2016).

L'inclusion, un phénomène de recomposition

Au final, si tout va bien, les espaces qui étaient en marge renaissent et, parfois, ne se distinguent plus guère de ceux qui n'ont pas été déclassés, voire ils s'imposent davantage, car leur mode de production est neuf. Pour autant, l'inclusion est une recomposition (de Ruffay, 2000) ; les processus de réintégration économique ne sont ainsi que rarement complets et égalitaires, de nouvelles divisions apparaissent, tous les espaces ne profitant pas du renouveau, ou du moins pas de la même manière. À côté d'espaces redynamisés, transformés, renouvelés, gentrifiés, les espaces pauvres ou demeurés en retrait forment des enclaves ou des ceintures, chacune d'entre elles se différenciant de sa/ses voisine(s) par une situation sociale ou une dynamique propre. L'espace se recompose, à toutes les échelles, voire se fragmente (Elissalde, Rhein, 2004), tendant à se morceler davantage, et présentant une accentuation des oppositions sociales et urbaines, comme cela est observable dans les quartiers en Zone Franche Urbaine (Chignier-Riboulon, 2014), présentant des polarisations fortes à une échelle microgéographique, ou dans des zones rurales isolées témoignant d'une dynamique propre ou bénéficiant d'une irrigation par de nouvelles voies de communication (les effets de l'A75, par exemple).

Par-delà la définition d'une fragilité spatiale et territoriale, se dessinent des perspectives extrêmement variées. Cette variété ne se limite pas à des échelles géographiques et à une juxtaposition d'espaces, plus ou moins dynamiques. Elle est également diverse au travers des temporalités et des formes. L'erreur est alors de croire que la recomposition d'un espace finira par aboutir à une reproduction de l'espace social originel. Or, un espace ne revient pas à son état antérieur, quelle que soit la force des représentations. De même, un espace redevenu relativement dynamique (dans le sens de la difficulté à définir cette dynamique) conserve ou accentue les évolutions spatiales qui lui sont propres, tout en en créant d'autres. Se pose alors la question de l'âge d'or, celui d'avant bien entendu, de l'espace rêvé, celui où les inégalités et les différences auraient disparu, où les densités rurales seraient retrouvées. L'imagerie reste donc bien présente. Or, les différences sociales et spatiales sont inhérentes aux sociétés humaines. La fragilité demeure alors un état complexe, évolutif, hiérarchisé, relatif…

Références bibliographiques

Anaut M., 2005 – *La résilience : surmonter les traumatismes*, Paris, Nathan.
Bialot J., 2012 – *A la vie !*, Paris, Editions Pocket.

Bonnemaison J., Cambrézy L., Quinty-Bourgeois L. (dir.), 1999 – *Les territoires de l'identité. Le territoire, lien ou frontière ?*, Paris, L'Harmattan.

Bourdieu P., 1980 – *Le sens pratique*, Paris, Les éditions de Minuit.

Braconnier A., 1995 – *Les bleus de l'âme*, Paris, Calmann-Lévy.

Bulnes M., 2015 – *Le sang dans nos veines*, Arles, Actes sud.

Burgel G., 1999 – *Paris, avenir de la France*, La Tour d'Aigues, les Editions de l'Aube.

Chignier-Riboulon F., Jamot C., 2005 – L'Auvergne, *Nouvelle géopolitique des régions françaises*, sous la direction de Béatrice Giblin, Paris, Fayard, p. 575-604.

Chignier-Riboulon F., 2007 – La nouvelle attractivité des territoires, entre refus du fatalisme et mouvement protéiforme, *Nouvelle attractivité des territoires et engagement des acteurs*, sous la direction de F. Chignier-Riboulon et N. Semmoud, Clermont-Ferrand, PUBP, p. 9-22.

Chignier-Riboulon F., 2009 – *Les quartiers entre espoir et enfermement*, Paris, Ellipses.

Chignier-Riboulon F., 2014 – Les zones franches urbaines (ZFU), des espaces en (re)développement, *Les mutations du système productif en France,* sous la direction de G. Wackermann, Paris, Ellipses, p. 188-197.

Chignier-Riboulon F., 2016 – La nouvelle régionalisation, entre mise en marge et renforcement de la marginalisation, *La France des marges*, sous la direction de G. Wackermann, Paris, Ellipses, p. 139-149.

Di Méo G., 1998 – *Géographie sociale et territoires*, Paris, Nathan.

Dubet F., 1995 – Les figures de la ville et la banlieue, *Sociologie du travail*, n° 2, p.127-150.

Elissalde, B, 2002 – Une géographie des territoires, *L'information géographique*, volume 66, n° 3, p. 193-205. doi : 10.3406/ingeo.2002.2810

Elissalde B., Rhein C., 2004 – La fragmentation sociale et urbaine en débats, *L'information géographique*, n° 2, p.115-126.

Fel, A., 1996 – Géographies à plusieurs voix, *Massif central, l'esprit des hautes terres*, Paris, Autrement, p. 33-45.

Giddens A., 1991 – *Modernity and self-identity*, London, Polity, 264 p.

Grafmeyer Y., Joseph I., 1990 – *L'école de Chicago. Naissance de l'écologie urbaine*, Paris, Aubier, 377 p.

Gumuchian H., 1991 – *Représentations et aménagement du territoire*, Paris, Anthropos.

Gumuchian H., Pecqueur B., 2007 – Mise en contexte, *La ressource territoriale*, sous la direction de H. Gumuchian et B. Pecqueur, Paris, Economica, p. 5-10.

Jarcewski W., Gwosdz K., 2007 – Du déclin à la reconversion réussie. Le cas de Mielec (Pologne), *Nouvelle attractivité des territoires et engagement des acteurs*, sous la direction de F. Chignier-Riboulon et N. Semmoud, Clermont-Ferrand, CERAMAC 24, Presses Universitaires Blaise Pascal, p. 51-62.

Lacquement G., Chevalier P., 2016 – Capital territorial et développement des territoires locaux, enjeux théoriques et méthodologiques de la transposition d'un concept de l'économie territoriale à l'analyse géographique, *Les Annales de géographie*, 5(711), p. 490-518. DOI 10.3917/ag.711.0490

Lapeyronnie D., 2008 – *Ghetto urbain*, Paris, Robert Laffont.

Lecomte J., 2004 – *Guérir de son enfance*, Paris, Odile Jacob.

Malewska-Peyre H., 1993 – Les troubles de la socialisation chez les jeunes issus de l'immigration, *Marginalités et troubles de la socialisation* sous la direction de H. Malewska-Peyre et P. Tap, Paris, PUF, p. 109-129.

Marchand B., 2009 – *Les ennemis de Paris : la haine de la grande ville des Lumières à nos jours*, Rennes, PUR.

Mathieu N., 2007 – Trente ans de réflexion et de travaux sur les campagnes de faible densité, *Habiter et vivre dans les campagnes de faible densité*, Actes du 2ᵉ colloque franco-espagnol de géographie rurale, PUBP, collection céramac, p. 39-62.

Medina-Mínguez J.J., 2008 – Origen del cultivo: un pionero, *La fresa de Huelva*, Séville, Editions Junta de Andalucía-Consejería de Agricultura y Pesca, p. 15-47.

Pecqueur B., Zimmermann J.B., 2004 – Les fondements d'une économie de proximités, *Economie de proximités*, sous la direction de B. Pecqueur et J.B. Zimmermann, Paris, Lavoisier, p. 13-41.

Parodi M., 1998 – Sciences sociales et « spécificités méritoires » des associations, *Revue du MAUSS*, Une seule solution, l'association ? Socio-économie du fait associatif, n° 11, p. 136-154.

Raoulx B., 2001 – De la marginalité au cœur des sociétés : une réflexion de géographie sociale, Faire la géographie sociale aujourd'hui, sous la direction de J.M. Fournier, Caen, Presses de l'université de Caen, p. 195-204.

Reghezza-Zitt M., Rufat S. (dir.), 2015 – *Résiliences. Sociétés et territoires face à l'incertitude, aux risques et aux catastrophes*, Londres, ISTE.

Rieutort L., 2006 – Un territoire sensible, *Massif central, hautes terres d'initiatives*, sous la direction de L. Rieutort, PUBP, CERAMAC, Hors Série, p. 15-26.

Rioux L., 1998 – Les dimensions spatiale et culturelle de la marginalité, une approche psychosociologique, *Le voyage inachevé... à Joël Bonnemaison*, sous la direction de D. Guillaud, M. Seysset et A. Walter, Paris, Orstom/Prodig éditions, p. 635-640.

Ruffay (de) S., 2000 – De la marginalité territoriale à la recomposition territoriale « marginale », *Revue de géographie de l'Est*, vol. 40/4, mis en ligne le 27 juillet 2013, consulté le 9 septembre 2017 http://rge.revues.org/4061.

Subra P., 2016 – *Géopolitique locale*, Paris, Armand Colin.

Tapia (de) S., 1999 – Ulus et Yurt, Millet et Vatan, territoires nomades et migrations de mots. Eléments pour une discussion de la conception turque du territoire, *La nation et le territoire. Le territoire, lien ou frontière ?* sous la direction de J. Bonnemaison, L. Cambrézy et L. Quinty-Bourgeois, Paris, L'Harmattan, p. 125-138.

Taulelle F., 2001 – Grandes entreprises et crise, reconversion et fonds européens : le cas de la principauté des Asturies (Espagne), *les Annales de Géographie*, vol. 10, n° 617, p. 57-78.

Thériault J.Y., 1994 – Entre nation et l'ethnie : sociologie, société et communautés minoritaires francophones, *Sociologie et sociétés*, 261, p 15-32. DOI : 10.7202/001792ar

Torre A., Filippi M., 2005 – Les mutations à l'œuvre dans les mondes ruraux et leurs impacts sur l'organisation de l'espace, *Proximités et changements socio-économiques dans les mondes ruraux*, sous la direction de A. Torre et M. Filippi, Paris, Quae, p. 7-42.

Vautrin J., 2001 – *Le cri du peuple*, Paris, Le livre de poche.

Zeneidi-Henry D., 2002 – *Les SDF et la ville. Géographie du savoir-survivre*, Paris, Bréal.

Table des matières

Achevé d'imprimer en novembre 2017
sur les presses de Print Conseil
5 rue Louis Blériot
ZI du Brézet
63100 Clermont-Ferrand

©UMR Territoires
Clermont-Ferrand, 2017
Dépôt légal : décembre 2017
ISBN 978-2-84516-638-7
ISSN en cours